Volker Wehdeking, geb. 23. 10. 1941 in Garmisch, Studium der Germanistik und Anglistik an der Yale Universität und in Konstanz. Promotion bei Peter Demetz, wiss. Mitarb. bei Wolfgang Iser. Professor für Germanistik an der University of Kansas seit 1970. Seit 1984 Professor für Literaturwissenschaft an der Hochschule für Bibliothek und Information Stuttgart.

Veröffentlichungen: Der Nullpunkt. Dt. Nachkriegsliteratur in den amerik. Kriegsgefangenenlagern. Stuttgart: Metzler 1971; Alfred Andersch. Stuttgart: Sammlung Metzler 1983; Interpret. zu Alfred Andersch (Hg.). Stuttgart: Klett 1983; Erzählliteratur der frühen Nachkriegszeit (1945—1952). München: Beck, 1990. Alfred Andersch. Perspektiven zu Leben und Werk (Hg.). Wiesbaden: Westdt. Vlg 1994. Die deutsche Einheit und die Schriftsteller. Stuttgart: Kohlhammer 1995. Aufsätze in Sammelbdn., Lexika und Handbüchern zum Existentialismus, zur Nachkriegsliteratur, zur kulturellen Wiederannäherung der beiden Deutschland seit 1980 und zu Jurek Becker, Böll, Borchert, Ende, Hesse, Koeppen, Kunert, Ortheil, Rühmkorf, Schmidt und Zuckmayer.

Volker Wehdeking

Die deutsche Einheit und die Schriftsteller

Literarische Verarbeitung der Wende seit 1989

Verlag W. Kohlhammer
Stuttgart Berlin Köln

Gedruckt auf umweltfreundlichem, chlorfrei gebleichtem Papier

Die Deutsche Bibliothek – CIP-Einheitsaufnahme

Wehdeking, Volker:
Die deutsche Einheit und die Schriftsteller : literarische
Verarbeitung der Wende seit 1989 / Volker Wehdeking. –
Stuttgart ; Berlin ; Köln : Kohlhammer, 1995
   ISBN 3-17-012723-3

Alle Rechte vorbehalten
© 1995 W. Kohlhammer GmbH
Stuttgart Berlin Köln
Verlagsort Stuttgart
Umschlag: Data Images, audiovisuelle Kommunikation GmbH, Stuttgart
Gesamtherstellung:
W. Kohlhammer Druckerei GmbH + Co., Stuttgart
Printed in Germany

Inhalt

Vorwort

Am 9. November 1989 wurde die Berliner Mauer geöffnet. Die DDR befreite sich selbst. Die ersten fünf Jahre dieses „historisch" zu nennenden Umbruchs in Deutschland, einer friedlichen Revolution zur Rückgewinnung der Demokratie, sind vorüber. Der hier versuchte Überblick über das literarische Feld und die Verarbeitung der Vereinigungsprobleme in der Erzählliteratur, im Theater, den Gedichten und Essays der alten und neuen Bundesländer kommt natürlich nicht ohne ein Einleitungskapitel (1) aus, eine wenigstens skizzenhaft umrissene Vorge-schichte der achtziger Jahre (und einzelner Beispiele verhüllter Kritik seit Mitte der 60er Jahre) –, als die „kodierte" Dissidenten-Prosa in der noch bestehenden DDR schon auf all die Probleme hindeutete, die zum Fall der Mauer und dem Ende des erstarrten Systems 1989/90 führten. Die eruptiv nachgeholte Erschütte-rung in der DDR, die der seit 1985 im Stasi-Staat Honeckers nicht zur Kenntnis genommenen „Perestroika" und „Glasnost" Gorbatschows geschuldet war, führte zum so rasch und endgültig von niemandem in West und Ost vermuteten Eintreffen von dessen Prophezeiung zum vierzigsten Jahrestag des Regimes: „Wer zu spät kommt, den bestraft das Leben." Gewiß fand hier auch ein Stück Selbstbefreiung derjenigen statt, die – entgegen der Lebenslüge des Regimes – nie gefragt worden waren, wie sie sich ihre Verfassung und die politische und kultu-relle Ausgestaltung des Arbeiter- und Bauernstaats vorstellten, die an der Macht nicht partizipierten und die ihre Politiker nie wählen durften: die DDR-Bevölke-rung. Man erinnert sich, wenn man nach der Rolle der Intellektuellen fragt, an Brechts frühen und mutigen Brief an Ulbricht zum 17. Juni 1953, ob sich die Oberen nicht besser ein anderes Volk wählen sollten, wenn sie von diesem enttäuscht seien; darauf anspielend und den Verlust der Sprachrohrfunktion der Braun, Hein, Heym und Christa Wolfs meinend, stellte Monika Maron trocken fest: „Diesmal ist nicht die Regierung vom Volk enttäuscht, diesmal sind es die Dichter" („Der Spiegel", 12. 2. 1990).

Es gab aber auch die systemstützende Rolle der Künstler und Schriftsteller im kulturellen Feld, unter den drei DDR-Generationen vor allem die „Ankunfts"-

Literaten und Kulturfunktionäre wie Johannes R. Becher, Anna Seghers, Stephan Hermlin und Hermann Kant. Hinzu kamen, wie unbequem auch immer im einzelnen, Autoren, die hier und da in Büchern innere Reformen andeutungsweise anmahnten, dennoch insgesamt systemerhaltend wirkten, weil sie an der Illusion eines „Sozialismus mit menschlichem Gesicht" kosmetisch mitwirkten, ohne die fast seit Beginn der DDR überfällige Stalinismus-Debatte auch nur verdeckt einzufordern, darunter Christa Wolf, Volker Braun, Stefan Heym und Heiner Müller.

Noch am 4. November 1989 versuchte man mit dem Appell „Für unser Land" (auch von Hans Modrow und Egon Krenz unterzeichnet) zu retten, was noch zu retten schien, und eine „sozialistische Alternative zur Bundesrepublik" einzufordern. Nach dem hohen Votum für die CDU (49,9 %, gegenüber 21,8 % für die SPD und immerhin bereits 16,3 % für die PDS) in den Volkskammerwahlen vom März 1990 ging es vielen DDR-Schriftstellern nun um die Verteidigung der noch möglich scheinenden Variante einer Konföderation des DDR-Gebiets als reformsozialistischer Enklave, bis auch dies mit der erlangten Deutschen Einheit illusorisch wurde. Nun fingen die weiter am Sozialismus festhaltenden Autoren an, das Wählervotum umzuinterpretieren: nicht die Demokratie sei gemeint gewesen, sondern die Deutsche Mark und die vermeintlich bald „blühenden Länder", Reisebedarf und Konsum. So formulierte Christa Wolf Ende Januar 1990 (bei Erhalt des Ehrendoktors in Hildesheim in ihrer „Zwischenrede", *Auf dem Weg nach Tabou,* S. 21):

„Da frage ich mich: Wohin wird die Geschichte dieser vierzig Jahre geraten, die ja kein Phantom ist, aber bei ihrem Verschwinden Phantomschmerz hinterlassen wird. Wer wird die Trauer, die Scham, die Reue vieler Menschen, die ich aus ihren Briefen herauslese, in ihren Augen sehe und auch in mir selbst finde, noch öffentlich ausdrücken wollen, wenn alle mit der Verbesserung der materiellen Lebensbedingungen beschäftigt sein werden? Wer wird es auf sich nehmen, Widerspruch anzumelden gegen bestimmte menschliche Konsequenzen eines Wirtschaftssystems, dessen Segnungen verständlicherweise jetzt von den meisten herbeigesehnt werden. Auch mag – kaum wage ich es jetzt schon auszusprechen – ganz allmählich ein Bedürfnis nach einem utopischen Denken wieder wachsen, das sich aus dem Alltagsleben heraus entwickeln müßte, nicht aus der Theorie."

In einer der behutsamsten und sensibelsten Repliken, die ich zu dieser Sicht der Dinge kenne (in Karl Otto Conradys Nachwort „Deutsche Wendezeit" zu einer Gedichtanthologie, *Von einem Land und vom andern,* 1993, S. 173 ff.), wird Hellmuth Karasek mit der hier passenden Antwort zitiert: „Menschen, die heute die Einheit um der Bananen willen herbeiführen wollen, sollte man nicht schmähen, sondern preisen: Sie sind keine Nationalisten, sondern gesunde Egoisten"

(S. 201). Conrady nimmt Christa Wolf gegen die Art „Deutsch-deutscher Literaturstreit" in Schutz, der ab Juni 1990 nach der zehn Jahre zu spät publizierten Erzählung *Was bleibt* losbrach (dokumentiert in der Sammlung Luchterhand 1991). Die Wolf zeichnet darin einen Tag aus einer mehrwöchigen Episode als von der Stasi überwachtes Opfer autobiographisch nach, während man keine zwei Jahre später von ihren eigenen frühen Verstrickungen als „IM Margarete" erfuhr. Conrady kann daher nicht umhin, zu fragen:

„Andererseits: wie wirkungsvoll hätte es beispielsweise sein können, wenn ihr Platz bei der Hommage für den verstorbenen Heinrich Böll am 27. September 1985 im Kölner Gürzenich freigeblieben wäre, sie also demonstrativ einmal auf ihre Reisemöglichkeiten verzichtet und statt dessen ein Telegramm hätte verlesen lassen des Inhalts: daß sie sich angesichts des Reiseverbots für manche ihrer Kolleginnen und Kollegen nicht entschließen könne, an den Rhein zu reisen, und deshalb nur aus der Ferne des verehrten Toten gedenken möchte . . ." (S. 198).

Die überzeugendste Antwort auf die wachgehaltenen Illusionen aus einer für kurze Zeit möglichen „Traum-Zeit" des DDR-Reformsozialismus im Herbst 1989 findet ein wesentlich jüngerer Leipziger Autor, der 1956 geborene Kurt Drawert, in seinem kurzen, zwischen Roman und Essay gehaltenen, fulminanten „deutschen Monolog" *Spiegelland* (1992):

„Immer wieder nahm ich mir vor, abzubrechen und umzukehren, wenn ich an der rotbeleuchteten Aufschrift ‚Der Sozialismus siegt' vorbei über die Straße in die Lehranstalt lief, du mußt abbrechen, sagte ich mir den ganzen Weg über vor mich hin, du mußt ganz entschieden abbrechen und etwas anderes tun. Diese Lehranstalt ist eine Verhinderungsinstanz des Denkens gewesen, [. . .] nur weg, aber es gab innerhalb dieser Maschinerie, die dieses System in Bewegung hielt, kein Entkommen, für mich nicht und für niemanden, [. . .] wie die Fliege im Uhrwerk [. . .], denn es gab nur Abtötungsmaschinen, wo immer man war, [. . .].
Ich weiß, daß es eine besondere Utopie gewesen ist [. . .] im vergangenen Herbst [. . .], eine Utopie, die auch in mir gewesen ist, [. . .] als könnte dieses abgestandene und heruntergekommene, kleine deutsche Land im Osten tatsächlich der Körper sein, der diese Utopie beherbergt, [. . .]. So ist diese Revolution eine von Anfang an zum Scheitern verurteilte Revolution gewesen, da sie die Sprache des Systems nicht verließ und lediglich versuchte, sie umzukehren, [. . .] für eine Generation bekommt das Leben einen Bruch, für eine ältere Generation einen doppelten Bruch, die einen fühlen sich zum ersten Mal von der Geschichte und ihren Führern betrogen, und die anderen fühlen sich zum zweiten Mal von der Geschichte und ihren Führern betrogen [. . .] und dann noch einmal, bis zum Ende [. . .], denn sie wollten den Betrug, solange er ihnen einen kleinen schäbi-

gen Vorteil versprach, sie übten eine Funktion aus innerhalb dieses Betruges, der ein von ihnen selbst erwählter Betrug war, [. . .] als Beamte oder Parteisekretäre oder Lehrer oder Direktoren oder Abteilungsleiter oder Abschnittsbevollmächtigte oder Hausbuchführer oder Vorstandsmitglied [. . .]. Sie haben sich engagiert für eine Macht jahrzehntelang, nicht, weil sie eine bestimmte Ideologie vertrat, sondern Autorität bedeutete, und sie haben für diese Macht noch im Oktober von jenen verächtlich gesprochen, die als erste in einem tatsächlichen Sinn auf die Straße gegangen waren, und sie hätten auch geschossen, [. . .] wie sie aus den vielen begabten und aufrichtigen jungen Menschen gebrochene Existenzen gemacht haben, und es ist heute eine Schamlosigkeit und Verdorbenheit, wenn eben diese Menschen von Verrat, Betrug und Lüge reden, [. . .] und ihren Lebensbruch registrieren und lauthals Vergeltung einfordern, wo doch vollkommen klar ist, daß sie wieder und wieder und abermals betrogen und verraten und verkauft wurden, weil sie jedem System bedingungslos dienen und sich jeder Autorität bedingungslos unterwerfen für einen noch so kleinen und bedeutungslosen Gewinn" (S. 15–24).

Der durch die iterative Atemlosigkeit der Wiederholungen spürbare Zorn Drawerts gegenüber den „verlogenen Begriffen" einer zu nichts führenden Sozialisation macht deutlich, daß die innerhalb der drei DDR-Schriftstellergenerationen zunehmende Desillusionierung bei den heute Dreißig- bis Vierzigjährigen kaum mehr Utopie-Sehnsüchte übrig ließ. Kerstin Hensel und Kerstin Jentzsch (Kap. 5) belegen dies in ihrer Erzählprosa ebenso deutlich. Die Romane und Erzählungen der mittleren DDR-Generation weisen jedoch auch bereits auf den Gesamtbefund eines „schizophrenen" Lebensgefühls gestohlener Jahre und auf ein im besten Fall (Christoph Hein, Monika Maron, Brigitte Burmeister, Wolfgang Hilbig) fortbestehendes Engagement für Sartres „größtmögliche Freiheit aller" hin, das man im neuen Rahmen bundesdeutscher Gemeinsamkeit mit einbringen will.

Die innerhalb der ehemaligen DDR geführte Generationendebatte wird im bundesdeutschen literarischen Feld ergänzt durch die Rückblicke auf die frühe Nachkriegszeit, eine einsetzende „Heilung" der deutschen Geschichte durch den Fall der Mauer, ungeachtet der nicht schließbaren Wunde Holocaust, einen Blick auch auf die Grenzschikanen der Teilung von im Südwesten aufgewachsenen Autoren wie Martin Walser und Hanns-Josef Ortheil, ergänzt auch durch die jüngsten, befreiend innovativen Reflexionen von Peter Schneider, *Vom Ende der Gewißheit* (1994), oder die Stücke und Essays von Botho Strauß und Jurek Beckers verhalten komische Fernsehserie *Wir sind auch nur ein Volk* (1994, Kap. 9). Ende 1994 gibt es hier und da bereits einen spürbar entspannteren, originell humorvollen Umgang mit den deutschen Dingen neben einigem Überdruß und Ermüdungserscheinungen (Kap. 8), so etwa in der Münchner Lach- und Schießgesell-

schaft die Nummer „Gemeinsam sind wir unerträglich", Ulrich Plenzdorfs Kaba-
rettprogramm *Reform, Revolte, Rewü* (1995) oder Christa Wolfs mit Bildern aus
dem *Struwwelpeter* gewürzte Rede in der Dresdener Staatsoper, „Abschied von
den Phantomen. Zur Sache: Deutschland". Es entstehen nun auch erste Schel-
menromane (wie jener von Fritz Rudolf Fries, Kap. 8) mit sozial-satirischen und
witzigen Elementen bei aller Ungleichzeitigkeit zwischen dem „Armenhaus
DDR" (M. u. S. Greiffenhagen, „StZ", 11. 12. 1993) und dem nicht mehr ganz
so goldenen Westen. Entspannen sich die Vereinigungsprobleme etwas mit dem
nicht mehr gänzlich in düsteres Licht getauchten Ende der Treuhand und dem
Beginn neuer Gerechtigkeit durch den Solidarzuschlag aus dem Steueraufkom-
men der westlichen Bundesbürger, zeigen sich auch und zuallererst in den Debat-
ten der politischen ‚Avantgarde', der Alternativen und Grünen die Symptome,
die sich seit der Bundestagswahl als trennend bemerkbar machen und auch in den
Erzähltexten spiegeln. Die anhaltende Fixierung der Ost-Grünen auf die DDR-
Vergangenheit gerät ihnen zum Vorwurf aus dem Westen, zu den mageren
Wahlergebnissen geführt zu haben, während die Verteidigung Marianne Birthlers
das Kernproblem der Ungleichzeitigkeit beleuchtet: „Während die West-Grünen
mit der ‚Wohlstands- und Wachstumskritik' stark geworden sind, warten die
Menschen bei uns noch auf das Wirtschaftswunder" („StZ", 18. 11. 1994).

Fünf Jahre nach dem Fall der Mauer kann man an den neuesten Symptomen
zu dieser allmählich abflauenden System- und Stasidebatte ablesen, wie zäh die
Generationendebatte der Intellektuellen innerhalb der ehemaligen DDR noch
heute an der Legende eines kurze Zeit möglichen „Traums" vom Reformsozialis-
mus, etwa des Neuen Forums auf dem Alexanderplatz am 4. 11. 1989, festhält. Da
ist der innerparteiliche PDS-Versuch, mit der stalinistischen Vergangenheit reinen
Tisch zu machen, oder der Versuch einer großen Mehrheit im PEN-Ost, ähnlich
wie bei der Fusion der beiden Berliner Akademien der Künste geschehen, nun
auch hier durch En-bloc-Zuwahlen einen Einheits-PEN zu erreichen. Der rela-
tive Mangel an Einfühlung in den alten Bundesländern zeigt sich in der Art, wie
Stefan Heym seine Ältestenrede als PDS-Abgeordneter im Bundestag absolvieren
muß, zu den steinernen Gesichtern der Regierungskoalition, obwohl oder weil er
Einigkeit aus der „Kinderhymne" Brechts beschwört und ihm mit hastig herbei-
geholten Unterlagen aus der Gauck-Behörde zu einer möglichen Stasi-Ver-
strickung nicht beizukommen ist. Die aus strategischen Überlegungen in Bonn
eher mit dem Holzhammer geführte „Rote-Socken"-Kampagne konnte dem
kulturellen Feld der Ungleichzeitigkeiten nichts Konstruktives hinzufügen, im
Gegenteil. Den Polarisierungseffekt solcher Begleitmusik zu einer „Schicksals-
wahl" nahm man in den Wahlkampfbüros in Kauf. Heyms Exilbiographie spiegelt
ein Stück deutscher Geschichte, seine jüdische Identität, seine schwierige Rückkehr nach Deutschland. Als amerikanischer Sergeant der Psychological Warfare

Unit unter der Führung des Majors Hans Habe war er 1944 mit den Alliierten in der Normandie gelandet. 1952 wurde er aus jener Armee wegen seiner prokommunistischen Haltung entlassen und ging in die DDR, nur um dort auch, Jahrzehnte später und nach dem Biermann-Protest, aus dem DDR-Schriftstellerverband entlassen zu werden. Mit den wichtigen Romanen *Collin, Ahasver* und *Schwarzenberg* (ein reformsozialistisches Niemandsland 1945) ist Heym ebenso lesenswert wie unbequem geworden – all dies hätte eine sensiblere Würdigung der Rede des alten Mannes verdient.

Der Wunsch nach einem seit einigen Jahren denkbaren, aber erst jetzt massiv von Ost-Autoren gewünschten Zusammenschluß des PEN-Ost mit dem West-PEN unter Verzicht auf eine eigene Identität des PEN-Ost wirkt nach fünf Jahren Stasi-Debatte „wie eine Amnestie auf kaltem Wege, ein Schwamm-drüber-Denken, das auch im Westen immer mehr Befürworter findet" (Wolf Scheller, „StZ", 19. 1. 1995). Jüngere Autoren wie Drawert oder Hensel, und aus der DDR gegangene Autoren wie Kunze, Kunert oder Maron lehnen dies entschieden ab. Der Sartre-Bewunderer Kurt Drawert begründet es mit überzeugendem moralischem Impetus:

„Die Akteneinsicht ist eine Chance von allergrößter Dimension, und das nicht, weil ein paar Namen auffliegen, sondern weil man alles wissen und lernen kann über Macht und Verführung, über Widerstand und Verrat. Genau das ist der Ansatz für meine Überlegungen. Alles andere ist Restauration, Wiederherstellung alter Machtstrukturen auf Kosten der Opfer. Und es tritt jene in den Kerker zurück, die heute ein Recht auf Genugtuung haben . . ., und sei es auch nur die Genugtuung des Wissens" („NDL" 496, 1994, S. 67).

Dies Buch über die Entwicklung des literarischen Felds seit 1989 will nicht zur Polarisierung, sondern zum gegenseitigen Verständnis beitragen, damit doch langsam auch kulturell wieder einander näher rückt, was in der bei Martin Walser und Günter de Bruyn gepflegten Denkfigur der „Kulturnation" einst zusammengehörte.

Distanz zum Thema ist nach diesen ersten fünf Jahren kaum so zu haben, wie es für eine solide literaturwissenschaftliche Analyse wünschenswert wäre. Weil mir dies bewußt ist, und weil ich dem an Mentalitätenwandel und Zeitgeschichte ebenso wie an Literatur interessierten Leser eine erste Analyse und einen ersten Überblick mit möglichst vielen Schlüsselpassagen der Erzählliteratur zur eigenen Beurteilung des Standes der Dinge und der Debatte zwischen den beiden Traditionen anbieten möchte, habe ich versucht, die Schriftsteller, mehr als in germanistischen Monographien üblich, selbst zu Wort kommen zu lassen. Der Kultursoziologe Pierre Bourdieu, der mit seinen unorthodoxen Einsichten zum Feld-Begriff, zur Klassenstellung, zum Habitus und zum kulturellen Kapital der Intellektuellen fruchtbare Impulse beigetragen hat, sieht die Schriftsteller nicht in einer zum Klischee gewordenen Opposition von Macht, Politik und Geist, sondern für ihn sind sie selbst ein nicht zu unterschätzender Machtfaktor: sie nehmen als eine „beherrschte Fraktion der herrschenden Klasse" mit eigener Dominanz, relativer Autonomie und einem zur Macht homologen Literaturbetrieb eine nicht zu unterschätzende Position ein, wenn es um das allmähliche kulturelle Zusammenwachsen nach der immer noch großen Ungleichzeitigkeit in den alten und neuen Bundesländern geht: „Aufbegehrend gegen jene, die sie Bourgeois nennen, sind sie doch der bürgerlichen Ordnung verpflichtet, wie immer in Krisenzeiten zu ersehen ist, in denen ihr spezifisches Kapital und ihre Stellung innerhalb der sozialen Ordnung gefährdet ist" (*Rede und Antwort*, 1992, S. 161).

Gerade an Christa Wolfs Selbstverständnis ist dieser Habitus der einst Einflußreichen abzulesen, die sich nun eine Pause im Erzählen auferlegt hat, weil sie sich bei neu zu findender Perspektive ihrer Meinungsführerrolle quälend bewußt bleibt. Sie schreibt im Mai 1991 über ihre ungebrochene Ost-Berlin-Verbundenheit (in „Wo ist euer Lächeln geblieben. Brachland Berlin 1990"), aber auch über ihre Rolle im Tribunal gegenüber den einstigen DDR-Machthabern:

„es gibt, wenn auch sehr selten, historische Momente, in denen höchst unwahrscheinliche Komponenten derart zusammentreffen, daß auch den Befehlshabern und Ausführenden das Lachen vergeht. Ich habe sie alle dasitzen sehen, im Großen Sitzungssaal des Roten Rathauses, Generale und Oberste und Majore und Hauptleute, wie sie der Untersuchungskommission, der ich angehörte, Rede und Antwort standen, nicht viel begriffen und oft die Unwahrheit sagten, aber gelacht hat keiner" (*Tabou*, S. 42).

Die „Unheimlichkeit", die aus sehr verschiedenen Blickwinkeln Christa Wolf und Wolfgang Hilbig beim „Verschwinden von Realität" im Prozeß des sich weiter vollziehenden rasanten Wandels an ihrer Heimat und an sich beobachten, könnte damit zusammenhängen, daß es den Ostdeutschen so geht wie Peter Schlemihl, nur daß sie statt des Schattens ihre Geschichte verloren haben, eine zuweilen gespenstische Disposition, zuweilen auch ein Blick zurück im Zorn, selten in Nostalgie. Aber auch im Westen erschrecken ein der 68er Mentalität entwachsener Peter Schneider oder Hanns-Josef Ortheil bei aller Disposition zu hellwacher Ehrlichkeit und zum Abschied von alten Denkgewohnheiten oder von der Generation der „Kriegsteilnehmer" vor dem „Ende der Gewißheit"; und der weniger umtriebige, dunkler raunende Botho Strauß, dem einst viel an Adornos Kulturkritik lag, sinniert ähnlich über die Brüchigkeit damals selbst verordneter Schablonen: eine gewisse Orientierungslosigkeit hüben wie drüben. Wie in der Nachkriegszeit also, aber doch auf ganze andere Weise, besteht eine kulturelle Disposition zur Ernüchterung und Anlaß zur Bestandsaufnahme, ein langsamer Abschied von den Utopien.

Die Überlegungen zum Überdenken der Periodisierungsgewohnheiten in literaturhistorischen Darstellungen können nur erste Vorschläge sein. Für den Beginn „kodierter Literatur" seit Mitte der sechziger Jahre in der DDR und für deutsch-deutsche thematische Gemeinsamkeiten im literarischen Feld seit Beginn der achtziger Jahre werden im Kapitel 2 Belege gebracht, die naturgemäß als „Untertext" zum etablierten Kanon und den etablierten Phasen in beiden Literaturen keine neuen Perioden entwerfen lassen. Dennoch versammeln sie Material für ein neues Problembewußtsein in der germanistischen Historiographie und sorgen für zusätzliche Tiefenschärfe. Für den seit 1989 erheblich veränderten Rückblick auf die Nachkriegsliteratur, sowohl die Übergangsperiode 1945–1952 (vgl. Wehdeking/ Blamberger: *Erzählliteratur der frühen Nachkriegszeit,* 1990) wie die getrennten Phasen bis 1989, wird in Kapitel 4 eine behutsame Revision unter dem Eindruck einiger Gemeinsamkeiten im literarischen Feld vorgeschlagen (vgl. W. Barner, Hg.: *Geschichte der deutschen Literatur von 1945 bis zur Gegenwart,* 1994). Seit 1989 sind es in der Erzählprosa vier „Portalromane" zur Vereinigungsproblematik, die den epochalen Mentalitätswandel ästhetisch gelungen präsentieren: Martin Walsers *Die Verteidigung der Kindheit* (1991), Monika Marons *Stille Zeile sechs* (1991), Wolfgang Hilbigs *„Ich"* (1993, sowie die Erzählung *Alte Abdeckerei,* 1991) und schließlich Brigitte Burmeisters *Unter dem Namen Norma* (1994).

Die nach fünf Jahren Maueröffnung einsetzenden Anzeichen eines auch kulturellen und literarischen Paradigmawechsels häufen sich im Frühjahr 1995. Eine Reihe junger Autoren verarbeitet die neue Situation seit 1989/90 bereits als eine selbstverständliche Voraussetzung für die oft weit ausholenden Rückblenden. Dies wird schon in den Romantiteln mit ihrer semiotisch herausgehobenen Symptomatik kenntlich: Thomas Hettches *NOX* (gemeint ist die Nacht des Falls der Mauer), Barbara Sichtermanns *Vicky Victory,* Reinhard Jirgls *Abschied von den Feinden* und Bernd Schroeders *Unter Brüdern.* Vor allem aber ist es der erste bedeutende Film zum Thema, Margarethe von Trottas *Das Versprechen* (1995 auf der Berlinale vorgestellt und als Spielfilm erfolgreich), der die bereits in das kollektive Gedächtnis eingegangene Nacht der Freude über den Fall der Mauer zur Schlußpointe gestaltet, um noch einmal nachdrücklich an das Teilungsleid seit dem Mauerbau 1961 zu erinnern, mit dem der Film einsetzt. Im Film kommt es zu keinem Happy End, weil die Liebenden, von denen nur der Frau die damals noch mögliche Flucht durchs Berliner Kanalsystem gelang, nach einer Episode der Hoffnung auf ein Zusammenleben in Prag – zerstört von den russischen Panzern 1968 – und nach weiteren zwanzig Trennungsjahren einander fremd geworden sind. Neben der gezeigten Freude über die offene Mauer macht Trotta deutlich, daß für ihre Protagonisten, wie für viele durch den „Schutzwall" getrennte Familien, dies alles zu spät kam, auch wenn sich die Botschaft nur in den Gesichtern der Schlußeinstellung und in hineingeschnittenen Interviewfetzen vom 9. November spiegelt. Der Film war fällig, denn fast wären sonst die zur Signatur des Kalten Krieges schlechthin gewordene Mauer und ihre unmenschlichen Folgen in den Utopie-Debatten der Intellektuellen „vergessen" worden. Indem ich meine persönliche und prinzipielle Freude über den Fall der Mauer und die Hoffnung auf ein wachsendes Verständnis zwischen den wiedervereinigten Bundesbürgern für die oft sehr verschieden geprägten Lebensläufe und Erfahrungen an den Schluß des Vorworts stelle, betone ich nochmals die Zielsetzung dieses ersten Überblicks nach fünf Jahren: durch die Lektüre von Perspektiven aus den östlichen und westlichen Bundesländern mehr Einfühlung in die Sehweise des anderen zu ermöglichen. Einen Anlaß zum Rückfall in DDR-Nostalgie finde ich in keinem der hier versammelten Texte. Das Kriterium für ihre Auswahl war die an der Rezeption ablesbare, auch ästhetische, Bedeutsamkeit über die bloße Relevanz als Zeitsignatur hinaus.

Stuttgart, im März 1995
Volker Wehdeking

1. Einleitung: Die zeitkritische Literatur in beiden Deutschland (1971–1994) auf dem Wege der kulturellen Wiederannäherung

In den frühen Jahren nach der Gründung beider Deutschland (1949 bis zum vorübergehenden Tauwetter der ersten Honecker-Jahre nach dem 8. Parteikongreß 1971) gab es zunächst eine weitgehend unter ideologischen Vorzeichen im Ost und West verschiedene Kulturentwicklung. In der Bundesrepublik entwickelte sich eine spätmoderne, lange von der Gruppe 47 dominierte Literatur in einem Staat konservativ-liberalen Bürgertums. In der DDR wurden die durch einen rigorosen „Sozialismus von oben" gegängelten Künstler und Schriftsteller sich bereits nach dem Mauerbau ihrer massiv eingeschränkten Kreativität bewußt; sie fanden im verspäteten Anschluß an die Klassische Moderne und in der – teilweise subtil verdeckten – Opposition zur herrschenden Ideologie zu einer kulturellen Wiederannäherung an die westliche Kulturentwicklung.

Diese ‚kodierte' DDR-Literatur versuchte auch ästhetisch, durch den Anschluß an die internationale Spätmoderne und an eine gemeinsame ältere deutsche Literaturtradition, die im sozialistischen Realismus kaum Gegenliebe fand, Opposition zur staatstragenden Literaturszene zu signalisieren. Gemeint ist die Tradition (nach der germanistischen Behelfsperiodisierung) ‚zwischen Klassik und Romantik' – der darin zusätzlich betonten, subjektivistischen und frauenspezifischen Komponente –, und des forminnovativen Vormärz der Grabbe und Büchner. Ich nenne hier stellvertretend Christa Wolf, Volker Braun und Günter de Bruyn und deren Wiederaufnahme von Kleist, Jean Paul, Heine und Büchner, von Karoline von Günderrode und Bettina von Arnim, sowie für die spätmodernen Montage- und Collageverfahren die Erzählprosa von Reiner Kunze, Monika Maron, Christoph Hein, die Dramen und Gedichte von Heiner Müller und die Lyrik von Günter Kunert und Sarah Kirsch. Schließlich wird in der kodierten DDR-Literatur ein *Point-of-view* nicht des ‚typischen' mittleren Helden präsentiert, sondern – etwa in der Pikaro-Tradition bei Irmtraud Morgner, Fritz Rudolf Fries oder Helga Königsdorf – die Außenseiterperspektive: jene verkrachter Bohemiens und wiedergeborener Troubadours, verhinderter Jazzliebhaber, in ihrer

Berufsausübung behinderter Germanisten, kaltgestellter und überwachter Autoren und Journalisten, im Protest verstummter oder aus der Hochschule gedrängter Historiker und Historikerinnen auf imaginären oder phantastischen Fluchtreisen. Daß sich hier die Historiker-Protagonisten in den letzten Jahren vor dem Mauerfall in DDR-Romanen häufen, erscheint alles andere als zufällig. Ich komme darauf zurück. Vielleicht am eindrucksvollsten begleitet Wolfgang Hilbig in der Erzählprosa seit 1989 (*Die Übertragung, Alte Abdeckerei*, 1991, *Grünes grünes Grab*, 1992, *„Ich"*, 1993) mit an Kafka erinnernder Intensität die schizophrene Existenz von bespitzelten Schriftstellerprotagonisten, die sich mehr und mehr mit fingierten Vorwürfen identifizieren lernen und ihre Heimat immer weniger begreifen und wiedererkennen, ihr Heil aber dann doch im Westen suchen.

Bereits Mitte der 60er Jahre, nach Mauerbau und harter, auch kultureller Repression, begann sich die DDR-Literatur, zunächst subversiv, wieder auf die in diesen Jahren der 1968er Bewegung politisierte, teilweise operativ und systemkritisch gemeinte Literatur der Bundesrepublik zuzubewegen. Die seit 1976 mit der Biermann-Ausbürgerung zunehmende Welle der in den Westen übersiedelnden DDR-Autoren und Theaterleute gab der in ‚Neuer Subjektivität' befangenen, höchstens noch in der frauenspezifischen Thematik zeitkritischen, bundesdeutschen Literatur neue Impulse. Zugleich war die literarische Systemkritik innerhalb der DDR, durch meist im Westen publizierte Texte und Stücke von Volker Braun, Christoph Hein, ansatzweise Heiner Müller und Monika Maron (vor ihrer Übersiedlung 1988) sowie einigen Prenzlauer Berg-Autor(inn)en bis zum 9. November 1989 immer weniger zu überhören. Die nunmehr als Träger beider deutscher Literaturen verbleibende bürgerliche Schicht (in der späten Weimarer Republik noch den Radikalisierungen von links und rechts erlegen) tritt ein lebendiges kulturelles Erbe an und muß sich der Herausforderung stellen, die gegenseitige Wiederannäherung nicht durch einen Rückfall ins Gemütliche zu verspielen. Die Gefahr einer westlichen Erstarrung der Verhältnisse, wie sie Botho Strauß und Thomas Bernhard in den 80er Jahren zum Thema machten, dürfte aufgrund der Aporien ‚deutscher Befindlichkeiten' im Einigungsprozeß fürs erste gebannt sein.

Eine Beschränkung innerhalb der Gattungen und im Thema ist für diese Entwicklungsskizze der letzten 25 Jahre unumgänglich: neben einigen wenigen Gedichten geht es um deutsche Erzählprosa vor allem aus der DDR und im Spannungsfeld der deutschen Teilung: denn immer schon gab es das Thema des Leidens von DDR-Künstlern und -Autoren an ideologischer Bevormundung, auch wenn sie den Sozialismus für eine lohnende Utopie und das System für ausbaufähig hielten. So geraten Handlungsabläufe von Romanen und Erzählungen in den Brennpunkt, in denen die Hauptfiguren sich nach kultureller Veränderung sehnen, nach Fortgang in den Westen, nach mehr kritischer Einmischung vor Ort, im Grunde immer wieder das Menschenrecht auf Meinungsfreiheit und Freizügigkeit reklamierend.

Heute, fünf Jahre nach der Selbstbefreiung der DDR am 9. November 1989, gibt es eine Reihe von gegenseitigen sozialen und politischen Vorbehalten der neuen und alten Bundesländer, die zeigen, daß eine kulturelle Wiederannäherung nach 40 Jahren Teilung alles andere als einfach ist. Vieles an der Aufbruchseuphorie Ende 1989 scheint mit guten Gründen der Alltagsmisere einer noch viele Jahre andauernden Ungleichzeitigkeit gewichen. Für die soziopolitischen gegenseitigen Enttäuschungen hat der Kandidat der Grünen fürs Präsidentenamt, Jens Reich, eine Reihe von plausiblen Gründen genannt. Er sieht die Krise der inneren Einheit in der Plötzlichkeit des Verlustes eigener Identität der neuen Bundesländer auf fast allen Gebieten und, natürlich, im drohenden Verlust des Arbeitsplatzes:

„Alles Gewohnte der täglichen Lebensgestaltung wurde schwankend, als das gesamte zivile Recht, Schuldrecht, Familienrecht, Erbrecht, Mietrecht, Eigentums- und Vermögensordnung, die soziale Verfassung (Ausbildung, Erziehung, Berufsordnung, Gesundheitsfürsorge, Rentenrecht und Altersvorsorge) schlagartig ausgewechselt wurde, wobei die Menschen weder die neue Ordnung kannten noch auch nur ihre spezifische Verwaltungssprache verstanden, also zu sekundären Analphabeten in ihrem Gemeinwesen wurden."[1]

Für den Literaturbetrieb denke man nur an die Schlagzeilen rund um die neue Berliner Akademie der Künste und die anhaltenden Austritte von Autoren und Künstlern aus beiden Teilen Deutschlands wegen der von Walter Jens und Heiner Müller nach langem Gezerre beschlossenen En-Bloc-Zuwahl der Ostberliner Akademiemitglieder von einst. Die im Januar 1993 bekannt gewordenen Stasi-Kontakte von Heiner Müller und Christa Wolf geben zusätzlich zu denken. Die berechtigten Einwände von Wolf Biermann gegen die schillernde Rolle eines für den Staatssicherheit spitzelnden Sascha Anderson (geb. 1953) oder Reiner Schedlinski (geb. 1956) – beide der angeblich alternativen Literaturszene des Prenzlauer Berg zugehörig – und deren postmoderne Sprachexperimente bringt Ralf Schnell in seiner neuen *Geschichte der deutschsprachigen Literatur seit 1945* (1993) auf eine dennoch kulturell konvergierende Ebene:

„Statt Verlautbarungen, Inhalten und Konventionen wurden nun [bei den Lyrikern vom Prenzlauer Berg] Strukturen, Konturen und Formationen in den Blick gerückt [. . .]: Die Hohlformen der östlichen Weltanschauungsdiktatur und die traditionsreichen Sinnentwürfe der westlichen Industriegesellschaften erwiesen sich unterderhand als strukturhomolog. [. . .]

Ein Teil der DDR-Literatur, so scheint es, wird von nun an auf einer zweifachen Ebene zu lesen sein – auf der ihrer ästhetischen Struktur, deren Polyvalenz auch traditioneller Hermeneutik zugänglich ist, und auf der von Verschlüsselungen und Verrätselungen, Codierungen und Geheimbotschaften, die von einer gespaltenen Künstlerexistenz künden. Gottfried Benns Begriff Doppelleben dürfte einer Untersuchung den passenden Titel bieten, die an solchen Texten das Problem der poetischen Wahrheit ausloten wollte."[2]

Wolfgang Emmerich spricht in der letzten Auflage einer weit verbreiteten, einbändigen deutschen Literaturgeschichte[3] von einem selbständigen westdeutschen literarischen Feld in den Jahren 1949–1989 mit einem „angeschlossenen Feld DDR-Literatur", stellt aber die Homogenität des Feldes „Literatur der Bundesrepublik" zugleich in Frage und sieht sie, seit längerem „ausgespannt zwischen den Polen ‚Gewissen der Nation' und ‚postmodernem Boulevard'", als „längst uneinheitlich geworden". Er betont die Ähnlichkeit beider deutscher Literaturen in ihrer konvergierenden Thematik, bedingt durch ähnlicher werdende Probleme seit 1980 bei aller Ungleichzeitigkeit im einzelnen. Seit etwa 1980 kann man die beiden deutschen Literaturen in West und Ost auf einem Kurs der Wiederannäherung beobachten, der sich nicht nur in den vielen Ausbürgerungen und Ausreisen von DDR-Autoren und Autorinnen im Gefolge der Biermann-Solidarisierung niederschlägt. Man kann nun mit Bourdieu wieder von *einem* literarischen Feld sprechen, da beide Literaturen nicht mehr ohne einander und nur in gegenseitiger Wahrnehmung gedacht werden können.[4] Selbst die aufeinander bezogenen Oppositionen in der soziokulturellen und poetologischen Konzeption beider Literaturen sprechen seit Ende der 70er Jahre nicht mehr für eine autonome Entwicklung. Im Westen herrschte seit 1977, dem Höhepunkt der Baader-Meinhof-Aktionen („Deutschland im Herbst"), massiver Medien- und Öffentlichkeitsdruck auf nonkonformistische Intellektuelle, in einem ohnehin auf ‚Neue Subjektivität' gestimmten Erzählverfahren auf operative Literatur weitgehend zu verzichten. In der DDR zog Honecker 1976 einen Schlußstrich unter seine Tauwetter-Offerte von 1971 und löste damit einen anwachsenden Auswandererstrom von Dissidenten in den deutschen Westen nach der Biermann-Ausbürgerung aus. Die gemeinsame Sorge in beiden Teilen Deutschlands vor einer atomaren Nachrüstung kam hinzu: Mitte Dezember 1981 trafen sich an die neunzig namhafte Künstler und Autoren aus Ost und West auf Vorschlag von Stephan Hermlin auf der „Berliner Begegnung zur Friedensförderung" in Ost-Berlin, darunter an die fünfzig deutsche Autoren. So zahlreich hatten sich zu einer gesamtdeutschen Begegnung Autoren zuletzt auf dem Ersten Schriftstellerkongreß nach dem Krieg in Berlin des Jahres 1947 getroffen: eine Literaturpolitik, die damals im Zeichen des gerade begonnenen Kalten Krieges in beiden Deutschland auseinanderstrebte, sollte „kraft des Ansehens, das Schriftsteller genießen", zu neuer Gemeinsamkeit gegen die zynische Logik der Rüstungsspirale ‚atomaren Overkills' führen.

Seither verstärkt sich die gegenseitige literarische Beachtung; es beginnt die Wiederannäherung. Ein systemkritischer Roman wie Monika Marons *Flugasche* (1981), der Christa Wolfs *Kindheitsmuster* (1976) an zeitkritischer Schärfe durch die nicht so ins Unverbindliche der Kindheitserinnerung zurückgenommene Aktualität bei weitem überbot, war zuvor in der DDR kaum denkbar gewesen und fand dort auch keinen Verlag; denn die Kritik berührte die für die Ideologen besonders sensiblen Felder menschenverachtender Arbeitsbedingungen in der umweltzerstörenden Bitterfelder Kohleindustrie und die Gesinnungsgängelei in den Medien. In der Bundesrepublik wendet sich die Literatur in den 80er Jahren einer neuen Fabulierlust zu, die aus den Ich-zentrierten Schreibweisen der Neuen Subjektivität herausfindet, um die eigenständigen Qualitäten der Literatur wiederzuentdecken und sie für implizit zeitkritische Gegenentwürfe zu Geschichte und Gegenwart zu nutzen. Auch zahlreiche, zum Teil unfreiwillig aus der DDR übergesiedelte Schriftsteller münden in diese Entwicklung, darunter Jurek Becker, Wolf Biermann, Thomas Brasch, Günter Kunert, Reiner Kunze, Hartmut Lange, Erich Loest, Helga M. Novak, Christa Reinig und Hans Joachim Schädlich.

Am nachhaltigsten haben mich im Zusammenhang dieser deutlicheren kulturellen Wiederannäherung seit etwa 1980 die Thesen und rückblickenden Überlegungen Günter de Bruyns in seinem Essayband *Jubelschreie, Trauergesänge. Deutsche Befindlichkeiten* (1991) beeindruckt. De Bruyn hält am Gedanken einer „deutschen Kulturnation" fest, weil für ihn die Kulturnation nicht bei Nationalstaat und Bismarck-Reich beginnt, sondern „vielleicht bis zu Luther" zurückreicht, „ganz deutlich aber in die Zeiten der Aufklärung":

„Als Gottsched in Leipzig seine ‚Deutsche Gesellschaft' gründete, Lessing sich in Hamburg um ein Theater bemühte, das der ganzen Nation gehören sollte, [. . .] und Herder erkannte, daß die Kulturen im weitesten Sinne (also die Sprachen, die Lieder die Dichtungen, Sitten, Gebräuche) es sind, die die Nationen bilden – war es schon da, dieses nicht unverwüstliche, aber doch langlebige Band, das in klassischer Zeit, die eine Zeit politischer Zerrissenheit war, ein nationales Zusammengehörigkeitsgefühl schuf. [. . .]

Von der Existenz einer deutschen Kulturnation auszugehen, zu der man gehört, ob man will oder nicht, scheint mir ehrlicher und objektiver als das Reden von nationalen Gefühlen, die die Massen angeblich bewegen oder auch angeblich nicht. [. . .] Der Begriff der Kulturnation [. . .], sozusagen metapolitisch [. . .] sagt aus, daß die Deutschen, durch Kultur und Geschichte bedingt, zusammengehören, aber über Grenzen, Verfassungsgrundsätze und Souveränitätsrechte sagt er nichts."[5]

Eine zweite These Günter de Bruyns berichtigt das Klischee des Kalten Krieges, die Westdeutschen seien amerikanisiert, die Ostdeutschen dementsprechend „russifiziert" worden:

„Um über die Welt, in die man nicht reisen konnte, und auch über die DDR, in der man lebte, wahrheitsgemäß informiert zu werden, mußte man Programme westlicher Sender empfangen, lebte also auf diese Weise das Radio- und Fernsehleben des anderen Teilstaates mit. Der Preis, den man dafür zahlte, daß man tagsüber auf der Arbeitsstelle mehr oder weniger aufrichtig den staats- und parteitreuen, also einheitsfeindlichen DDR-Bürger zeigte, am Abend sich aber mit den Deutschen jenseits der Grenze am Bildschirm vereinte, war eine kaum noch bewußte schizophrenieähnliche Persönlichkeitsspaltung, [. . .]. Aus dem Mond fiel man also nicht, als im Herbst 1989 die Wende erfolgte; [. . .] Bei dem Versuch, ein Psychogramm der Bevölkerung der ehemaligen DDR zu geben, dürfen zwei weitere Tatsachen nicht fehlen, nämlich die Folgen der ideologischen Schulung und die durch Einmauerung erzeugte Provinzialität. [. . .] Man kennt die Welt nicht, auch nicht die östliche, obwohl man gelegentlich in sie reisen durfte und die Freundschaft mit den sozialistischen Ländern von der SED-Führung immer gefordert war. Vielleicht wegen dieses Verordnungscharakters der Freundschaft [. . .] gab es [. . .] nie [. . .] im Warschauer Pakt ein Zusammengehörigkeitsgefühl in den Bevölkerungen; die Regierungen waren verbündet, die Völker lebten voneinander abgeschottet. [. . .] Man blickte in der DDR über die Mauer nach Westen, aber das hieß in erster Linie nach Deutschland, wodurch zwar das Nationale gefördert wurde, aber nicht die Weltoffenheit."[6]

Der siebeneinhalb Jahre in der DDR aus politischen Gründen („konterrevolutionäre Gruppenbildung") inhaftierte, 1981 in den Westen gegangene Erich Loest dokumentiert die Zensur- und Überwachungsschikanen in zwei sprechenden Titeln: *Der Zorn des Schafes. Aus meinem Tagewerk* (Leipzig 1990) und *Die Stasi war mein Eckermann oder: mein Leben mit der Wanze* (Göttingen 1990). Der Hörspielpreis der Kriegsblinden ging 1991, damit eine ehrwürdige Nachkriegstradition verbindend, an das DDR-Hörspiel jenes Jahres, *Stille Helden singen selten,* das Originaltöne der Montagsmärsche und Mauerkommentare mischt. Das Gefühl des Identitätsverlusts und der Orientierungsschwierigkeiten vieler DDR-Intellektuellen äußert sich aber ebenso deutlich. Von evokativer Kraft sind in dem Zusammenhang einige Gedichte von 1990 aus der Feder Heiner Müllers, des namhaftesten DDR-Dramatikers nach Brecht und Peter Hacks, und ein *Atlantis*-Gedicht Günter Kunerts aus dem Gedichtband mit dem sprechenden Titel *Fremd daheim* (1990). Müllers *Altes Gedicht* lautet, samt elegischem Motto, fast postmodern:

> „Ich bin der ich nicht sein will und der sein wird.
> Nachts beim Schwimmen über den See der Augenblick
> Der dich in Frage stellt
> Es gibt keinen anderen mehr

Endlich die Wahrheit Daß du nur ein Zitat bist
Aus einem Buch, das du nicht geschrieben hast
Dagegen kannst du lange anschreiben auf dein
Verblassendes Farbband
Der Text schlägt durch."

Läßt sich hier ahnen, wie es um die schwindenden Themen und Identitäten der DDR-Autoren und Autorinnen bestellt sein mag, so ist in dem wiederum sprechenden Titel *Ein Gespenst verläßt Europa* (1990) auch herbe „Selbstkritik" enthalten:

„Meine Herausgeber wühlen in alten Texten
Manchmal wenn ich lese überläuft es mich kalt Das
Habe ich geschrieben IM BESITZ DER WAHRHEIT
Sechzig Jahre vor meinem mutmaßlichen Tod
Auf dem Bildschirm sehe ich meine Landsleute
Mit Händen und Füßen abstimmen gegen die Wahrheit
Die vor vierzig Jahren mein Besitz war
Welches Grab schützt mich vor meiner Jugend."

Eine Erinnerung Müllers an die *Hamletmaschine* von 1977 und ein Plakat dazu lösen dieses nachdenklich machende Gedicht aus:

„HAMLETMASCHINE: der Hamletdarstel-
ler ohne Gesicht, im Rücken die Mauer, sein Gesicht eine
Gefängniswand. Bilder, die keine Aufführung einholen konnte.
Wegmarken durch den Sumpf, der sich schon damals zu schließen begann
über dem vorläufigen Grab der Utopie, die
vielleicht wieder aufscheinen wird, wenn das Phantom der
Marktwirtschaft, die das Gespenst des Kommunismus ablöst,
den neuen Kunden seine kalte Schulter zeigt, den Befreiten das /
eiserne Gesicht seiner Freiheit."

Ebenso anrührend geht auf den Umbruch Günter Kunerts *Atlantis* ein, weil Kunert hier nicht nur in subtil indirekter Weise den Wechsel der Orts- und Straßenbenennungen seit 1989 anspricht, sondern als Sohn einer jüdischen Berliner Mutter auch den unvergessenen Holocaust, den die offizielle DDR-Kultur so lange als Problem allein dem Westen überließ. Das Gedicht von 1990 steht am Schluß des Bandes:

„Atlantis
Als es unterging Sklaven
sollen geschrien haben in dieser Nacht
wie ihre Eigentümer: Homo sum.

Aber in den Legenden herrscht Stille
als wäre die Geschichte ein Konzert
gewesen und die Mitwirkenden heimgegangen.
Akten zur Beweisführung herbeigeschafft
ihre blutige Schrift verblichen aber.
Erneut gelang die Transsubstantiation:
Alle Getöteten wurden zu annehmlichen Zahlen.
Heute schon sind für morgen die Fundstücke
frei von Konservierungsmitteln: Alles
Rätsel für Nachgeborene.
Wenn da wirklich geschrien wurde ist es ja
längst verhallt.
Amtlich als akustisches Phänomen eingestuft.
Als Präzedenzfall
für alle Zukunft wo wir geschrien haben
werden.
Und die Unbetroffenen es deutlich überhört.
Und einige die Gelegenheit ergriffen
zu einem Gedicht: Spätfolge
von Untergängen die allein durch Ortsnamen
der Unterscheidung sich fügen."[7]

Hier hat Kunert das Gespenstische des Vorgangs in der Geschichte, die für alle unerwartet rasche Öffnung der Mauer, ebenso festgehalten wie die untergegangene Heimat und längst abgewirtschaftete Utopie, an die sich der frühe Kunert klammerte.[8] Seine Elegie ist daher nachvollziehbar, obwohl er den Umbruch begrüßt. Hier gibt es natürlich ideologische Hintergrunde, die bis in die frühe Nachkriegszeit zurückreichen.

Ein besonders aufschlußreiches Gedicht für die Aporien der Post-DDR-Befindlichkeit im Übergang zur Westintegration gelang Volker Braun im Jahre 1990 mit dem ins marxistische Themenzentrum zielenden Titel *Das Eigentum,* das weit konzentrierter wirkt als der szenische Satire-Versuch *Iphigenie in Freiheit* (1992):

„Das Eigentum
Da bin ich noch: mein Land geht in den Westen.
KRIEG DEN HÜTTEN FRIEDE DEN PALÄSTEN.
Ich selber habe ihm den Tritt versetzt.
Es wirft sich weg und seine magre Zierde.
Dem Winter folgt der Sommer der Begierde.
Und ich kann *bleiben wo der Pfeffer wächst.*
Und unverständlich wird mein ganzer Text.
Was ich niemals besaß, wird mir entrissen.
Was ich nicht lebte, werd ich ewig missen.
Die Hoffnung lag im Weg wie eine Falle.
Mein Eigentum, jetzt habt ihrs auf der Kralle.
Wann sag ich wieder *mein* und meine alle."[9]

Wie schwer es einem in den Nachkriegsjahren der ‚Ankunft' von sozialistischen Idealen erfüllten Dichter wie Volker Braun fällt, die doch selbst durch kodierte Literatur seit Mitte der 70er Jahre mitgetragene Selbstbefreiung drei Jahre nach dem 9. November 1989 an ihren Früchten zu erkennen, zeigt seine Rede zur Annahme des Schillerpreises im November 1992 in Stuttgart:

„Es war das Publikum, das ein Jahr zuvor in angespanntem Schweigen verharrte bei Sätzen wie: ‚Wenn wir uns nicht selbst befreien, bleibt es für uns ohne Folgen.' – Und das ist zum Problem geworden, nachdem uns die Selbstbefreiung von Bankern und Lenkern aus der Hand genommen wurde. Es ist darum auch keine befreiende Erfahrung für die westdeutsche Gesellschaft gewesen, was bedeutet hätte, auch das eigene Dasein auf das Spiel zu stellen, in dem einmaligen Moment des Möglichwerdens, als die eine Armee, der eine Geheimdienst versenkt wurde. ‚Freiheit schöner Götterfunken': der prophetische Griff Leonard Bernsteins nach dem Fall der Mauer. Denn die hereinbrechende Freiheit / Dirigierte mit ihrem Taktstock / Die Freude rasch aus dem Land.

Auf dem Theater des Wilden Ostens funktioniert wieder der Gute Mensch der Obdachlosen, die Heilige Johanna der Schlachtfelder und der Schlachthöfe, ein Indiz, daß wir in alter Geschichte sind. [. . .] Jedenfalls aber wieder in gemeinsamer Geschichte, Landsleute: erhabenes (gemischtes) Gefühl."[10]

Brauns Formulierkraft funkelt vor zorniger Ironie. Aber seine weltfremden, sozialistisch getönten Schlenker gegen „Banker und Lenker" unterstellen, daß eine demokratische Bundesrepublik, der beizutreten bis hin zu Einzelheiten der Verfassung die DDR-Wähler in klaren Mehrheiten entschieden hatten, ihre Investoren und den freien Markt hätte „lenken" können. Sein die Intention unterlaufender Sarkasmus über Leonard Bernsteins spontane euphorische Vertauschung (in Schillers *Ode an die Freude* in der Weihnachtsaufführung von Beethovens *Neunter Symphonie* am Gendarmenmarkt 1989) von „Freude" durch „Freiheit" zeigt einmal mehr, daß der Diskurs der *Unvollendeten Geschichte* (1975) und der *Übergangsgesellschaft* (1982) klüger war, als das beharrliche Festhalten ihres Autors an der doch als problematisch erkannten, ‚realen Verwirklichung' der Ideologie.

Brauns Gedicht *Das Eigentum,* seine *Iphigenie in Freiheit* sowie die Schiller-Rede lassen sich als Seismogramme vorübergehender Orientierungslosigkeit lesen. Der Hinweis auf wieder erlangte „gemeinsame Geschichte" und Kultur mit der Folge „erhabener (gemischter) Gefühle" trifft sicher die deutsch-deutsche Gemengelage der Ernüchterung hüben wie drüben, eine allenthalben spürbare Utopiemüdigkeit. An den Schluß dieser Einführung möchte ich daher eine weitere, das Thema ebenso satirisch wie versöhnlich ironisch aufnehmende Preisrede eines Dissidenten-Poeten aus der DDR stellen, dessen Ausbürgerung das wichtigste Signal für eine Wende zur kulturellen Verhärtung (und in deren

Verlauf zur Wiederannäherung der Intellektuellen an den Westen) gab: Wolf Biermanns Rede zum Düsseldorfer Heinrich-Heine-Preis am 13. 12. 1993, *Absage an das Himmelreich auf Erden:*[11]

„Unser Sophokles heißt Heiner Müller, und unser Perikles heißt Helmut Kohl. Der athenische Staatsmann gewann den Peloponnesischen, der Oggersheimer den Kalten Krieg. Anaxagoras, der philosophische Sturmvogel der Vernunft, war die Vorhut, wir haben heute Habermas, er ist die Nachhut der Aufklärung. Vom siegestrunkenen Sängerpoeten, dem großen Pindar, sind wir heruntergekommen auf mich, den Sänger der großen Niederlagen. [. . .]

Der Dichter [Heine im „Wintermärchen"] reißt sich die Augen auf und hält sich die Nase zu [. . .], er sieht das 20. Jahrhundert voraus, er starrt auf die Furien der Unterdrückung, die bedrohlichen Gespenster des deutschen Nationalismus [. . .]. Das faszinierende Kunstwort ‚Utopie' blies Thomas Morus 1516 zum ersten Mal in die Welt. Wir wußten ja, was es zu deutsch heißt: ‚Kein Ort, nirgends!' – aber wir hatten es nie wirklich begriffen und suchten uns und die halbe Menschheit kaputt nach diesem gelobten Sankt Nimmerleinsland.

Die armen Leute sind in den Ländern der kommunistischen Utopie noch ärmer geworden, sie sind verroht und verblödet. Die revolutionären Massen im Lande des ‚Großen Oktobers der Arbeiterklasse' sind verfault in den Lagern des Gulag. Und die dafür sorgen wollten, daß die Gerechtigkeit ihren Lauf nimmt, gerieten vor die Gewehrläufe ihrer Genossen [. . .]. Die Selbstsucht gedieh nirgendwo ekelhafter als in den Ländern, die das vollendete Gemeinwohl auf ihre Fahnen schrieben. Überall dort, wo Paradiese auf Erden versprochen wurden, gerieten die Menschen in nur immer schlimmere Höllen. Unter der Phrase von der befreiten Arbeit wurde die Ausbeutung des Menschen durch Menschen auf die absurdesten Spitzen getrieben. [. . .] Das utopische Denken basiert auf der Unwissenheit darüber, daß es verschiedene ethische Grundwerte gibt, die einander ausschließen. Denken Sie nur an Goethes bissige Bemerkung über die Losung: ‚Freiheit – Gleichheit – Brüderlichkeit'. Goethe schrieb: ‚Gesetzgeber oder Revolutionärs, die Gleichsein und Freiheit zugleich versprechen, sind Phantasten oder Charlatans'. [. . .]

Meine neue Lesart des ‚Wintermärchens' bedeutet ganz und gar nicht, daß wir uns bescheiden und den Schwanz einziehen und uns das Träumen abgewöhnen. Ich jedenfalls werde mir die tatkräftige Hoffnung auf eine sozial bessere, auf eine politisch gerechtere, eine friedliche Menschheit niemals abschminken. [. . .] Aber unsere Zukunftsbilder sind nicht mehr aus einem Stoff gemacht, den uns das apokalyptische Denken liefert. Ich will nicht mehr dieses kindische: Alles oder nichts. Nie mehr diese fortschrittsselige Alternative: Himmelreich oder Hölle. [. . .] Ich will kein Himmelreich erobern, ich will verteidigen. Unsere winzige Erde wollen wir davor bewahren, daß sie vollends zur Hölle wird. [. . .]

Es gibt noch Gedichte nach Auschwitz. Und
es gibt sogar lustige Lieder. Wir
Sind eben so: Wir gehn ganz und gar
zugrund und erheben uns wieder."

Biermann, der sehr wohl weiß, wie schwer sich die Stadt Düsseldorf mit der
Ehrung ihres großen Sohnes tat, und – ganz wie Heine im Metternich-Deutsch-
land – in der DDR immer mutig gegen die Gesinnungsschnüffelei, Zensur und
rigoros ideologische Literaturpolitik seine Lieder setzte, sitzt nicht mehr zwischen
zwei Stühlen, wenn er Demokratie, Frieden und Ökologie in der Bundesrepublik
der 90er Jahre bewahren helfen will. Der Hinweis auf den Holocaust ruft einmal
mehr in Erinnerung, daß sich dies fortdauernd relevante Thema in der DDR (wo
es sich angeblich durch den Sozialismus von oben von selbst erledigt hatte) nicht
aufgreifen ließ, und negiert Adornos Vorbehalt.

Wie man sich noch Anfang 1991, ungeachtet der Wiedervereinigung, als
ehemalige DDR-Dissidentin zwischen der alten und neuen Heimat entwurzelt
fühlt, immer als Reisende, obwohl viele Jahre im Westen – nach der Biermann-
Ausbürgerung – dazwischenliegen, dokumentiert Sarah Kirsch mit ihrem Neu-
jahrsgedicht *Aus dem Haiku-Gebiet:*

„Das neue Jahr: Winde
Aus alten Zeiten
Machen nur Zahnweh.

Unter dem Himmel des
Neuen Jahrs gehen die
Alten Leute.

Wie der Schnee sie auch
Verklärt – meine Heimat
Sieht erbärmlich aus.
[. . .]

Das Jahr geht hin
Noch immer trage ich
Reisekleider.   (1. 1. 1991)"

2. Das deutsch-deutsche Thema in ausgewählter Erzählprosa und Lyrik beider Deutschland seit 1971

Hatten die beiden Bitterfelder Konferenzen 1959 und 1964 die Aktivistenportraits und das Ankommen im sozialistischen Alltag bis hin zum schreibenden Arbeiter für die Romanprosa gefordert, waren in dieser Gattung die intellektuellen Spannungen, die der Mauerbau 1961 und der sowjetische Einmarsch in Prag 1968 mit einem DDR-Solidaritätsbeitrag auslöste, noch nicht so spürbar wie in der Lyrik seit 1965, etwa bei Günter Kunert oder Volker Braun.

In seinen Frankfurter Vorlesungen von 1985 blickt der seit 1979 in Holstein lebende Kunert auf die beginnende Enttäuschung und Erstarrung zurück, die bereits Mitte der 60er Jahre einsetzte und mit der Ausbürgerung Wolfgang Biermanns 1976 kulminierte:

„Das Gedicht bot den kürzesten Weg. Und bewegt hat mich die zunehmende Unbeweglichkeit der Gesellschaft, die Erstarrung der sozialen Struktur. Was im ersten Jahrzehnt, vielleicht auch noch im zweiten nach Kriegsende wie eine tiefenwirksame Veränderung aussah, war wohl bloß eine Fluktuation zwischen sozialen Schichten. Es rückten in die Ämter und Posten, in die Verwaltung und in die Schaltstellen der Betriebe andere nach. Als ein bestimmter Sättigungsgrad erreicht war, versteinerte dieses Modell sofort. Und diese gesellschaftliche Immobilität befiel natürlich irgendwann jede geistige Regsamkeit. [. . .] ‚Klassiker‘ ist ein Gedicht über Marx, von seinen Kindern ‚Mohr‘ genannt; eine Variation über das Thema ‚Marx heute‘.“[1]

> „Klassiker
>
> Rasiert und angestellt
> sitzt im Büro
> den Kopf in seiner Hand
> entleert in lauter kleine Sprüche
> die gigantischen Gedanken: Er.

Hört denn nie dieses Elend auf
von dem Philosophie ein Abglanz ist
wie Wetterleuchten
und auch so nützlich. Zitate
helfen nichts:
Aus dem Steinbruch der Geschichte
stammen stets die Quadern
für neue Kerker
mein lieber Mohr.

Ringsum die Massen derer
du unentwegt gedacht: wir

wir stolpern
von deinem Wort geleitet
von einer in die andre Finsternis
rasiert und angestellt
und rettungslos."[2]

Ähnlich läßt Kunert dies Schwinden jeglicher Hoffnung auf ein wenig verbleibende Utopie im Jahre 1965 im wichtigen Gedicht mit dem Titel *Geschichte*
unmißverständlich, und auch als Leiden am deutsch-deutschen Zwiespalt anklingen:

„6.
Sie ist über den Völkern.
An einem Faden.
Ein damokleischer Schatten: Deutschland
Unaufhörliche Wolke zwiefach zwieträchtiger Form.
Dabei wir dabei
Ins Universalische zu wachsen und an einem Kabel
In den Kosmos zu hängen zu schaukeln und frei
Uns zu fühlen vor allem von Gravitation von Atemnot von
Gedanken: einschneidenden ätzenden verletzenden
Wie
Die dort unten die kleine bläuliche Kugel zerfurchten [. . .]

7.
Geschichte sage ich und weiter noch: Wenig bleibt.
Glücklich wer am Ende mit leeren Händen dasteht
Denn aufrecht und unverstümmelt dasein ist alles.
Mehr ist nicht zu gewinnen."[3]

Auch im Roman gab es erste, wichtige Signale zu einem Umschwung, der die
DDR-Literatur westlichen Literaturströmungen der Zeit wieder näher brachte:
in zwei Romanen der Wiederentdeckung des Individuums und seines Glücks-
strebens, Günter Kunerts erst 1976 in der DDR gedrucktem, bitter-ironischem
Schelmenroman von 1967 über die Trümmerzeit und das verdrängte Holocaust-

Thema mit dem Titel *Im Namen der Hüte* sowie Christa Wolfs *Nachdenken über Christa T.* von 1968. Christa T. wächst in einem Dorf jenseits der Oder auf, ist nach dem Krieg für kurze Zeit Lehrerin, studiert dann Germanistik, heiratet einen Tierarzt, hat mit ihm Kinder, baut mit ihm ein Haus auf dem Lande, stirbt schließlich an Leukämie. Christa Wolf geht als Ich-Erzählerin anhand von Tagebüchern und persönlichen Aufzeichnungen der Freundin erstmals den Chancen der Selbstverwirklichung ihrer Protagonistin als Frau im sozialistischen Staat nach. Formelhaft gesprochen, treten hier erstmals private Fragen nach dem Glück in den Vordergrund eines DDR-Romans über eine Frühverstorbene, treten Freud und ein neues Interesse an Natur und Romantik an die Stelle von Marx.

„Der Blick, mit dem sie sich vom Auto aus nach den Kindern umsah, soll ein Abschiedsblick gewesen sein. Es wiederholt sich, was sich nicht wiederholen darf. Wiederholen, wieder zurückholen

. . . Die Worte haben alle einen doppelten Sinn, einen aus dieser, den anderen aus jener Welt. Sie ist stiller und fragt weniger. [. . .] Sie liest gierig. Sie nimmt die Gewohnheit wieder auf, Sätze, Zeilen zu notieren. Als letztes steht in ihrem Notizbuch ein Gedicht:

> Wozu so teuflisch sich zerquälen?
> Nie mehr gescheh, was da geschah:
> Das Nahsein der sich fremden Seelen,

das Fremdsein derer, die sich nah . . .
[. . .] Es beginnt, was sie so schmerzhaft vermiß hatte: daß wir uns selber sehen; [. . .]"[4]

Begnügt sich Christa Wolf hier noch mit Anspielungen und indirekter Kritik an der DDR-Gesellschaft, etwa der Lehrerin T. gegenüber einem ehemaligen Schüler, jetzt Medizinstudent, der sich als Arzt mit ‚realer Existenz‘ und ‚Anpassung‘ des Menschen begnügen will, obwohl er sich von Christa T.s ‚phantastischer Existenz‘ einst faszinieren ließ, gibt sie mit *Kindheitsmuster* (1976) der mangelnden bisherigen Faschismusaufarbeitung in der DDR und anderen Reizthemen breiten thematischen Raum. In jenem Jahr war das Tauwetter seit Ulbrichts Wachablösung 1971 durch Honecker und der Scheinliberalität des 8. SED-Parteitags mit dem Tenor ‚tabufreien Schreibens‘, allerdings auf der Basis eines ‚festen sozialistischen Standpunkts‘, mit einem Eklat zu Ende gegangen. Wolf Biermann hatte in einem breit übertragenen November-Konzert in Köln die Tabus durch angeblichen Antikommunismus und Verletzung der Treuepflicht wieder sichtbar gemacht und wurde kurzerhand seines Visums beraubt. In den nächsten Tagen gab es eine Lawine von Solidaritätsunterschriften unter eine Petition zu seiner Rückeinbürgerung. – Vergebens. Jurek Becker, Volker Braun, Stephan Hermlin, Sarah

Kirsch, Günter Kunert, Christa Wolf und ihr Mann Gerhard, kurz darauf Plenzdorf, Havemann, de Bruyn und die Filmschauspielerin Angelika Domröse gehör-
ten zu den bekanntesten Unterzeichnern. Viele wurden aus dem Schriftstellerver-
band ausgeschlossen und kaum mehr veröffentlicht, viele gingen über kurz oder
lang in den Westen. Biermann hatte unter anderem in Brechts und Heines
Balladenton gesungen:

> „Und als wir ans Ufer kamen
> Und saßen noch lang im Kahn
> Da war es, daß wir den Himmel
> Am schönsten im Wasser sahn
> Und durch den Birnbaum flogen
> Paar Fischlein. Das Flugzeug schwamm
> Quer durch den See und zerschellte
> Sachte am Weidenstamm
> – am Weidenstamm
>
> Was wird bloß aus unsern Träumen
> In diesem zerrissenen Land
> Die Wunden wollen nicht zugehn
> Unter dem Dreckverband
> Und was wird mit unsern Freunden
> Und was noch aus dir, aus mir –
> Ich möchte am liebsten weg sein
> Und bleibe am liebsten hier
> – am liebsten hier" (LP CBS 13. 11. 1976).

Das heute prophetisch wirkende Gedicht einer zerrissenen, tagträumerischen
Stimmung zwischen dem hochfliegenden Traum von Ufer und Ankunft und der
Misere, das zerrissene Deutschland nicht hinter sich lassen zu können, keine
Entlastung zu finden, darf nicht im bequem prowestlichen Sinne verstanden
werden; das zeigen auch die gemischten Gefühle desselben Biermann angesichts
der Wiedervereinigung. Er macht es sich und uns nicht leicht, darin dem Kunert
der apokalyptischen Themen heute vergleichbar.

Eine Reihe von Prosatiteln zum deutsch-deutschen Thema in den 70er und
80er Jahren bietet sich in der DDR-Literatur an, während im deutschen Westen
eigentlich nur Uwe Johnson mit den monumentalen *Jahrestagen* (1983 abgeschlossen), Peter Schneider mit *Der Mauerspringer* (1982), Thorsten Beckers satirische
Erzählung *Die Bürgschaft* (1985) und Martin Walser mit der Novelle *Dorle und
Wolf* (1987) in Frage kommen. Peter Schneider zeigt in seiner Collage von
Mauerabenteuern die Schizophrenie und Absurdität der deutschen Teilung, aber
auch die beharrenden, schwer zu überwindenden Trennungskräfte von ideologischen Administrationen, Selbstschußanlagen an der Mauer und preußisch ver-

ständnislosen DDR-Grenzbeamten sowie die Mauer im Kopf mancher Bundesdeutscher.

Thorsten Becker parodiert mit dem Thema der Schiller-Ballade nicht nur den unter Normalumständen zum fatalen Ausgang führenden Tausch eines West-Berliners in der DDR gegen einen von dort nach Wien gegangenen Freund vom Theater, also die moderne Variante der Ballade, sondern auch den ‚Erbe‘-Gedanken der Becher-Jahre in der frühen DDR, darin Plenzdorf spiegelnd. Indem der Ich-Erzähler die Rückkehr des Freunds mit dem sprechenden Namen Schlitzer nach einer abenteuerlichen Schlußpointe samt gewaltsamem Ausweisraub in einer ostdeutschen Autobahnraststätte und drohender Verhaftung durch die Stasi noch zum Happy End wendet, macht er – ganz anders als es später Monika Maron in einer motivverwandten Episode ihres Romans *Stille Zeile Sechs* (1991) mit weit ernsteren Haftkonsequenzen für den Betroffenen erzählt – die bundesdeutsche Verharmlosung der Mauerzustände als Gewöhnung an die Teilung sichtbar. Reich-Ranickis Kommentar zur Becker-Satire markiert denn auch, vier Jahre vor dem Umbruch, die Undenkbarkeit jener späteren Wende von 1989: „Das geteilte Deutschland – das ist für Thorsten Becker schwerlich eine nationale Katastrophe, eher schon eine Selbstverständlichkeit. [. . .] Es ist keine Elegie, viel eher schon eine Parodie."[5]

Martin Walser, der auch in seinen öffentlichen Kommentaren zur Wiedervereinigung, ähnlich wie Günter Kunert, als einer der wenigen deutschen Schriftsteller die neue Entwicklung als eine historische Chance begrüßte, beschreibt mit seinem Spionagethema die historisch überholte, kulturell unhaltbare Trennungssituation und das Leiden daran. Der spionierende Perfektionist Wolf aus dem Osten erhält von einem Bundesgericht am Ende fünf Jahre Haft, die beiden aus dem Westen kommenden Partnerinnen, die zuerst ahnungslose Ehefrau Dorle und die Sekretärin Sylvia, kommen mit Bewährung davon. Im Grunde geht es um das psychologische, eher ‚private‘ Leiden an einer im Liebesdreieck gespiegelten Gespaltenheit Wolfs, der seine schwäbische Frau Dorle am Ende mehr denn je liebt und ersehnt, obwohl er sie mit Sylvia für seine Ostspionage betrog. Die Menschen der Bundesrepublik erscheinen Wolf als halbiert:

„Wolf hatte im Westen entdeckt, wie sehr hier der Osten verlorengegangen war. Er hatte die zunehmende Kälte gegenüber allem Gemeinsamen erlebt und das grelle Unverständnis, die auftrumpfende Unempfindlichkeit und Überheblichkeit gegenüber dem, was in der DDR tatsächlich geschah. Die Teile dröhnten vor Unverständnis füreinander. [. . .] Und dem wollte Wolf steuern, auf einem prekären Gebiet, dem der Rüstung nämlich. [. . .] Alles Verneinende fand er schwach. Alles, was unfähig war, sich der ganzen Geschichte zu verbinden, kam ihm leblos vor."[6]

Als Wolf seine eigene schizophrene Lage aufgeben und aus der Spionage aussteigen will, die ihm wie ein Stück Völkerverständigung erschien, ist es zu spät. Die Novelle endet mit Wolfs Unverständnis gegenüber dem bundesdeutschen Richter, der so denkt, als gäbe es kein geteiltes Land, und mit einem Stück Hoffnung, seiner Liebe zu Dorle, an die er aus dem Zuchthaus schreibt und an die er sich klammert.

Einige Titel ragen aus der DDR-Erzählprosa seit 1975 heraus, weil sie ästhetisch innovativ den sozialistischen Realismus links liegen lassen und zugleich unverblümt das eigene System soziopolitisch kritisieren. Es handelt sich um Texte von Volker Braun, Christoph Hein und Monika Maron.

Volker Braun gelingt in *Unvollendete Geschichte* (1975) eine Novelle im Kleist- und Büchnerton; die einmontierten Schlagworte und politischen Phrasen verbürgen, im Großdruck herausgehoben, authentisches Zeitrequisit im Gefolge Döblins, der lange aus den DDR-Bibliotheken verbannt blieb. Entstanden ist eine spätmoderne Collage um das Romeo-und-Julia-Thema in der DDR-Provinz. In Christoph Heins bekannter Novelle *Drachenblut* (1982), die ästhetisch mutig mit einer Traumsequenz einsetzt, die den Leser zur Deutung zwingt, ist der Erzählstandort die Innensicht einer scheinbar gegen alle Gefühle immun gewordenen Ostberliner Ärztin. In *Der Tangospieler* (1989) zeichnet Hein das Porträt eines fast zwei Jahre für seine politischen Überzeugungen inhaftierten Historikers, ein noch im Jahr darauf durch die DEFA verfilmter Roman, der die Wende antizipiert. Auch Monika Marons in der DDR nicht mehr erschienener Collage-Roman *Die Überläuferin* (1986) zeigt die Fluchtphantasien einer Historikerin, die bis nach New York führen. Die 1941 in Berlin geborene Monika Maron übersiedelte 1988 mit Mann und Sohn nach Hamburg, zunächst mit einem Drei-Jahresvisum. Keiner ihrer Romane, am bekanntesten *Flugasche* (1981), konnte in der DDR erscheinen.

Doch zunächst zu Volker Brauns *Unvollendeter Geschichte* (1975):

Am Tag vor dem Heiligabend eröffnet der Ratsvorsitzende des Kreises K., wie seine Frau zum politischen Establishment der DDR gehörend, der achtzehnjährigen Tochter Karin, sie müsse sich von ihrem Freund Frank trennen. Später stellt sich erst heraus, daß Frank, Einzelgänger, Rowdy und alles andere als ein politisch konformer Typ, im Verdacht steht, zu Verwandten im Westen zu fliehen. Karin ist Volontärin an einer Bezirkszeitung. Für sie steht zunächst zuviel auf dem Spiel und sie gehorcht, zieht sogar fort in die nahe Bezirksstadt, ohne Frank genaueres zu erklären. Sie glaubt zunächst noch an den Sozialismus. Frank nimmt eine Überdosis Schlaftabletten weil er außer ihrer Liebe nichts hat. Als sie zufällig nach ihm sieht und, seinen gefährdeten Zustand unterschätzend, wieder fortgeht, dreht er das Gas auf und erleidet ein Koma, bevor er gefunden wird.

Karin entdeckt nun mit ihren Schuldgefühlen ihre Liebe und stellt sich gegen das unmenschliche System. Sie ist zudem schwanger, verliert aber trotz ihrer anfänglichen Anpassungswilligkeit die Stelle in der Zeitung; der stark-schwache Vater kann in der Redaktion nichts bewirken; der Fall soll niedergeschlagen werden, nur nicht mehr davon reden. Karin soll ‚zur Bewährung in die Produktion‘ und versteht die Welt nicht mehr, kann nun wegen ihrer Schwangerschaft und Treue zu Frank auch keine Stelle mehr finden, bis nach Monaten ein Bekannter verspricht, sich einzusetzen. Sie ging zum Rat der Stadt. Ein Genosse hörte sie an. Er erkundigte sich bei der Redaktion. Er sagte: „So gehts nicht. Sie können nicht wochenlang nach Arbeit suchen. Ich helfe Ihnen, ich werde Sie irgenwo unterbringen".

Frank, kann nach vier Monaten wieder das Bett verlassen: „Sie wollte Frank an sich drücken, aber er taumelte, er war noch schwach. Sie hatte Angst, daß er gleich umfällt. Sie mußte ihn halten. Sie standen umschlungen auf der Straße. Die Leute, die vorüberkamen, blieben stehn. [. . .] Die Beiden hielten sich bleich aneinander fest. Sie starrten sich an. [. . .] Sie ließen sich nicht los. Hier begannen, während die eine nicht zuende war, andere Geschichten."[7]

In der bundesdeutschen Kritik wurde die lakonische und doch im Büchner-, Kleist-, und Werther-Ton unauffällig moderne Novelle zwischen zwei Liebenden und ihren Familien, die für und gegen das System stehen, als eines der wichtigsten DDR-Bücher überhaupt gehandelt, „das erregendste und ernsteste Stück Prosa" seit Christa Wolfs *Nachdenken über Christa T.,* wie *„Die Zeit"* urteilte. In der DDR wurde das nur in kleiner Auflage in der mutigen Zeitschrift *„Sinn und Form"* erschienene Werk kaum rezipiert. Die chronologisch vorgetragene Handlung, durchbrochen von kurzen Rückblenden, erhält ihr authentisches Gewicht durch den knappen, dokumentarisch-nüchternen Stil, der dennoch poetisch vibrierende Momente des Lyrikers Braun birgt. Den Leser sollen die in Großbuchstaben gedruckten Stereotype und politischen Phrasen wachrütteln, ‚private‘, und damit der Selbstverwirklichung dienende Urteile und Gefühle erscheinen durch Kursivdruck hervorgehoben. Das Ganze vermag aus der Sicht Karins, die nie die Hintergründe genau erfährt, den Leser zu motivieren, da aus einem nicht überprüften, politischen Verdacht unmenschliches Handeln und dadurch menschliches Leiden entsteht. Schuld an allem soll angeblich der ‚Klassenfeind‘ sein. Entstanden ist eine der gültigsten Anklagen gegen den Stasistaat des ‚Sozialismus von oben‘, umso überzeugender, als der Autor die großen Hoffnungen des Beginns mit seiner Lyrik begleitete. Karin, die sich wandelnde Heldin, begreift ihre existentielle Ausgesetztheit, als sie schwanger wird:

„Sie hatte sich BENOMMEN, daß ihr die Prädikate ‚brav‘ und ‚artig‘ zugesprochen wurden, sie war nie AUS DER REIHE GETANZT, lieber hatte sie die Reihe angeführt: im Gruppenrat der Klasse, im Freundschaftsrat der Schule. Siebenmal an sieben verschiedenen Schulen, während der Vater in den Funktionen stieg, und es war für sie das Beste: sie hatte sich durchbeißen müssen. Das sah sie ja!

Jetzt sah sie nichts mehr. Sie wurde schwanger. In den ersten Tagen vergaß sie es immer wieder, oder sie dachte an sich wie an einen andern Menschen: die kriegt ein Kind, stell dir das vor! – aber erschrak dann, daß sies selber war, und das in ihr vorging und wachsen würde, sie hatte nichts damit zu tun. Dann dachte sie, sie habe nichts dagegen. Für die Gedanken konnte man, der Körper ging keinen an. [. . .] Für all die Theorien war er nicht zuhaus. [. . .] Nur manchmal, wenn sie ganz ruhig war und zu sich kam, drehte sich alles heraus an ihr, sie war das Fleisch und die Haut, und das Haar, und empfand sich mit allen Fasern, lag so da. Erinnerte sich entfernt an irgendwelche Gedanken, an denen sonst alles hing, die schwammen so weg, und lächelte weit weg von jedem Grund."[8]

Auch Christoph Heins *Drachenblut* verwendet bis auf den düsteren Eingangstraum als inneren Monolog eher eine unauffällig moderne, chronologische Erzählweise, wenige Rückblenden im Leben einer nüchtern denkenden Ärztin im mittleren Alter, die nach dem gewaltsamen Tod des Freundes Henry durch eine Zufallsschlägerei jugendlicher Rowdys gegen alle weiteren Verletzungen gewappnet scheint. Jedoch ist ihre wachsende Entfremdung von den Menschen subtil und mit kritischer Einfühlung gezeichnet. Der Autor läßt in einer wüsten Szene auf einer Landfahrt erkennen, daß sie Henry weit mehr liebte, als sie sich selbst gesteht, und daß ihre Single-Fassade alte Wunden nur notdürftig deckt: die Erinnerung an eine frühere beste Freundin Katharina, die, christlich erzogen und mit Westverbindungen, von der Lehrerin systematisch aus der Klasse geekelt wurde, als sie nicht in den sozialistischen Jugendverband wollte. Die Ärztin und Ich-Erzählerin half dabei mit. Am Ende bricht die Fassade auf und gibt systemkritisch zu denken:

„Es läuft alles in seiner gewohnten Ordnung, alles normal. Kein Anlaß für einen Schrei. [. . .] Ich habe in Drachenblut gebadet, und kein Lindenblatt ließ mich irgendwo schutzlos. Aus dieser Haut komme ich nicht mehr heraus. In meiner unverletzbaren Hülle werde ich krepieren an Sehnsucht nach Katharina."[9]

Rettung in dieser Fassade der Gleichgültigkeit käme nur noch von neuer Verletzlichkeit, einem Lindenblatt. Während das Berufs- und Singlethema in einem lieblosen Berliner Appartement sicher in vielem ebensogut im Westen spielen könnte, läßt Hein in seiner Novelle doch mit dem Katharina-Schulerlebnis keinen Zweifel an seiner DDR-Kritik, die er in *Horns Ende* (1985) verschärft. Es geht um den von fünf Menschen erinnerten Selbstmord eines unangepaßten, jungen Museumsdirektors in den 50er Jahren, der Opfer einer Denunziation wird. In dem späten Stück *Die Ritter der Tafelrunde* (1989), kurz vor dem 9. November aufgeführt, zeigt Hein das Ende aller alten Utopien der ersten Stunde.

In Christoph Heins *Der Tangospieler* (1989), noch vor der Maueröffnung veröffentlicht, ist es wiederum ein Historiker, Dallow, der seine erschreckend ungerechte, zweijährige Haftstrafe für das Einspringen als Tangospieler bei einem

34

Studentenkabarett und einem Ulbricht verspottenden Lied danach zunächst durch totale Weigerung quittiert. Die im Laufe des erzählten Jahres 1968 in der Tschechoslowakei nach dem Prager Frühling erfolgte Repression mit Hilfe von Warschauer-Pakt-, darunter auch DDR-Panzern lassen seine Bemühungen, trotz Stasi-Überwachung lieber als Kraftfahrer und Kellner zu arbeiten, als parteifromm ins Leipziger historische Institut zurückzukehren, zu einem überraschenden und ambivalenten Ende kommen: Der statt seiner im Institut aufgestiegene Dozent gerät in politische Ungnade, weil er nicht an die DDR-Teilnahme an der Prager Unterdrückung glauben will und sich nicht rasch genug anpassen kann. Der aller sozialistischen Illusionen beraubte Dallow übernimmt seine Position. Im Laufe des Jahres hat er entdecken müssen, daß sich viele Menschen bei der Ausübung ihres Berufs angesichts möglicher Fehler immer ‚mit einem Bein im Zuchthaus' fühlen; entstanden ist das Porträt eines alle umfassenden DDR-Gefängnisses.

Schließlich findet die durch eine jüdische Mutter im nicht geheuren Berlin des Dritten Reichs sensibel gewordene Monika Maron – die zweite Ehe der Mutter mit dem späteren DDR-Innenminister Karl Maron schärft eher den kritischen Blick der Autorin für die Macht – mit dem Thema der *Überläuferin* (1986) hellseherisch die Konstellationen für Probleme der DDR-Schlußphase. Eine in die psychische Krankheit flüchtende Historikerin Rosalind sieht sich mit zwei engen Freundinnen, vor allem der frauenbewegten Martha, auf vielen Stationen phantastischer Flucht. Der langjährige Freund Bruno, zynisch und abgeklärt, kann ihr nicht helfen, das New York der Freundin Martha ist für sie keine Alternative. Am Ende kehrt sie wieder zu neuer Ich-Stärke zurück, nahe einem neuen Naturbewußtsein, fort vom System. Dies erscheint in einer gigantischen Collage korrupter und skurriler Funktionärsfiguren, Schriftstellerorganisatoren, geklonter Spione des Systems, faschistischer Obdachloser und stereotyper Figuren wie der „Frau mit der eigenen Meinung". Erzählbruchstücke werden szenisch, wie auf der Bühne stilisiert, wiedergegeben, die Journalistin und Theaterassistentin Maron findet hier satirische und bunte Bilder in der Nähe von Irmtraud Morgner. Die am Ende nicht mehr gelähmte Heldin findet sich im Ostberliner Zimmer wie in einem Gefängnis wieder, alles scheint enger geworden:

„Ein dünnfädiger Regen belegte den trüben Novembermorgen mit eisigem Glanz. Es war, es ist, es wird sein; wie Schlangen verknäulten sich die Zeiten zu diesem Augenblick, in dem Rosalind sich unversehens wiederfand. [. . .] Als würde sie vom falschen Ende durch ein Fernglas sehen, schrumpfte alles, was sie umgab, auf ein fernes unwirkliches Maß, [. . .]. Von draußen hörte sie das Rauschen des anschwellenden Regens, den der Wind durch die Straßen trieb. [. . .] Den Mund weit öffnen und das Wasser in mich hineinlaufen lassen, naß werden, dachte sie, vom Regen naß werden, ja das wäre schön."[10]

Auch hier also ein Bild der geschichtslosen Natur als Gegenbild zur wie unwirklich schrumpfenden DDR-Realität, Existenz als Wiedererlernen der einfachen Grundbedürfnisse jenseits der Politik. Dagegen steht die Weiträumigkeit phantastischer Reisen, Korrelat der ersehnten Freiheit. Eine aufschlußreiche Schlußpointe. In einem Interview 1988 beklagte die Autorin, nach Verlassen der DDR, die dortige Lustlosigkeit, das mürrische Anstehen nach allem, den geringen geistigen Pluralismus für Autoren:

„Von den großen Ideen ist viel mehr als rechthaberisches Preußentum nicht übriggeblieben – und selbst das funktioniert nicht". „Ein bißchen weniger Zensur" gebe es eben nicht, „es ist alles zu wenig und zu spät."[11]

Monika Maron sollte recht behalten. Ihr Roman *Stille Zeile Sechs* (1991) ist neben Wolfgang Hilbigs „*Ich*" (1993) der bislang wichtigste und moralisch eindrucksvollste Beitrag zur Abrechnung mit der politischen und soziokulturellen DDR-Vergangenheit, erlebt von einer immer schon systemkritischen Autorin; ein Blick zurück im kalten Zorn, der durch seinen über große Strecken eher nüchternen Realismus auch einem großen Leserkreis zugänglich bleibt. Der Roman wurde, wie Fritz Rudolf Fries in seiner Rezension berichtet, noch in der DDR begonnen. Fries, dessen ästhetisch innovativer und alles andere als systemkonformer Roman von 1966, *Der Weg nach Oobliadooh*, erst 1989 im Aufbau-Verlag erscheinen konnte, vermag in seiner Rezeption des Maron-Romans die aufklärenden Qualitäten dieser politischen Generalabrechnung aus der Sicht des Mitbetroffenen zu spiegeln:

„Das ist der Roman, den zu schreiben uns zur Aufgabe gemacht wird vom mahnenden deutschen Feuilleton. Der Roman, der mit uns abrechnet und erzählt, wie es war. [. . .] Die Rosalind Polkowski beider Romane verweigert sich den Leistungsnormen der Gesellschaft, der sie am historischen Institut [. . .] genügen soll. Sie will frei und wenn es sein muß verfemt sein wie eine Katze.

Da trifft sie in einem Café, wie man es in den späten achtziger Jahren Unter den Linden finden konnte, den Rentner Beerenbaum, der genußvoll seine Apfeltorte verzehrt. Seine rechte Hand ist gelähmt, also schreibunfähig. Aber auch er möchte der Nachwelt mitteilen, warum er gelebt hat. Er gewinnt Rosa, die so tut, als sei er ein alter Mann wie viele andere, als Schreibkraft. Beerenbaum diktiert ihr sein unreflektiertes, nicht in Frage zu stellendes Leben in seiner Wohnung in Pankow, im ‚Städtchen', wo einst alle Bonzen wohnten, bevor sie sich in Wandlitz der Öffentlichkeit entzogen. [. . .]

Zugegeben, Monika Marons Geschichte ist von gestern: ihr leises Moralisieren scheint mit dem Fall der Mauer anachronistisch geworden zu sein, im Zwiegespräch von Rosa und Herbert. Der eine, der alternde, an der Schwelle des Todes stehende Hochschulbeamte Herbert Beerenbaum, ist autoritär. Er hat auch jetzt noch immer recht, wie seine zur Zeit der Handlung noch regierende Partei.

Die zweiundvierzigjährige Historikerin Rosalind Polkowski hat schlechte Erinnerungen, die mit der Unaufmerksamkeit ihres Vaters, eines Schuldirektors, beginnen. [. . .]

Nun ist Herbert Beerenbaum kein Mörder. Der Arbeitersohn aus dem Ruhrgebiet hat als Emigrant aus der Sowjetunion, als überlebender Gast des ‚Hotel Lux' eine makellose Kaderakte; mehr noch, er ist ein Mensch, ein glücklicher Heimkehrer, der seine Grete am Leben trifft und in Liebe zu ihr die neue Gesellschaft aufbaut. Schuldig geworden ist er durch zuviel Macht, die ihm durch zuviel Bürokratie in die Hände gegeben wird, oder war es umgekehrt. Für drei Jahre hat er den Studenten Baron, in Rosalinds Lieblingskneipe *der Graf* genannt, eines Manuskripts wegen ins Gefängnis gebracht. [. . .]

Als einmal der Schriftsteller Victor Sensmann – den man wie Beerenbaum zu kennen glaubt, ohne ihn im wirklichen Leben benennen zu können – den Alten besucht und beide Papier reden und die Mauer bejahen, kommt es zum Aufstand der fügsamen Schreiberin. Als spräche jede Generation eine andere Sprache, wobei der pädagogische Ansatz der Erwachsenen dem Kind Rosalind schon immer die Lüge als Wahrheit angeboten hat. Da bleibt nur *ein* Berührungspunkt, der Rosas Zorn neutralisiert. Was sie in der Nazizeit gewesen wäre, fragt Beerenbaum: ‚Vielleicht wäre ich Kommunist geworden', sagt Rosa. [. . .] Die Klugheit der Autorin ist allemal größer als die Verachtung und der Zorn Rosas auf Beerenbaum, diesen Inbegriff eines Chefs, der seine Rechte nicht aufgeben will. [. . .] Der Verstorbene hat es so gewollt, daß seine Memoiren in ihren Besitz übergehen. [. . .] Wie die Autorin wird zumindest diese Generation von diesen Papieren nicht loskommen."[12]

Monika Maron deckt die Honeckers und Hermann Kants in ihrer Unbelehrbarkeit auf und wägt dabei moralisch differenzierend ab; die ätzende Präzision im Bloßstellen der Vätergeneration mit ihrer Anpasserei und inhumanen Sprachregelung ist gerade im neuerdings durchgehaltenen Realismus überzeugend. Rosalind wünscht sich den Tod des alten, auch ihre Frauenwürde nicht achtenden Funktionärs und führt ihn durch ihre Anklagen mit herbei. Der ‚Klasseninstikt' ihres Vaters, der Kafka ‚dekadent' und ‚schädlich' nennt, das Gerede Beerenbaums vom ‚sozialistischen Schutzwall', ‚guten Genossen' und der ‚richtigen Perspektive' – all jene Phrasen des abgelebten Systems erscheinen im Licht der subtilen Psychogramme und inhumanen Handlungsweisen im Alltag zweier DDR-Gründerväter doppelt unaufrichtig.

Die im März 1991 erschienene, lange Erzählung von Friedrich Christian Delius, *Die Birnen von Ribbeck*, versucht aus West-Berliner Sicht, Fontanes Ballade zu einer Geschichtsrekapitulation von hundert Jahren Havelland seit Erscheinen dieses Gedichts zu formen. Entstanden ist eine Sympathieerklärung des Autors für die geschichtsgeprüfte Region im Bewußtseinsstrom eines Havelbauern. Die

Westberliner erobern Ribbeck mit ihren teuren Schlitten und Videokameras, nehmen den Dorfbewohnern mit den „mächtigen Markstücken" die Ruhe und den Rest Identität und haben für den roten Faden der Dorfgeschichte, auch die dortige stille Liebe zu Fontane, wenig Geduld. Der originelle, streckenweise poetisch verdichtete Versuch, zentriert um eine symbolisch vielschichtig und relevant gemachte Ballade des ‚Erbe'-Dichters Fontane, ist nicht frei von Klischees typischer DDR-Vorbehalte gegenüber bundesbürgerlicher Naivität. Die zustimmende Gewöhnung ans westliche Konsumverhalten im allabendlichen DDR-Fernsehen lange vor der Maueröffnung läßt der einstige Wagenbach- und Rotbuch-Lektor Delius für sein verdichtetes Genrebild beharrlich außer acht. Sein Versuch steht für das Bedauern manches Westautors, daß die Maueröffnung zu schnell kam, am eigensinnigsten von Günter Grass vorgebracht in *Deutscher Lastenausgleich. Wider das dumpfe Einheitsgebot. Reden und Gespräche* (1990) und in *Ein Schnäppchen namens DDR* (1990).

Zwei Aspekte dieses stark auswählenden Überblicks der letzten zwanzig Jahre kultureller Wiederannäherung können der Zusammenfassung dienen: Günter de Bruyns These der nie ganz geteilten Kulturnation findet Bestätigung gerade in der auffälligen Wahl von Historiker-Protagonisten bei Hein und Maron. Die eine Geschichtsschreibung hüben wie drüben ergänzend, korrigierend, lebendig und subjektiv begleitende Reihe literarischer Texte hat dem Historismus immer die offen haltende, leserrelevante Ich-Perspektive als ein Stück Selbstfindung und Mentalitätsgeschichte entgegengesetzt. Historiker als häufige Hauptfiguren von DDR-Romanen des letzten Jahrzehnts betonen diesen Zusammenhang und die besondere Sensibilität der Helden gegenüber einer gemeinsamen, wenn auch nur latent vorhandenen, Kulturnation.

Als den Mauerschüssen vergleichbares Skandalon im intellektuellen Bereich muß die Zensur und Stasi-Überwachung der Autoren bis zu deren Verstummen oder Ausbürgerung gelten. Zu diesem traurigen Kapitel gibt es nun am Beispiel einzelner Autoren wie Kunert, Kunze, Loest oder Jurek Becker erste Versuche der Aufarbeitung.[13] Im Roman jedoch konnte, nach immer noch verhüllten Hinweisen Monika Marons und Christoph Heins im Werk bis 1989, erst *Stille Zeile Sechs* (1991) mit einer so eklatant moralischen und anrührenden Szene aufwarten, wie die Reaktion der Historikerin Rosalind Polkowski auf das „Antifaschisten-Schutzwall"-Gerede zweier Altfunktionäre unter den Intellektuellen:

„Allein die Zumutung, das Wort hinzuschreiben, als wäre es ein Wort wie Blume, Hund und Mauer, empörte mich. Ich notierte: B: Zeit nach Bau des Antifaschuwa war aufregend. [. . .] Damals, sagte Beerenbaum, vor dem historischen August 61, habe er, wenn er morgens beim Betreten der Universität die Linden hinunterblickte, oft die Vision gehabt, Ströme des Lebenssaftes der jungen

Republik, rot und pulsierend, durch das Brandenburger Tor geradewegs in den gierigen Körper des Feindes fließen zu sehen. [. . .] Sensmann durfte den offenen Widerspruch nicht wagen und ich sollte ihm helfen.

Da haben Sie das Blut lieber selbst zum Fließen gebracht und eine Mauer gebaut, an der Sie den Leuten die nötigen Öffnungen in die Körper schießen konnten, sagte ich.

Zwei oder drei Sekunden lang war es so still, als hielten wir alle drei den Atem an."[14]

Als Stefan Heym 1989 sagte, „Es wird keine DDR mehr geben. Sie wird nichts sein als eine Fußnote in der Weltgeschichte", konnte er die von großem Leserinteresse im Westen, nicht nur in der Bundesrepublik, begleitete DDR-Literatur nicht gemeint haben.

Zu einer Neubewertung ist es noch sehr früh. Die stärksten Kontraste bestanden in den Jahren 1951 bis 1971, als der sozialistische Realismus Doktrin war. Aber bereits sehr früh, schon seit 1965, vollzog sich eine neuerliche Annäherung an Themen und Formen westlicher Spätmoderne. Immer blieb als ein integraler Bestandteil dabei aber die kulturelle und soziopolitische Wirklichkeit der DDR, die die Literatur dort unverwechselbar und bis zum Ende färbte. Formen der Postmoderne allerdings, wie sie im Westen Peter Handke, Botho Strauß und Hanns-Josef Ortheil seit Mitte der 70er Jahre versuchten, erscheinen auch im Rückblick in der DDR-Literatur dünn gesät. Bei der Prenzlauer Berg Generation der nach 1950 Geborenen könnte man auf Katja Lange-Müllers Collage-Text *Kaspar Mauser. Die Feigheit vorm Freund* (1988) hinweisen, oder auf Angela Krauß' Sprachskepsis im Prosaband *Das Vergnügen* (1989), wo gerade die hohlen Phrasen einer Betriebsfeier der „Brikettfabrik Rosdorf" in ironischer Anspielung auf Bitterfeld den Beteiligten im Munde stecken bleiben.[15] Die drei DDR-Autoren-Generationen haben einen langen Weg zur Spätmoderne zurückgelegt, einen auch für uns lehrreichen und unverwechselbar eigenen Weg, der die deutsche Literatur nachhaltig bereichert.

3. In den Katakomben des Stasi-Staats: Wolfgang Hilbigs Blick zurück in Zorn und Depression

Wolfgang Hilbig ist ein Glücksfall für die deutsche Gegenwartsliteratur. Nicht nur die Poeten der ehemaligen DDR haben sich früh und in seltener Einmütigkeit vor seiner poetischen Sprachkraft verneigt: von Franz Fühmann (1922–1984), dem frühen Förderer der älteren, zweiten „Ankunfts"-Generation (der aber immer weniger ideologisch den Mythos für die Literatur reklamierte und gegen die Biermann-Ausbürgerung protestierte), Gert Neumann, Siegmar Faust, Stephan Hermlin, Christa und Gerhard Wolf[1] bis zu den „ostmodernen" Jüngeren, etwa Thomas Rosenlöcher (geb. 1947 in Dresden), Uwe Kolbe (geb. 1957 in Ost-Berlin) und Jan Faktor (geb. 1951 in Prag). Im Westen sind es Ludwig Harig, Hanns-Josef Ortheil, Jürgen Theobaldy, Reinhard Baumgart und Kritiker sowie Feuilletonredakteure jeglicher Couleur von Helmut Böttiger, Carl Corino, Sibylle Cramer, Sigrid Löffler, über Frank Schirrmacher bis zu Uwe Wittstock, die, zusammen mit Literaturwissenschaftlern, seine Erzählungen rühmen und seit dem Roman „Ich" den Büchner-Preis für ihn reklamieren.

Wolfgang Hilbig war, wiewohl nach der Hauptschule und Dreherlehre Arbeiter, ein so früh und hochbegabt Schreibender und als besessener Autodidakt Lesender,[2] daß die schriftstellerischen Vorbilder für seine in Lyrik und Prosa gleichermaßen beeindruckenden Texte in der internationalen Literatur seit der Frühmoderne zu finden sind. Wichtige Texte der Antike und der deutschen Klassik kommen hinzu, vor allem aber die deutsche Romantik bis zum Frührealismus,[3] dann, in der Moderne, Kafka, Celan und Enzensberger. Für die Ästhetik des Häßlichen vermittelt der französische Symbolismus wesentliche Impulse in Hilbigs Werk. Im Collage-Verfahren wirken die Surrealisten fort, auf Lautréamont spielt Hilbig in der Lyrik direkt an.[4] Schließlich gibt es in der Prosa Anspielungen und Zitate, Erzählverfahren und Themen – von Joyce, Beckett und Pynchon – sowie Theorien Foucaults und Derridas.

Bei alledem ist Hilbig aber nicht auf den Spuren der Postmoderne anzutreffen, deren französische Vertreter er im „Ich"-Roman und implizit bereits im Roman

Eine Übertragung (1989) mit ihrem zentralen „Differenz"-Begriff zitiert, denn seine existentielle und subjektive Identitätssuche über Kunst und Sprache ist weder spielerisch abgehoben, noch versucht sie, das erzählende Ich durch den Dikurs-Begriff an den Rand zu drängen. Und schließlich gibt es kaum jene Sub- und Gegendiskurse in seiner Erzählprosa, die man als „dekonstruktiv" reklamieren könnte. Was ihn zu den Bedingungen des DDR-Systems so einmalig und modern macht, ist eine kalkulierte, unauffällig, aber dicht montierte, von europäischen Texten vor allem seit der klassischen Moderne mitstrukturierte Polysemie, die jede engere Festlegung auf lediglich politische, psychologische, sozialkritische oder ästhetische Lesarten von vornherein unterläuft und ausschließt.

Wichtige biographische Prägungen erhielt Hilbig durch seine Emanzipation von den gedrückten proletarischen Verhältnissen mit Hilfe des Schreibens – bei äußerlichem Festhalten am Arbeiterstand und -selbstverständnis. Der Vater war in Stalingrad gefallen, die Mutter wurde, um ihn durchzubringen, zur kleinen Funktionärin im Arbeiter- und Bauernstaat. Er wuchs im Haus des Großvaters auf, eines Bergmanns im thüringischen Meuselwitz, der weder Lesen noch Schreiben konnte und von Büchern naturgemäß dem Schulkind Wolfgang Hilbig für die Berufswahl abriet. „Lehre als Dreher; Wehrpflicht; diverse Berufe: Werkzeugmacher, Monteur, Erdarbeiter, Heizer, LPG-Schlosser, Aufräumer in einer Ausflugsgaststätte; [. . .] Kesselwart in einer Berliner Großwäscherei."[5] Hilbig konnte seit einem ersten Lyrikband *(abwesenheit* bei S. Fischer) 1979 als freier Schriftsteller leben und 1985 – zunächst mit einem befristeten Visum – in die Bundesrepublik wechseln. Es ist symptomatisch, daß der so lange, beinahe bis zum Alter von vierzig nicht anerkannte Autor, als er die DDR mit gemischten Gefühlen verließ,[6] sich als nächste Lebensstation den Ort suchte, wo man ihm den ersten Literaturpreis verlieh: den Brüder-Grimm-Preis von 1983 in Hanau. Von Hanau wechselte er nach Nürnberg. Heute lebt er in Edenkoben in Rheinland-Pfalz, zwischendurch auch nach Leipzig zurückkehrend. Die nächste Lebensstation soll wieder Berlin sein.

Da sein literarischer Beginn vermeintlich unter dem Vorzeichen des Bitterfelder Wegs stand – 1967/68 schickte ihn sein Betrieb in einen „Zirkel schreibender Arbeiter" –, hätte Wolfgang Hilbig nach den „Ankunfts-Generationen" der begabteste proletarische Vorzeigedichter der Jüngeren im DDR-System werden können. Aber „Literatur der Arbeitswelt" und erst recht Sozialistischer Realismus mit dessen entsprechender „Perspektive" lagen nie in seiner Intention, auch keine ideologische Programmatik. Durch die Überwachungsmethoden des Stasi-Staats wurde der in zäher Beharrlichkeit über Literatur zur Identität findende, zuerst als Schriftsteller nur im Westen publizierte Wolfgang Hilbig zum beredtesten Zeugen und Nachlaßverweser eines fragwürdigen und zunehmend entmenschlichten „Sozialismus von oben".

Dennoch wollte sich der Autor nicht nur an die unmenschlichen Seiten des Systems erinnern, das er in seiner Fiktion so eloquent anprangert. Er wies in seiner Darmstädter Akademie-Rede 1991 auch auf die Solidarität einiger DDR-Autor(inn)en hin, schließlich, nach ersten Hafterfahrungen aufgrund seiner Publikation im Westen, auch auf eine spätere, scheinbare Großzügigkeit der DDR-Behörden:

„Daraus resultierte sogar eine Buchveröffentlichung im Leipziger Reclam-Verlag und schließlich die Möglichkeit, in der DDR als freischaffender Schriftsteller zu leben. 1985 erteilten mir die Kulturbehörden der DDR eine befristete Reiseerlaubnis in die Bundesrepublik Deutschland; dieses Visum überschritt ich um ein Jahr, fuhr dennoch in die DDR zurück, und das Visum wurde mir verlängert; es wäre ausgelaufen, als die DDR schon nicht mehr existierte. [. . .]

Ich bin in die USA, nach Griechenland und Frankreich gereist, habe seither eine Reihe von Büchern mit Lyrik und Prosa veröffentlicht, und nun unter den Bedingungen des kapitalistischen Buchmarkts, die oft schwieriger zu bewältigen sind als die halb illegalen, oder pseudo-legalen, in der ehemaligen DDR. Aber sie sind ehrlicher, und darauf kommt es an.

Nun lebe ich mit meiner Lebensgefährtin Natascha Wodin zusammen, die, als Tochter ehemaliger russischer Asylanten, eine Außenseiterin in der deutschen Literatur ist [. . .] oft genug glaube ich, daß auch mir eine solche Rolle angemessen wäre. Von ganz unten her haben es ihre Bücher vermocht, die Poesie in der deutschen Literatur weiterzutragen, in eine Zukunft, in eine Ungewißheit: dies ist mir Unruhe und Beruhigung zugleich."[7]

So stellt sich der mühsame Weg zum freien Schriftsteller heute dar, aus der Sicht des Erfolgreichen mit versöhnlicheren Zwischentönen. Die Texte selbst jedoch zeigen es anders, seit 1989 sind dies die Romane *Eine Übertragung* (1989), und *,Ich'* (1993) sowie die Erzählungen *Alte Abdeckerei* (1991) und weitere in *Grünes, grünes Grab* (1992/93) und *Die Kunde von den Bäumen* (1992/94). Es geht um das überwachte Dasein eines gedrückt im Untergrund lebenden, immer auf Inhaftierung gefaßten Schriftstellers, der halbversteckt in selbstgewählten Katakomben, ob im Berliner Keller- und Kanalsystem oder in den verlassenen Braunkohleschächten um Meuselwitz, Borna, Espenhain und Altenburg, „die Entsprechung eines fiktionalen Acheron",[8] an den Stadträndern wohnt. Die Abfolge von Kindheitsstationen und späteren Wohnorten des Schriftstellers sind in seiner von Rückblenden reichen, mäandernden Prosastruktur so wichtig, weil sie aus konkreter, autobiographischer Kenntnis dazu dienen, das Allgemeine und mythisch Übersteigerte der parabelhaften Handlungen mit Konkretem anzureichern: „Die Chiffre verschlüsselt nicht, sondern sie verweist geradezu auf das Reale."[9] In Hilbigs *Beschreibung II* wirft denn auch Balzac Stendhal in einem imaginären Gespräch vor, mit der Nennung Parmas einen „riesengroßen Fehler" gemacht zu haben: „Lassen Sie alles unbestimmt wie die Wirklichkeit, und alles wird wirklich."[10]

Die Fakten der mühsamen Stationen zum Durchbruch eines echten Dichters – sicherlich dem Begabtesten der DDR-Dissidenten – zur Anerkennung und zum endlich frei Schreibenden sprechen für sich und gegen das System. Als Karl Corino, der seit 1972 für den Hessischen Rundfunk und das Kulturmagazin „Transit" Informationen aus dem Kulturleben der DDR sammelte und oft nach Leipzig fuhr, auf den jungen Hilbig aufmerksam wurde, versuchte die Staatssicherheit mit allen Mitteln, den lästigen Westvermittler loszuwerden und Hilbig einzuschüchtern: der Leipziger Zimmerwirt Corinos sollte mit einer hinterlegten Pistole in die Illegalität und zum „Informellen Mitarbeiter" (IM) gezwungen werden, widerstand aber. Und Hilbig, der im Sommer 1976, als Corino durch den soeben nach West-Berlin übergesiedelten Siegmar Faust Hilbig-Gedichte zugesandt erhielt,[11] noch Lyrik und Erzählungen für die Schublade schrieb, kam nun durch Corino in die Sendung „Transit", dann 1978 in eine West-Anthologie *Hilferufe von drüben* (Hg. Wilfried Ahrens) und die Zeitschrift „L '76" (Nr. 10) und bald darauf – nach vergeblicher Verlagssuche in der DDR – zu seinem ersten Lyrikband *abwesenheit* (1979) bei S. Fischer in Frankfurt. Damit begann aber auch die Passion des überwachten Autors. Denn unter dem „fadenscheinigen Vorwand, er habe mit einem Komplizen in seinem Heimatort Meuselwitz DDR-Fahnen entfernt",[12] wurde Hilbig 1978 verhaftet. Die Fahnen, um die es der Stasi ging, waren jedoch Druckfahnen des Lyrikbandes. Hilbig wurde einige Wochen inhaftiert und wegen „Devisenvergehens" mit einer vergleichsweise hohen Geldstrafe von 2000 Mark belegt, die er mit dem Betrag der Haftentschädigung bezahlte, aber nun wenigstens in unpolitisch wirkenden, streng ausgewählten Gedichten und Prosatexten seit 1980 auch in „Sinn und Form" und im Leipziger Reclam-Verlag (mit dem Band *Stimme Stimme,* 1983) publizierte. Dem Entdecker Karl Corino, der auch auf den begabten, seinerseits spitzelnden, Rainer Schedlinski und auf die jüngeren Autoren Günther, Opitz, Rathenow und Gabriele Kachold aufmerksam gemacht hatte, schrieb die Stasi in seine Akte: „Aktivitäten eindeutig mit dem Ziel der Organisierung eines literarischen Untergrundes in der DDR".[13] Durch seine Einblicke hatte Corino (laut Stasi-Abschlußbericht der Abteilung XX in Leipzig vom 10. Juli 1989) sich nicht nur für die jungen DDR-Künstler eingesetzt, sondern – ein unfreiwilliges Lob – auch die subversive Meinung vertreten „daß eine Öffnung der DDR unaufschiebbar sei".[14]

Parabeln über Macht, Identität und verfallende Industrielandschaften. Auf dem Weg zum ‚Ich'-Roman.

Hilbig war schon 1968, nach der DDR-Waffenhilfe beim sowjetischen Einmarsch in die Tschechoslowakei, bereit, das Kollektiv und sein Milieu zugunsten einer eigenwilligen, gerade nicht DDR-konformen Dichter-Identität zu verlassen. Er riskierte viel, als er, wegen seiner aus sozialistisch-realistischer Sicht viel zu pessimistisch-kühnen Metaphorik im Sprachgestus von Hölderlin, Celan, Enzensberger und in der Tradition französischer Symbolisten und Surrealisten, der Ästhetik des Häßlichen frönte, um die geschundene Braunkohle-Landschaft um Meuselwitz und seine unbedingte Subjektivität als Lyriker zu thematisieren. Noch mehr wagte er, als er sich entgegen den Gepflogenheiten des offiziellen Literaturbetriebs schlicht mit einem Inserat an die Zeitschrift des Schriftstellerverbands, „Neue Deutsche Literatur", wandte, worin er einen „deutschsprachigen Verlag" suchte und seine volle Adresse angab. Der Brief an die Zeitschrift wurde dort „kommentarlos, aber hämisch" abgedruckt: Das hatte „etwas Tragikomisches, Verzweifeltes. Das Schreiben ist zu existentiell, als daß der Autor die Möglichkeit hätte, sich den Modalitäten des Literaturbetriebs, zumal in der DDR, anzupassen."[15] In der meisterlich dichten und in düsterem Glanz visionär vorgetragenen Erzählung vom Untergang der *Alten Abdeckerei* (Herbst 1990 abgeschlossen), einem Schlachthaus mit dem ominös doppeldeutigen Ziel der Seifengewinnung und dem Namen „Germania II", gibt Hilbig ein Selbstporträt dieses mit seiner Gestik des *poète maudit* den Schnüfflern der Staatssicherheit verdächtig gewordenen, isolierten Dichters aus jener Zeit. Die doppelte Spiegelung im Motiv des selbst observierenden Poeten, auf der Suche nach dem lichtscheuen „Abschaum" unter den Arbeitern, darunter abgehalfterten Stasi-Mitarbeitern, in der Abdeckerei Germania II, ist die Vorform des zentralen Themas im späteren ‚Ich'-Roman:

„Damit vertiefte sich, was ich zu dieser Zeit längst war: selber ein Außenseiter in der Stadt, für die Kleinbürger nämlich, in deren Augen ich ihnen, den mir Entschwundenen, womöglich schon zielsicher zugerechnet wurde. Ich ähnelte ihnen täuschend in der Weise, in der ich umherging, atmend, als sei ich stets abwesend von dem jeweiligen Loch, das noch Luft enthielt, und stolpernd, da ich mich fortgesetzt nach allen Seiten zu sichern bedacht war, so als sei jedermann in der Stadt mit der Begutachtung meiner Observierungstechnik beauftragt. Dabei kannte ich die wenigen, die mir wirklich auf den Fersen waren, inzwischen sehr gut; ich lud sie, um ihnen zuvorzukommen, zum Bier ein. Dann erging ich mich bereitwilligst, wenn ich spürte, daß sie es wünschten, in gesuchtesten und ungerechtfertigten Beleidigungen gegen die Volkswirtschaft; zufrieden erkannte ich ihre Schadenfreude, die sie nicht äußern durften. Scheinbar zwingend erklärte ich ihnen die Stringenz der übelsten Anwürfe, etwa, daß der Gestank, der für das Wohlbefinden der Parteispitze so unerläßlich sei, inzwischen als symptomatisch gelten müsse für die Beschaffenheit des Bodens, auf dem das ganze Land gedeihe. Hier an diesem Ort, sagte ich, ist der Kadaver der Republik angestochen. [. . .]. – Ich war für sie interessant geworden aus dem gleichen Grund, aus dem die Kleinbürger mich mieden: Vorstellungen hatten mir den Kopf anschwellen lassen, mit geblähtem Gesicht und feuchten Augen ging ich umher, dauernd in Schweiß gebadet, und die Kleidung, die ich nicht wechselte – weil ich mich damit instinktiv in der Atmosphäre aufhielt, die ich in Gedanken verfolgte –, sonderte Emanationen ab, die jeden, der sich mir näherte, denken ließen, ein in meiner Jugend geäußerter Wunsch habe sich erfüllt: ich war einer der Männer von Germania II."[16]

Die „Untersicht" auf die Gesellschaft aus dem noch unterhalb der Arbeiter situierten „fünften Stand" einer „lumpenproletarischen Froschperspektive",[17] etwa als Heizer, der isoliert in den Kellern oder im berüchtigten Schlachthof der Abdeckerei die niedrigste Arbeit verrichtet, ist eine Hilbigsche Protesthaltung, die er von einem anderen Außenseiter, von Josef K. in Kafkas *Prozeß,* übernommen hat.[18] Auch dort ist die Macht anonym, höchstens in untergeordneten Funktionären erreichbar, und die Bürokratie aufgebläht und allgegenwärtig, der Protagonist isoliert und von vornherein schuldig, weil er das Gericht anerkennt und davon nicht loskommt.

Seit 1980, besonders seit den frühen Texten *Der Heizer* und *Der Brief* (1981/ 85), beschreibt Hilbig diesen Prozeß der Auslöschung eines einst prometheischen, nun ermüdeten und versteinerten Ichs durch die Bürokratie auf Kafkas Spuren. Kaum notwendig, daran zu erinnern, daß Kafka – wie die Romantiker und die expressiven Lyriker und Sensualisten – in der DDR totgeschwiegen wurde, ebenso wie die internationale Moderne, die nicht zum „Erbe" des Realismus im Lukács'-Sinn gehörte. Gerade hier setzt Hilbigs Ich-Findung über die Sprache zum bewußt poetische Gegenwelten setzenden Subjekt gegen das Kollektiv ein. In dem frühen Gedicht *abwesenheit* von 1969 heißt es bereits:

„wie lange noch wird unsere abwesenheit geduldet
keiner bemerkt wie schwarz wir angefüllt sind
wie wir in uns selbst verkrochen sind
in unsere schwärze"

Noch früher, 1965, beginnen Hilbigs Absetzbewegungen vom Staat der Mauer mit dem Gedicht *Ihr habt mir ein Haus gebaut* und dem dort sichtbaren Unabhängigkeits- und Freiheitsdrang, genauer der erhofften „Freisetzung durch das Kollektiv", da diese ein „allein gehn" nicht dulden wird (hier noch im Tone Brechts):

„ihr habt mir ein haus gebaut/ laßt mich ein anderes anfangen./ ihr habt mir sessel aufgestellt/ setzt puppen in eure sessel./ ihr habt mir geld aufgespart/ lieber stehle ich./ ihr habt mir einen weg gebahnt/ ich schlag mich/ durchs gestrüpp seitlich des wegs./ sagtet ihr man soll allein gehn/ würd ich gehn/ mit euch.“

In *Alte Abdeckerei* ist es die Leistung Hilbigs, durch eine von den Romantikern und Modernisten geborgte Sprache das drohende Verstummen in einer nichtöffentlichen Autorschaft zu vermeiden. Die künstliche Wirklichkeit des Überwachungsstaats lernt er durch eine eigene Literaturwelt zu konterkarieren: in subjektiver „Abwesenheit“ emanzipiert er sich bewußt aus der Arbeiterexistenz in einem als absurd empfundenen System der Hierarchie von Machtbesitzern und -besitzlosen, wo ein Mitspielen, um selbst Macht zu besitzen, das System nur stabilisieren würde:[19]

„Sprache war für mich nie kapriziöser Selbstzweck, sondern zwingende Suchbewegung. Mir war immer klar, daß man als Autor alles, was man zur Literatur braucht, in sich trägt. Man muß es nur bergen, erkennen, in reflektierende Bewegung bringen. Was nicht Sprache wird, ist auch nicht wirklich vorhanden. Wenn Sie so wollen, war es meine Absicht, Subjektivität zu ergründen und verfügbar zu machen, damit das Objektive nicht allem Gewalt antun kann. Meine Sprache hat mich gemacht.“[20]

Der Heizer C., der im Roman *Eine Übertragung* (1989) die „Schwarzarbeit des Schreibens“ betreibt, schreibt genau gegen das Konzept der Bitterfelder Literatur der Arbeitswelt an und erweist einmal mehr Hilbigs Moderne als ohne DDR-Wirklichkeit kaum denkbar. Aus dieser prekären und lange isolierten „Untersicht“ ergibt sich in den Romanen und Erzählungen seit 1989 eine Fortschreibung surrealer Traumsequenzen eines gespaltenen, sich auch im Schreiben (in der Tradition der Beckett-Romane und angelehnt an Derridas „Abwesenheits“-Begriff, hier jedoch noch in existentieller Subjektivität) letztlich nicht verfügbaren Ich. „Ich ist ein anderer“, zitiert Hilbig Rimbaud, und sein Heizer C. in *Eine Übertragung* erklärt dies:

„Die Übertragung meines Lebens in einen endlichen Satz hieß: wenn ich schreibe, dann bin ich. Aber ich bin nicht, setzte ich hinzu. Es gab für mich kein Sein des Schreibens, und der Kampf darum war die einzig gültige Metapher, die mein Leben beschrieb. Immer suchte ich nach dieser Metapher, sie zu finden hätte bedeutet, mein Leben ganz in ein Abwesendes zu übertragen.“[21]

Es lohnt sich, die wenigen Selbstdarstellungen des nach außen eher schweigsamen Hilbig, der im Rückblick die Jahrzehnte der Unterdrückung versöhnlich darstellt, mit den Dokumenten und Eindrücken der Zeitzeugen zu vergleichen. Denn was sich in der äußeren Biographie mit vielen Dissidentenschicksalen vergleichen läßt, hätte in der inneren Biographie nicht genau diese gespaltene Persona einer poetischen Doppelexistenz des unterdrückt schreibenden Arbeiters hervorgebracht, wenn das Durchhalten nicht so schwer gewesen wäre. Als Hilbig die DDR 1985 verläßt, spricht er in dem eindringlichen Gedicht „die ruhe auf der Flucht" auch von „Zorn": „warten [. . .] reglos/ im angesicht der flut die bald erwacht/ noch eine stunde sitzen auf dem mauerrand/ stille im schädel und den fuß im sand/ dem atem nachsehn der uns aus den lungen schwindet/ dem zorn". In ‚Ich' hat der Autor die Bruchstelle der DDR-Geschichte bereits früh benannt: mit dem 13. August 1961, als das Zeitempfinden der hinter der Mauer Einge-schlossenen nicht mehr mit der „MEZ" in Einklang, sondern „depressiv" ver-langsamt zu spüren war:

„Und ich starrte in das Getriebe der dunklen Stadt und hörte sie summen und raunen [. . .] ein Ton, den ich nicht vergessen konnte, und vielleicht war es nicht mehr das Summen der Depression. – In meiner Vorstellung sah ich die Studentin auf dem Bahnsteig warten, von dem die S-Bahn nach *Wannsee* abfuhr, inmitten der Menschenmenge unter dem schmutzigen und düsteren Bahnhofsdach, dessen Stirnseiten mit Baugerüsten überzogen waren: aber es wurde nicht gebaut, die Gerüste dienten dazu, den Grenzsoldaten einen Überblick zu verschaffen, die dort oben postiert waren [. . .] sie standen dort seit einer Zeit, die für mich nicht mehr zu berechnen war, sie schliefen im Stehen oder im Auf- und Abwandeln und sahen dennoch unverwandt herunter, unaufhörlich, und für alle Zukunft weiter. – Immer wieder hatte ich den Erzählungen gelauscht, die in diesem Bahnhofsgebäude ihren Anfang nahmen: an der Seite, wo die Züge ein- und ausfuhren, befand sich unter der Dachrundung eine große Normaluhr, die entwe-der stehengeblieben war oder völlig falsch ging. Sie war schon lange außer Kraft gesetzt, diese Uhr, vielleicht seit dem 13. August 1961 [. . .] seit der Nacht, die auf diesen Sonntag folgte, lief sie nach eigenem Ermessen weiter, ganz und gar ausgerastet aus der MEZ, zu langsam, zu schnell, überhaupt nicht, völlig un-brauchbar für menschliches Ermessen. [. . .] Unter ihr glich dieser Bahnhof einem Kriegsschauplatz [. . .] es war der letzte Schauplatz des absterbenden kalten Krie-ges, überfüllt von flüchtenden und vertriebenen Menschen, und er war der rückständige Hort einer unmöglich gewordenen Zeit." (‚Ich', 338 f.).

Die Rücksicht auf die Rollenprosa des Ich-Erzählers kann man hier vernach-lässigen und die Passage als Hilbigs Rückblick auf unglückliche, bis aufs Schreiben vertane Jahre lesen. Über diesen und ähnliche Bahnhöfe und Grenzstationen waren eine Reihe von DDR-Dissidenten unter den Autoren nach Untersu-chungshaft, Gefängnis, Behinderungen und Sanktionen abgewandert oder ausge-bürgert worden. Namen wie Bahro, Faust, Fuchs, Deinert, Erwin, Heinrichs, Hinkeldey, Markowsky, Matthies, Neumann, Pannach, Rathenow, Schacht, Schöne, Wegner und Zschorsch nennt Wolfgang Emmerich in seiner *Kleinen Literaturgeschichte der DDR* neben Hilbig bereits 1985 und vermerkt, „daß der Dissens zwischen kritischer Intelligenz/Literatur und der Partei sich schon lange nicht mehr auf die mittlere und ältere Generation beschränkt, sondern inzwischen auch ‚unvermischte DDR-Produkte' (Biermann) erfaßt" hatte, daß also „der ‚reale Sozialismus' aus sich selbst die Widersprüche hervortreibt, die junge Leute zu politischer und ästhetischer Opposition" veranlaßten.[22]

Nach außen ließ sich Hilbig daher lange nichts von seiner Doppelexistenz anmerken, was seinen inneren Konflikt verschärfte: „Ich war ein völlig normaler Arbeiter in einem Industriegebiet der DDR, der mit seinen Kollegen gut auskam. Diese Kollegen wußten nicht, daß ich schreibe."[23] Die innere Biographie und die Dokumente[24] wissen es besser, wie die frühen Gedichte und Texte seit 1969 oder die Gefängnisszenen in beiden Romanen zeigen. So ist es nur folgerichtig, wenn Karl Corino in seiner Laudatio zum Brüder-Grimm-Preis dem Autor dankt, „daß er sich durch nichts abhalten ließ, seine Verse und Prosasätze zu schreiben, nicht durch Hitze und Kälte, Hunger und Durst, ‚hohe steinwände' und den Übermut der Ämter".[25]

Der konnotatreiche Untergang von „Germania II"

Das Wissen um das Ende der DDR ist der Erzählung *Alte Abdeckerei* (1991) eingeschrieben und doch läßt sich die auf einen apokalyptischen Untergang der „Germania II" hinauslaufende Prosa nicht so einseitig festlegen. Vor einer solchen flachen Interpretation warnt etwa Thomas Rosenlöcher und verweist auf die vielschichtigen und klassischen Vorbilder des Totenreichs – er zitiert Vergils Äneis (VI. 237 ff.) – und einen allgemeineren apokalyptischen Rahmen:

„Müßig also zu fragen, ob *Germania II* etwa die DDR bedeute: das Totenreich meint alles, selbst die DDR. Und wie alle tausendjährigen Reiche ins Totenreich abrasseln, werden auch die jetzigen Staaten ins Totenreich abrasseln: auch ein ‚Text von unten'."[26]

Ungeachtet solcher Warnung wird man Hilbigs Kohleregion und die Zeitumstände hier dennoch deutlich genug gespiegelt finden, allerdings mit einer Ausweitung der Konnotate auf die KZ-Praktiken des Dritten Reichs – in den Anspielungen auf Tötungen, Goldzähne und Seifengewinnung –, auf die „Verschwundenen" der Stalinära und neuerlich Asylsuchenden im aufgelassenen Braunkohlerevier. Wie im bislang letzten Roman ‚*Ich*' ist der Ich-Erzähler von traum- und albtraumhaften Visionen heimgesucht und führt eine Katakombenexistenz. Noch hat dieser oft Kindheitserlebnisse mit späteren Erfahrungen verflechtende Protagonist seinen Schatten nicht wie Schlemihl an die Stasi verloren; der Untergang des Schlachthauses in der Gegend der stillgelegten Kohlebergwerke kommt dem zuvor. Aber wir wissen ihn auf dem Weg, denn er identifiziert sich halb mit den unheimlichen Germania-II-Gesellen, die alle Außenseiter werden, Verlorene und „Verschwundene", und spürt wie sie einen sozialen Identitätsverlust. Mit der schwebenden Zeitstruktur zwischen Kindheit, Jugend und mittlerem Alter, in dem das Wissen um den verfehlten Beruf den Ich-Erzähler in die Verweigerung treibt, und mit den Bildern einer vergifteten Landschaft inmitten öder, verlassener Kohlehalden gelingt ein grandios bedrückendes Prosapoem personifizierender Naturbeobachtung:

„Was Hilbig in der Nähe der Schrecken und des Häßlichen sucht, ist eine Leidenschaft, die bei allem Sprachzweifel und bei aller textverunsichernden Modernität vollkommen archaisch wirkt und wohl gerade deshalb den mitreißen kann, der solche Gefühlskraft sonst vermißt. Nicht umsonst ist die Erzählung über weite Strecken eigentlich ein langes Gedicht, wobei das Gefälle der Wortkatarakte Vers und Rhythmus ersetzt."[27]

Thema der Erzählung ist von Anfang an neben der sich steigernden unbestimmten Drohung inmitten einer einstigen Naturidylle an einem weidenbestandenen Flüßchen die Ödnis und menschenverursachte Zerstörung verlassener Industrielandschaft und der Tagebaue einer Braunkohleregion mit ungewisser Unterkellerung. Zurück blieben verseuchte Gewässer und vergiftete Böden, Tierkadaver und das Inventar der Groteske: tote Ratten, schillernde Schmeißfliegen, bedrückende Traumvisionen der Gewalt. Ein weiteres Thema ist die „Müdigkeit" (S. 7) und Selbstentfremdung des melancholischen Ich-Erzählers, der vor einem frühem Schulabschluß (vor „dem letzten Winter meiner Schuljahre", S. 75) in diesem Herbst ratlos die Natureinsamkeit sucht, später nur einfache körperliche Arbeit will in einer Art Trotzhaltung, und dies gerade in der unheimlichen Fabrikanlage von „Germania II", die er eigentlich verabscheut, weil er nicht Gärtner werden darf. Es ist nicht zu übersehen, daß der Ich-Erzähler, im Text an Voltaires *Candide* erinnernd, mit dem Wunsch, „Gärtner" zu werden („obschon mir Gärten im Grunde verhaßt waren", S. 73), auch an die Träume des Eichendorffschen „Taugenichts" anschließt und eigentlich Muße fürs Schreiben sucht:

„Dennoch war mir das Beispiel des Helden dieser Erzählung nachahmenswert: inmitten eines bösen Gesamtzustandes der Welt hatte er für sich und seine Freunde das erträglichste der Übel herausgefunden: im Schatten des Gartengrüns kam man der Pflicht nach, sich zu ernähren. [. . .] Natürlich wurde mir ein solcher Berufswunsch mit fassungsloser Mißbilligung quittiert, war doch die Tätigkeit eines Gärtners in unseren Reihen höchstenfalls eine Feierabendbeschäftigung und hatte mit Arbeit eigentlich nichts zu tun [. . .] als Ausweg entschloß ich mich insgeheim zur Perspektive eines Müllers, ich dachte dabei an eine Wassermühle; das Herumsitzen in einer Wassermühle war vielleicht noch angenehmer als Gartenarbeit." (S. 73 f.)

Am Ende der Erzählung, als „Germania II" untergeht, wird dieser Berufswunsch zu bitterer Ironie angesichts der längst durch einen Gärtner nicht mehr zu rettenden, zerstörten Umwelt. Hilbig vergißt auch nicht die mit der Lichtmetaphorik (Enlightenment, Lumières) verbundenen Konnotate der Aufklärungsepoche, die er ironisch umkehrt, als er den am verstellten Berufswunsch resignierenden Erzähler in den Augen der Familie und Mitwelt auf einer „lichtscheuen Bahn" darstellt:

„Die wortreiche Diagnose hinterließ mich erleichtert, denn ich hielt mich tatsächlich für lichtscheu, wenn mir der Gebrauch des Wortes auch nicht behagte: daß sie es verwendeten, lag daran, daß die Dunkelheit für sie eine Mangelerscheinung war, daß sie im Dunkeln kein Licht mehr sahen . . . was für ein trauriges Leben. –" (S. 76)

Man darf hier vorwegnehmen, daß der Autor mit leitmotivischer Insistenz im ‚Ich'-Roman den Satz anführt: „Man sieht am besten aus dem Dunkel ins Licht!"[28] Diese im Kontext der bildintensiven Antiutopie als ruhig und diskursiv herausragenden Passagen in *Alte Abdeckerei* sind für eine Interpretation wichtig, die das apokalyptische Ende als Warnung *ex negativo* auffaßt. Hilbig verwendet in modernisierter Form die Stilmittel romantischer, anthropomorpher Naturschilderung an der Schwelle zur Frühindustrialisierung. Er gibt eine Poe und Stifter, Tieck und Hoffmann nahe Mischung nach dem Rezept der „Unified Impression", der durchgehaltenen Wirkung auf den Leser. Edgar Allan Poe empfahl dies in seiner Poetologie der kürzeren Erzählung und lieferte das Modell mit dem untergründigen Horror und Zerfall in *The Fall of the House of Usher* (1839). Hilbig setzt die Tradition solcher Mittel gegen die Entfremdung in einer monotonen Arbeitswelt und den darin verarmten, entwirklichten, menschlichen Beziehungen. Den so konditionierten DDR-Leser hätte ein Realismus in sozialistischer „Perspektive" kaum mehr berührt, erst recht nicht nach dem Fall der Mauer. Dagegen wirken die leidenschaftlichen, sensualistischen Notate einer Endzeit, wo die vermeintliche Naturidylle in Grauen umschlägt, die Böden längst vergiftet und die Tagebaue in zerstörter Landschaft aufgegeben sind, provozierend, weil sie die Konsequenz rücksichtsloser Ausbeutung der Ressourcen vor Augen führen.

Der Erzähleingang, „Ich besann mich auf ein Flüßchen hinter der Stadt, ein seltsam schimmerndes, an manchen Tagen fast milchfarbenes Gewässer", verdankt sich nicht nur den Konnotaten kindlicher Ernährung, sondern, wie das Ende des Textes erweist, jener „schwarzen Milch der Frühe" des bewunderten Celan und dessen *Todesfuge*. Denn auch bei Hilbig werden die nicht geheuren Vorgänge auf dem Gelände der „Alten Abdeckerei" unmißverständlich in die Nähe einer KZ-Atmosphäre gerückt: Grauen, vielfacher Tod oder anhaltendes Verschwinden von Menschen, Suchmeldungen im Radio, ominöse Verladerampen und stillgelegte Schienenstränge, Seifengewinnung aus Leichen, Flucht, Anspielungen auf Viehwaggons, glitschige Tierkadaver oder auf der Türschwelle liegende tote Ratten.

Der Ich-Erzähler hat anfangs, um den Grenzen des „Territoriums seiner Müdigkeit" zu entfliehen, einen Herbst lang das Gelände an der Alten Mühle durchstreift. Es ist zunächst die Erzählperspektive eines Jugendlichen, der, als er auf der Rampe auf dem Tierkadaver ausgleitet und stürzt, seine Kinderspiele in den Trümmern assoziiert: „in den Ruinen, in den verborgensten Winkeln jener kriegszerstörten Stätten wußte ich mich sicher, unsichtbar und unhörbar" (S. 16). Es liegt also auch der Wunsch einer Regression aus den Zwängen einer Berufs-wahl oder aus einem nicht befriedigenden Jugendalltag in der Familie, überhaupt aus der Gesellschaft vor, eine hinausgezögerte Initiation. Der Weg durch die zerstörte Landschaft an der östlichen Grenze, die der Jugendliche, am Ende der Erwachsene nach der ersten Lebenshälfte, durchstreift, führt am Fluß und dicht wachsenden Weiden entlang in die Nähe einer dem Kind verbotenen alten Mühle und einer scheinbar längst aufgegebenen Bahnrampe inmitten stillgelegter Kohlebergwerke. Alles atmet eine unbestimmte Drohung: „ich entsann mich, daß ich dem Wasser, seinem Geräusch, wenige Schritte schnell nachlief, um ein schnell versunkenes Gekicher, das ich vor einem Augenblick glaubte, gesehen oder gehört zu haben, wieder einzuholen" (S. 10). Solche Momente der Schauer-romantik und die gestaffelte, an Kleist erinnernde Syntax dienen, zusammen mit den modernen Stilmitteln der Groteske, der Evokation einer vagen Beklem-mung. Hilbig wählt eine unbestimmte, durch häufige Rückblenden fast statische Zeitstruktur, die immer wieder Türen in eine vorvergangene, psychologisch tieferliegende Geschichts- und Kindheitserinnerung öffnet. Die Naturpersonifi-kationen beschwören ein Totenreich voller Fäulnis und überzüchteter Vegetation herauf.

„In der verlassenen Kohlefabrik *Germania II* entdeckt der Erzähler, zwischen Abraum und Schutt, ein rotes Backsteingebäude, in dem noch gearbeitet wird: Über eine Verladerampe werden Tierkadaver geschleift, sterbendes, krankes Vieh glitscht und stolpert in Todesqualen und Angst über die von Blut, Eingeweiden und Auswurf verschmierte Bahn in die Schlachthalle.

Die Abdeckerei weitet sich zum apokalyptischen, mehrfach deutbaren Bild aus: Die lemurenhaften Gestalten, die dort arbeiten, sind frühere Schergen der Nazis, die sich hierher abgesetzt haben; es sind aber auch jene ‚unbedeutenden Mitarbeiter und Halbmitarbeiter des Sicherheitsdienstes, die abgestumpft waren und zu kleine Lichter, um den großen Säuberungen zum Opfer zu fallen'. Schließlich scheinen zu ihnen noch jene Flüchtlinge aus dem Osten zu gehören, die in dieser labyrinthi-schen Gegend mit ihren Ruinen, verlassenen Gruben und Hütten Unterschlupf gefunden haben – und vor denen der Erzähler schon als Kind wie vor Menschen-fressern und Kindsräubern der Märchen gewarnt worden war.

Die Abdeckerei mit ihrer *Rampe* wird zur Chiffre nationalsozialistischer, aber auch stalinistischer Vernichtungslager: [. . .]

,Land mit Philosophien die Massengräber abdeckend, auferstanden aus Ruinen über den Massengräbern, über den Massengräbern der Diktatur des Proletariats.' [. . .]

Offen bleibt, ob die Abdeckerei als verdrängtes Erbe einer unheilvollen Geschichte zu verstehen ist oder, wie eine Stelle nahelegt, als Mahnung an den ,toten Boden', auf dem wir alle stehen."[29]

Die daran anschließende Erzählung *Die Kunde von den Bäumen* (1992) bestätigt die Gültigkeit beider Deutungsvarianten emphatisch. Mit der Entdeckung einer riesigen Müllkippe am Stadtrand findet der an seinen Manuskripten zweifelnde und scheiternde Arbeiter-Schriftsteller äußere Anzeichen seines Endzeitgefühls. Obdachlose und lemurenhafte Müllarbeiter durchkämmen die Müllkippe und wohnen inmitten des Abraums der Stadt in einer zerstörten Landschaft, und nur die verbliebenen Bäume lassen dem Verzweifelten ein Stück Hoffnung. Der Ich-Erzähler, der sich sporadisch in die dritte Person des Schriftstellers Waller verwandelt, findet nur noch in Erinnerungen an die Kirschbäume seiner Jugend zu sich selbst. Das Gefühl des Eingesperrtseins seit dem Mauerbau ließ die nächsten 20 Jahre ein immer schizophreneres Lebensgefühl entstehen, bis sich Waller in doppelter Perspektive ausweglos in einer Hütte im innersten Bezirk der Abraumhalde wiederfindet: mit der Schlinge um den Hals auf einem Baum sitzend und zugleich in der Hütte manisch schreibend.

Geht man den Quellen der fulminanten Sprachleistung in *Alte Abdeckerei* nach, wird man von Hilbig durch das Motto in zwei Anfangszitaten weitergeführt. Das Goethe-Zitat ist gegen „Zwänge" („Ananke") und Verengung im Arbeitsalltag gerichtet. Die letzte Strophe in *Urworte orphisch* (1817), „Doch solcher Grenze, solcher ehrnen Mauer/ Höchst widerwärt'ge Pforte wird entriegelt,/ Sie stehe nur mit alter Felsendauer!", meint hier neben dem Mauerthema in Hilbigs erstem langem Prosatext nach dem Fall der Mauer auch die Überschrift dieser letzten Strophe „Hoffnung" (Elpis), die orphischen Fähigkeiten des Dichters, mit seiner schöpferischen Phantasie Verzweiflung hinter sich zu lassen: „Ein Flügelschlag – und hinter uns Äonen!" Hilbig nimmt diesen indirekten Kommentar zum apokalyptischen Untergang der Fabrik des Bösen im Erzähleingang (aber auch in der „Äonen"-Passage des Untergangs, S. 93) auf als einen Weg aus dem Territorium der „Müdigkeit": „Und ich folgte diesem Weg wie unter lautlosem Flügelschlagen" (S. 7). Dieser Dichterweg zur Hoffnung entspricht der inneren Biographie Hilbigs aufs Genaueste, auch seine Melancholie findet in diesem romantischen Orpheus-Bezug ein Ventil:

„Und wenn ich fortan gebeugt war über das Papier, um es mit Tinte zu besudeln, spürte ich, wie die Ebenen zu gähnen begannen . . . und ich hörte die plattgewalzten und gebleichten Zellulosen rascheln wie Schaum, in knisternder Gegenwehr vor meinen Gedanken, und es hellte sich über dem grauen Papier ein früher leerer Tag auf, dessen Unabweislichkeit ich mit dunkelblauen Worten zu vertuschen suchte." (S. 95)

Auf die formalen Eigenheiten seiner Ästhetik des *pars pro toto* verweist das Joyce-Zitat, das dem Ende der ersten Passage von *Finnegans Wake* entstammt: die ganze Welt findet sich, wie in Dublin an einem Tag, so auch in der – poetisch überhöhten – Beschreibung von Hilbigs eigener vertrauter – Region des Leipziger Braunkohlereviers. Aber Joyce führt noch weiter: die Höllenpredigt aus dem 3. Kapitel in „Ein Porträt des Künstlers als junger Mann" enthält zahlreiche Motive und Parallelstellen:

„Das Grauen dieses engen und dunklen Kerkers wird erhöht durch seinen grauenhaften Gestank. Aller Dreck der Welt, aller Unrat und Abschaum der Welt, heißt es, läuft dort zusammen, wie in einer weiten, stinkigen Gosse, [. . .] Die Luft selbst dieser Welt, dies reine Element, wird faul und nicht mehr atembar, wenn sie lange abgeschlossen worden ist."[30]

Ebenso enthält das Hades-Kapitel des *Ulysses* eine Reihe von motivnahen Passagen drastischer Leichenszenerien am Rande einer Dubliner Beerdigung. Vor den Ahnen der Ästhetik des Häßlichen, Baudelaire und Rimbaud, verneigt sich Hilbig, indem er sie, abgewandelt, einmontiert, so den Bezug auf Rimbauds Prosapoem *Aube* und Baudelaires langes Gedicht *Ein Aas* mit der 5. Strophe:

„Schmeißfliegen summten um den Schoß, der eiternd klaffte./ In schwarzen Bataillonen drang/ Das Larvenvolk hervor; es floß gleich dickem Safte/ Den Fetzen des Geschöpfs entlang."[31]

Bei Hilbig ist die Passage folgendermaßen variiert:

„es war der Absud von ranzigem Speck, der auch die Wege bedeckte, ausgekochtes Horn, bis zum Zerfall gebrühte Knochen . . . und die alten Bachweiden gediehen prächtig in dieser Nahrung, zahllose Schmeißfliegen, krank vor Überfütterung, tropfend wie glänzende Gebilde aus Wachs, hüpften träge durch den Schaum, und der schillernde Schaum des Absuds, der schnell schwarz wurde, drehte sich gemächlich auf der Flut vor den Wurzelsträngen der Weiden." (S. 46)

Mit diesen Beispielen soll nur angedeutet werden, wie dicht die sprachliche *tour de force* in der Tradition der Moderne gearbeitet ist, bis dann, in einer furiosen Schlußsequenz von Permutationen, etwa zum Thema der Verwerfung und den Varianten des Wortes „Abdeckerei", in archaischen Bildern des Alten Testaments, der Apokalypse und der Offenbarung, dieser kaum ähnlich wiederholbare Text mit der Spiegelung der „Sternbilder" in den Fluten des Untergangs ausklingt. Noch einmal erinnert Hilbig an die kühnen „Korrespondenzen" der Symbolisten und Mallarmés Gebot der „Abwesenheit":

„Und hinaus über die Strände, die Ränder der Kohle, alte Abfinderei, hinweg winkendes Laubwerk, Fische wie Laubfall über den letzten Zungen der Kohle, eingelagert in den Sanden. Und weiter vorbei an den hohen Flözen aus Gebein, durch die Stollen sich um Schädelstätten windend, und wie Schatten und Winde hinziehend über die Schädelplantagen unter Tag. Und weiter schwimmend durch die Sonneneinfälle der großen Laterna magica aus Wasser. Und in großer Runde über versunkene Gärten und Mühlen, und weiter wie versunkenes Rauschen in großer Runde, und nachts erneut wie der unablässige Umzug untergegangener Eisenbahnen. Alte Abraucherei, alte Abklopferei an den unterirdischen Ufersteinen vorbei, klappernd über die Schwellen, über die Schienenschläge, lärmbedeckte Steckenfechterei, Lärmen erdüberdachter Absteckerei: alte Abdeckerei . . . Altdeckerei . . . Alteckerei . . . Alteckerei . . . Alterei . . .

Und endlich an einigen untergegangnen Ruinen vorüber, an Germania II vorüber, wo in der Flut die Sternbilder spielen, wo die Minotauren weiden." (S. 116 f.)

Selten hat der Umstand einer verlorenen Identität in verlorenen Jahren eines nicht mehr haltbaren Systems samt dem Bodensatz zerstörter Umwelt eine solche Elegie als Abgesang gefunden. Das Bild des Minotaurus im Labyrinth, mit C. G. Jung der „Schatten" und seine notwendige Konfrontation auf dem Weg zu neuer Identität, deutet eine über den zeitgeschichtlichen Anlaß hinausgehende, mythische Ebene an. Man erinnert sich an die Anspielung auf *Candide* und an Sartres Literaturauffassung von einem sekundären Handeln durch Enthüllen. Hilbig mag mit einer solchen, in Schwarz getauchten Warnung und Trauerarbeit an der doppelten Verdrängung und dem Raubbau in seinem Geburtsland vielleicht gehofft haben, dazu beizutragen, eine Wiederholung auf deutschem Boden zu verhindern. – Die Erzählung fand viele Bewunderer und von wissenschaftlicher Seite liegt bereits eine Rezeptionsanalyse vor.[32] Die meisten Kritiker sind sich über den erzählerischen Rang und die Botschaft, „in einer unterminierten Welt zu leben",[33] einig.

Grünes grünes Grab

Der ebenfalls vielbeachtete Erzählband *Grünes grünes Grab* (1993) enthält vier Erzählungen, von denen die erste, *Fester Grund,* den Werkdaten nach schon 1984 entstand und die zweite, *Er, nicht ich* in einer ersten Fassung bereits 1981 vorlag, bevor Hilbig sie 1991 überarbeitete. Nur die Titelgeschichte und *Die elfte These über Feuerbach,* beide 1992 entstanden, lassen sich auf eine Nach-Wendezeit-Thematik direkt ein. Alle Texte des Bandes sind wichtige Werkstufen zum jüngsten Roman.

In *Fester Grund,* einer auf die Schlußpointe angelegten, typischen Kurzgeschichte, wartet ein Reisender im Bahnhofscafé einer westdeutschen Großstadt
auf seinen Anschlußzug nach Berlin. Der junge, von seiner Frau geschiedene
Mann wollte die kleine Tochter in Berlin besuchen, vermutlich im Ostteil der
„miserabel fahrenden Straßenbahnen und Busse". Er hat aber über dem Alkohol
den Zug verpaßt und fürchtet die Vorwürfe seiner Ex-Frau und Tochter, ihren
„Groll" seiner „Untreue gegenüber". Er trinkt nun bereits seit Stunden. Ältere
Damen, die zu einer Beerdigung „nach drüben" fahren, auf einem Zwischen-
stopp aus Richtung Nürnberg, kontrastieren in ihrer aufgeräumten Stimmung mit
der Resignation und Endzeitstimmung des sich methodisch betrinkenden Ich-Erzählers, der ihnen seine Fahrkarte nach Berlin verkaufen will, weil er seine Zeche
nicht mehr bezahlen kann. Er hat zunehmend das Empfinden, „das gesamte
Riesenschiff des Bahnhofs habe sich auf die Seite gelegt" (S. 17). Er sieht sich
plötzlich in einer Untergangsvision auf der Titanic, der private Schiffbruch wird
behutsam mitkonnotiert. Hilbig dachte zu jener Zeit der Nachrüstung wohl
bereits ans Übersiedeln. Es fiel dem Heimatverbundenen nicht leicht, wie das
Gedicht „die ruhe auf der flucht" (1985) aus jener Zeit in ähnlichen Bildern einer
Untergangsstimmung erkennen läßt. Der Innere Monolog des Trinkers beschließt
die Short Story, eine Reverenz an Enzensbergers Gedichtzyklus *Der Untergang der
Titanic* (1984):

„Da bleibt nichts oben, es geht abwärts, ab zu den Fischen. [. . .] richtig
verstanden, da sitzen wir jetzt: *Titanic Westseite,* schon bei beträchtlicher Schrägla-
ge. Dabei ist es belanglos, und wird wohl kaum überliefert werden, welche Seite
zuerst eintaucht. [. . .] Sagen Sie, wollen Sie nicht doch eine Fahrkarte nach
Berlin kaufen, Sie haben immer noch die Chance. Frauen und Kinder zuerst,
heißt es doch immer. Und so mag es bleiben, auch hier, auf diesem festen Grund,
auf dem man vergißt, wohin man wollte." (S. 18 f.)

Der Protagonist C. von *Er, nicht ich* schreibt seit einem Jahr an einem mysteriö-
sen Brief, ohne ihn in den Briefkasten zu werfen. In an Kafka erinnernden Gedan-
kengängen setzt er sich in langen Passagen erlebter Rede mit „der Verwaltung"
auseinander. Diese verkauft ihr unliebsame Bürger ins Ausland und erwirtschaftet so
dringend benötigte Devisen. Kaum verhüllt wird auf die Praktiken zwischen der
DDR und der die Gefangenen freikaufenden Bundesrepublik angespielt. Am Ende
der langen Erzählung bittet C. ein kleines Mädchen, seinen Brief einzuwerfen. Sie
läuft mit dem Brief davon, wodurch die Passanten glauben, er wolle mehr von dem
Kind. Der Brief ist ein wirres Bekenner-Schreiben. Der Leser erfährt, daß C. vor
über einem Jahr eine Frau ermordet zu haben glaubt, die seine Liebe zurückwies.
An seiner Stelle wurde ein Unschuldiger, sein Doppelgänger, verhaftet und zu
langjährigem Gefängnis verurteilt. Für den Leser bleibt der Sachverhalt, bis auf eine
Szene, in der C. die Frau schlägt, die ihn zurückweist, im Ungewissen. Seit einem

Jahr mutierte C. vom Arbeiter zum Schriftsteller.

Mit „grünes grünes Grab" ist eine Waldwiese gemeint, mit der der Schriftsteller C. früheste, romantische Kindheitserinnerungen verbindet. C., der seit fünf Jahren im Westen lebt, ist der Einladung zu einer Dichterlesung nach Leipzig gefolgt, die an einem Montag stattfinden soll. „Er fuhr in ein Land, in dem es gärte und kochte" (S. 104). Der politische Umbruch vollzieht sich vor seinen Augen, als Zehntausende auf der Straße gegen das zunehmend hilflos agierende SED-Regime protestieren. C. grübelt darüber nach, ob seine Lesung angesichts der revolutionären Wende noch einen Sinn hat:

„Im übrigen war es verständlich, daß jene mit einem Reisepaß ausgestatteten Privilegierten unter den Leuten des Landes immer mehr an Ansehen verloren. War es nicht so, daß eigentlich jeder von ihnen als ein der regierenden Partei freundlich gesonnener Zeitgenosse gelten mußte [. . .], der sich durch diese Reiseerlaubnis hatte befrieden lassen? Dabei war es nebensächlich, in wie vielen Einzelfällen eine derartige Einschätzung vollkommen von den Schwierigkeiten absah, in die man als Schriftsteller, der auf Publikationsmöglichkeiten angewiesen war, hatte geraten können." (S. 106)

C. sieht betrübt die Gehöfte und Siedlungen am Schienenstrang, „menschenleer und auf ungewisse Art bankrott wirkend, [. . .] Ansammlungen von Schrott und Schutt" (S. 107), und verliert sich am Ende, während seiner Dichterlesung, in nostalgischen Kindheitserinnerungen, eine tagträumerische Rückkehr in seine Heimat, die in einen Todeswunsch mündet:

„[. . .] konnten sie wissen, von wem diese Gedichtzeilen sprachen? Sie sprachen von einem, der vor vielen Jahren schon, in seiner Kindheit schon, vom Weg abgekommen war. Damals hatte er sich in diesem Wald verloren und war nie wieder erschienen. [. . .] Und es war jetzt ein entfernter Wald, den niemand mehr betrat, und älter und weiter zurück, als irgendwer zu bedenken wagte. Dort in diesem Wald, weit hinten in vergessenen und vernachlässigten Regionen, in rückständigen Provinzen, hinter Ebenen, denen kein Horizont nahte, inmitten einer Lichtung in diesem Wald unter einem weißfarbenen Himmel, dort lag er, bedeckt von lockerer Erde, und aus dieser sproß ein hüfthohes weiches Gras. [. . .] Und es hatte zu fluten begonnen um seine junge Gestalt, und sich zu wiederholen in zahllosen Wellen, das grüne grüne Gras, das immer wieder auferstand im Hingang so vieler Jahre." (S. 122 f.)

In dem im melancholischen Märchenton gehaltenen, an die Romantik (und ein Leitmotiv Walt Whitmans, das auch die politischen *grassroots* mitmeint) erinnernden Erzählschluß gelingt es Hilbig, das Lebensgefühl vieler Menschen der DDR im Umbruch zu treffen: den mit der Wende einhergehenden Ich-, Vergangenheits-, und Identitätsverlust in dieser zerfallenden, hinter einer Mauer lange zwangsläufig ‚geschlossenen' Gesellschaft.

Die elfte These über Feuerbach, wieder eine auf die Pointe zugeschriebene Kurzgeschichte, handelt vom Schriftsteller W., der aus dem Westen zwei Jahre nach dem Fall der Mauer zu einer Podiumsdiskussion mit dem von ihm ironisch kommentierten Thema „Zukunft der Utopie" zur Leipziger Universität fährt. Während der verregneten Taxifahrt, vorbei an einst vertrauten, nun umbenannten Straßen und ewigen Schlaglöchern und Umleitungen, umkreist sein Denken die „Elfte These" von Karl Marx über den Philosophen Ludwig Feuerbach, welche darauf hinausläuft, die Philosophen hätten die Welt nur verschieden „interpretiert", es komme aber darauf an, sie zu „verändern". Einer Eingebung folgend, ins 40 Kilometer entfernte Meuselwitz zu fahren, sieht er auf einer weiteren nächtlichen Fahrt im Taxi in extremer Kontrastierung verrottete Industrielandschaften und neue BP-Tankstellen mit Minimärkten, die sich vor W.s Augen in sakrale Stätten des postkommunistischen Konsumzeitalters verwandeln. „Veränderung" hat also, wenn auch sinnleert, erst das Ende des Marxismus gebracht. Leipzig, für W. einst eine Stadt, „deren Sonne stets den ganzen Bezirk überstrahlt hatte", erscheint nun glanzlos, der „Sonnenglanz aus dem Zentrum" hatte „ein merkwürdig verwischtes Schillern angenommen, unter anderem hatte die Universität ihren alten Namen, den von Karl Marx, abgelegt und war zu ziemlich verwässerter Themenstellung übergegangen" (S. 130).

Die trostlosen Dörfer in des Autors Heimat im Braunkohlerevier wirken in der Nacht als „lichtloses Gewürfel von Häusern":

„Die Scheinwerfer des Wagens rissen halbleere, schäbige Geschäftsfassaden und, hinter zerbrochenen Zäunen, ruinierte Wohnkasernen aus der Dunkelheit, die nicht anders als lebensabweisend wirkten. An einer Kreuzung in der Mitte dieses Trümmerhaufens leuchtete eine rote Ampel und behielt das Signal unmäßig lange bei;" (S. 137).

Subtil dienen solche Notate und Farben als Chiffren des Verfalls unter politischen Vorzeichen. Ganz anders der Anblick der BP-Tankstellen und neuen Minimärkte, die der genaue Blick des Autors W. jedoch ebenso in seine verhaltene Skepsis einbezieht, wenn er sie als „menschenleer" betrachtet:

„Taghell erleuchtet tauchte in diesem Augenblick [. . .] das Areal einer großen neuerbauten Tankstelle auf. Sie war ganz in lindgrünem Lack gehalten, schien wie durch Zauberei inmitten einer schmutzigen verwachsenen Wildnis erstanden, und W. konnte nicht umhin, sie im ersten Moment hinreißend zu finden. Der matte Glanz ihrer Tanksäulen im Neonlicht schien sich in der sauberen Betonfläche das Bodens zu spiegeln . . . sie glich einem Bild, das den Reklameseiten einer Pop-Art-Zeitschrift entnommen war. Im Hintergrund irisierten die Fenster; [. . .] Die Beleuchtung der Tankstation erzeugte einen fast schattenlosen, aus der Wirklichkeit scharf ausgegrenzten Lichtraum, in dem man von außerhalb wie in das architektonische Beispiel eines noch fernen Jahrtausends schaute; die Menschenleere der gesamten Anlage legte den Gedanken nahe, daß der Palast noch nicht zur Benutzung freigegeben sei." (S. 134 f.)

Die Ironie läßt W. im Universitätshörsaal in einer imaginären Ansprache seinen Besuch und das Thema der Diskussion als Beweis für das Stattfinden der Utopie gerade „hier", im Osten, hervorheben: „Er sei nicht gekommen, um Witze zu machen, man habe richtig gehört" (S. 140). Am Ende der wirren Argumentation versucht W., die ihm „subjektiv unmögliche" Absage trotz Bedenken und Widerwillen ausgerechnet am Beispiel der „Wahl der Abgeordneten dieses Landes" als Utopie-Wirkung zu erhärten und macht damit für den Leser nur die Zwänge und Deformierungen der Sozialisation W.s deutlich. Im nächtlichen Taxi wiederholt sich dieser eingespielte Reflex gemäß der „bekannten reflexologischen Heilmethode nach Pawlow", wie Hilbig an anderer Stelle über die sozialistische Persönlichkeit ausführt.[34] Denn auch der Taxifahrer ist, noch zwei Jahre nach der Wende ironischerweise am Ende der Erzählung erleichtert, daß der im Auto eifrig Notizen machende Mann im Fond kein Stasi-Spitzel ist, sondern ein Schriftsteller. Diese letzte Erzählung vor dem Roman ‚Ich' markiert mit ihrem Schluß auch den genauen Übergang zum neuen Hilbig-Thema, der Parallelsetzung von Stasi und Literatur; W. notiert im Taxi:

„in der utopischen Gesellschaft kann, wenn die Negation das Hauptinstrument von Sprache ist, also die Sprache nur im Untergrund verwaltet werden. Und im Untergrund waltet der Geheimdienst! Und die Schriftsteller . . . was hat das alles mit der elften Feuerbach-These von Marx zu tun? [. . .] Der Geheimdienst! dachte W., unschlüssig, ob ein weiterer Schreibversuch noch sinnvoll war; [. . .] Der Geheimdienst und die Schriftsteller . . . sie müssen die Sprache in der Utopie gemeinsam verwalten, notgedrungen, entweder für oder gegen die Negation. Und, Interpretation hin oder her, das haben wir auch immer getan, für und gegeneinander, wir konnten nicht anders, in dem schönen utopischen Apparat . . ." (S. 148 f.)

Die Absurdität einer solchen Dialektik spielt auf den Leerlauf im „Überbau" der sozialistischen Kultur am Ende der DDR an, als gegenseitig simuliert und projiziert wurde in einer Szene, wo jeder jeden überwachte und Feuerbachs „Interpretation" alles war, was an geduldeter Wandlung übrig blieb.

Die Nähe der Fiktionen der Literatur und des Stasiapparats im „Ich"-Roman: eine Abrechnung, auch mit dem Prenzlauer Berg.

All dies gehört zu den Quellen und Voraussetzungen der Interpretation von Wolfgang Hilbigs bisher bedeutendstem Roman ‚Ich' von 1993. Es ist ein existen-

tieller Versuch, die eigene Identitätsfindung eines bespitzelten wie auch spitzelnden, widersprüchlichen Arbeiter-Schriftstellers in einer absurd anmutenden
Macht-Hierarchie gegenseitiger Überwachung aller Romanfiguren aus dem Untergrund und über die subversive Sprache der Poesie zu leisten.

„Auch die Erzählerfigur in Hilbigs Roman „Ich", die auf den Namen ‚M. W.'
oder ‚W.' hört, ist ein so ort- wie subjektloses Wesen, das durch stockige,
stinkende Untergründe streift, auf der Flucht vor den ‚Brennpunkten der sozialistischen Produktionsfront'. Dieser aus den sächsischen Kohlerevieren stammende
Protagonist ist Schriftsteller, und als solchen entdeckt ihn die Stasi. Wie sie selbst
ist er einer, der auf Simulation der Wirklichkeit aus ist, ein ‚Wahrnehmungs-
mensch, dessen Sinn darauf trainiert [ist], seine Beobachtungen in methodisch
aussehende Sprachraster' zu fassen. Unter dem Decknamen ‚Cambert' soll ‚W.',
dessen Personalität und Biographie im Roman auf verwundene Weise verloren-
gehen, einen (Prenzlauer-Berg) Autor namens ‚Reader' mitsamt seiner Freundin
ausspionieren und Informationen über den ominösen Poeten ‚Harry Falbe' bei-
bringen. Alle im Roman auftauchenden Personen entpuppen sich schließlich als
MfS-Informanten. Doch der Ertrag der diffus umherschweifenden Recherchen,
Notationen und selbstreflektorischen Erkenntnisbemühungen Camberts führt zu
keiner wesentlichen oder gar identitätsverbürgenden Erfahrung; außer der, daß
die Stasi, jener ‚harte Kern der Aufklärung', die erwünschte Observationswirk-
lichkeit selber schafft."[35]

Die Figuren dieses fast vierhundert Seiten starken Romans aus den letzten
Jahren vor der Wende, strukturiert durch ein mäanderndes, statisches Zeitgefüge
voller Rückblenden und die Froschperspektive des Ich-Erzählers und Antihel-
den, sind leicht zu überblicken und haben fast alle sprechende Namen. Der
Ich-Erzähler M. W. mit Decknamen Cambert verbürgt die bei Hilbig vertraute
Perspektive „von unten", gesellschaftlich sowohl als auch räumlich: ein an Thomas Pynchon (S. 351) erinnernder Liebhaber paranoiden sich Versteckens in
Kellern unter Ostberlin oder in den Katakomben ausgedienter Tagebaue im
Braunkohlerevier. Dennoch fehlt ihm überall die Privatsphäre in einer zunehmend deformierenden Spitzelszene. Er ist wieder die Hilbigs innerer Biographie
naheliegende Figur einer literarischen Persona des Arbeiter-Schriftstellers mit
seinem Doppelleben, diesmal zusätzlich der spitzelnde IM unter dem Führungsoffizier „Feuerbach" in Berlin. Eine weitere Ironie steckt auch in dessen Decknamen nach dem Umkehrprinzip, das auf Ambivalenz und Kompensation verweist:
Feuerbach heißt eigentlich Wasserstein.

Der Roman erzählt nach einer Exposition in Ostberlin über eine Rückblende
die Vorgeschichte von M. W., der als Arbeiter im kleinstädtischen A. wegen
seiner nächtlichen Kneipenexistenz als Schriftsteller der örtlichen Stasi auffällt, die
ihn über die Behauptung wirbt, er müsse sich zur Vaterschaft eines – womöglich

bald darauf verwahrlost gestorbenen – Kindes der schon mehrfach eingesessenen, raffinierten Cindy bekennen. Die „Firma" weiß jedoch, daß der wahre Vater ein Harry Falbe ist. Harry wird zum *alter ego* des Protagonisten. Ihm gelingt am Ende die Flucht in den Westen über die Ostberliner Ständige Vertretung, in der bereits viele auf ihre Ausreise warten. Harry kann sich im Trümmergelände bei A. verstecken, weil Cambert ihm die unterirdischen Geheimgänge verriet, und kann Ende 1988 Beweismittel gegen die Stasi, „daß sich die Bonzen von der Sicherheit schon Westkonten anlegen" (S. 368), nach Westen mitnehmen.

Wie später im Roman (S. 303) durch Feuerbach enthüllt wird, ist Harry ein Opfer der Stasi seit Geburt, weil ihn ein Ostspion, Oberst Falbe, zur Zeit des Mauerbaus als kleines Kind in Ostberlin sich selbst und der Stasi überließ und sich in den Westen absetzte. In dieser Spiegelung sieht M. W. alle drei, sich selbst, Harry, und dessen kleines Kind, als traurige, isolierte „Kaspar-Hauser"-Gestalten in diesem System. Harry glaubt, als Waise im Gefängnis geboren zu sein. Cambert ist von Anfang an unfähig, sich zu wehren, und weiß sich doch bei aller Passivität letztlich den Zwecken Feuerbachs zu entziehen. Dabei helfen ihm seine, vor der Stasi lange verborgene, Verliebtheit in eine schöne, aber abweisende Journalistin aus dem Westen, die die Literaturszene am Prenzlauer Berg regelmäßig besucht, sowie seine eher mütterliche, dennoch zum Beischlaf bereite Zimmerwirtin, Frau Falbe. Die Journalistin ist die Geliebte des von Cambert observierten IM „Reader", eines Poeten, der eigentlich die Initialen S. R. trägt und sich mit spielerischen, postmodernen Texten den sozialistischen Kulturerwartungen der „Firma" geschickt entzieht.

Als Cambert anfängt, die Journalistin ohne Auftrag zu bespitzeln, um seinerseits – wie Reader – Chancen zu gewinnen, sich in den Westen abzusetzen, nimmt ihn die Stasi in Haft, weil er das Konzept verdarb. Feuerbach behandelt ihn (wie dessen Spiegelbild Harry) im Gefängnis verächtlich und brutal, und schickt ihn zu weiterer Verwendung nach A. zurück. Die Journalistin, zu deren weiterer Observierung „Reader" in den Westen sollte, bleibt, als sie Camberts Nachstellungen bemerkt, verschwunden. Als Cambert am Ende des Romans im Januar 1989 nach A. (Altenburg) zurückkehrt, gibt es dort bereits, wie im ganzen Land, „Gegen-Demonstrationen" mit Sprechchören, und in den überfüllten bundesdeutschen Konsulaten in Prag, Warschau, Budapest sowie der Ostberliner Ständigen Vertretung sammeln sich die Ausreisewilligen. „Schon jetzt! dachte ich. Warten wir auf den Frühling, wenn die Ostdeutschen reiselustig werden" (S. 377).

Camberts ehemaliger „Chef" der Provinz-Abteilung des MfS hat sich seither einer „kulturpolitischen Aufgabe" gewidmet (S. 377). Er, auf den Cambert immer wieder in Berlin gehofft hatte, weil der „Chef" seine Literatur als erster förderte, ist nun ironischerweise Leiter der „Arbeitsgemeinschaft ‚Schreibender

Eisenbahner'" auf dem Bitterfelder Holzweg, für den auch Feuerbach nur Verachtung aufbringt. Cambert resümiert am Ende seine Schuldgefühle und analysiert die absurden Zusammenhänge zwischen literarischer Fiktion und Stasi-Simulation. Bekümmert sinniert er über den Haß der Bevölkerung auf die Observateure in den Kategorien von C. G. Jungs Psychoanalyse:

„Wir hatten keinem etwas getan, doch unser Schattendasein, unser Immerdasein, das wie das ungute, schlecht riechende, schlecht verdrängte Abbild der Seele jedes einzelnen war, unsere verheimlichte Existenz war der Auslöser und das Ziel für den Haß, wir waren der von jedem einzelnen draußen gehaltene Haß selbst. Wir waren der Schatten des Lebens, wir waren der Tod . . . wir waren die fleischgewordene Dunkelseite des Menschen, wir waren der abgespaltene Haß. ‚Ich' war der Haß [. . .]. War ich jetzt noch fähig, etwas an diesem Zustand zu ändern?

Nein, mußte ich mir sagen, [. . .] Einen Versuch hatte ich gemacht: ich hatte mich vor der Studentin enttarnen wollen – vermutlich! – mich und den Vorgang: Reader . . . inzwischen hielt ich es für möglich, daß ich gleichzeitig sein Vorgang gewesen war . . . es war mir fehlgeschlagen" (S. 372).

Bildet bereits das Umkehrbild der Buchstaben „M. W." den gespaltenen Charakter der Hauptfigur ab („Meuselwitz" und „Wolfgang" sind vielleicht mitenthalten), läßt Cambert an den Aufklärer d'Alembert denken oder an Camembert – Wachs in den Händen der Stasi (auch Hildesheimers Roman dieses Titels, *D'Alemberts Ende,* den Hilbig kannte, mag mitgespielt haben).[36] „Feuerbach" repräsentiert in erzählerischer Ironie die Marx-These, wie in Hilbigs gleichnamiger Erzählung, und erreicht nur die Versteinerung des Systems. „Reader" und S. R. könnten auf Rainer Schedlinski, aber auch auf „Sascha" [Anderson] gemünzt sein, beides Poeten des Prenzlauer Bergs und beide IMs. Anderson lieferte als „IMB David Menzer" an seinen Führungsoffizier 1982 Bebachtungen verschiedener Untergrunddichter, darunter Hilbig, den er unterschätzte. Ihn zudem für nicht „modern" zu halten, mag an der postmodernen Sicht des Prenzlauer Bergs gelegen haben; er berichtet über Hilbig:

„seine gedichte und in etwas eigenwilliger form auch seine kurzprosa zeigen seinen schlichten und einfachen charakter sehr genau. [. . .] er ist bereits 40 jahre alt, von den jüngeren kollegen wird er als qualitätsvoller literat eingeschätzt, der allerdings nicht zur moderne zählt."[37]

In dem „Reader"-Porträt ist sicher auch Hilbigs Abrechnung mit den amoralischen Doppelrollen der Spitzel unter den Prenzlauer Berg-Poeten thematisiert, ihre fragwürdigen, unverbindlichen, aber auch unideologischen Sprachspiele mit doppeltem Boden.

Man hat diesen Roman sozialkritisch als eine Aufdeckung des DDR-Sozialismus gelesen, wobei die innergesellschaftlichen Machtverhältnisse als „Besitzverhältnisse" fungieren.[38] Hilbig zeigt aus der Kellerperspektive seines Ich-Erzählers, daß die vertikale Machthierarchie sich der Stasi bediente und die Machtbesitzlosen zwang, mitzuspielen. Viele taten es in der Illusion, selbst mehr Macht zu erlangen. Die „anthropologischen Invarianten"[39] dieses Affektsystems, die Konditionierung durch Pawlowsche Reflexe und Repression, werden als psychosoziale Mechanismen im Roman überzeugend enthüllt.

Eine Reihe von Rezensionen haben aber auch auf die offensichtlich nicht plausible, literarische Sensibilität der porträtierten Stasi-Offiziere hingewiesen.[40] Der Held hat keine Privatsphäre und sehnt sich danach, angenommen zu werden, durch den dämonischen Feuerbach und die gutmütige Frau Falbe, vergebens auch durch die verehrte Muse aus dem Westen, die kühle Journalistin. „Falbe" mag wieder die Kindheitsfarben konnotieren, Cambert regrediert in eine Höhlenwelt der Berliner Keller und entlastet sich im Alkohol. Der autistische Rückzug und die durch die Stasi bewußt geschaffene Dauerunsicherheit charakterisieren die Hauptfigur: „Es ist ein Buch über Einsamkeit, ein Buch über das Verlassen-(worden-)Sein in einer kalten Staatswelt; geschrieben von jemandem, der über Entwurzelung und menschliche Isolation gut Bescheid weiß."[41] Dieser existentielle Deutungsansatz läßt, so meine ich, auch die Interpretation nach Sartres Konzeption der „Anderen" zu, in deren Blick die drohende Entfremdung und Verdinglichung zu mehr Geworfenheit als zu „Essenz" und Freiheit führt. Durch das Verhalten im Gefängnis wird Feuerbach dekuvriert und seine gebildete Sensibilität, die dem Schriftsteller in Cambert geschickt schmeichelt, als Tarnung inhumaner Ziele entlarvt. Wie in Sartres *Huis-clos* verkörpern er und die „Firma" ein Stück Hölle im dauernd observierenden, verdinglichenden Blick der „Anderen". Wenn engagierte Literatur auf die größtmögliche Freiheit aller angelegt ist, auf das Aufdecken gesellschaftlicher Widersprüche und Systemschwächen aus der Sicht ihrer künftigen Überwindung, so ist dies ein engagierter Roman.

Manche Kritiker haben die Redundanzen und die zerfließende Form, besonders in der wiederum schwebenden Zeitstruktur dieses Romans, als angestrengt vermerkt und Hilbigs Kurzprosa den Vorzug gegeben.[42] Der Roman bleibt jedoch der bisher extensivste und originellste Versuch, das in den Feuilletons der letzten Jahre strapazierte Thema mit hoher literarischer Kunst zu verarbeiten. Intensiv wirken besonders jene Passagen, in denen Hilbig die Wende-Erfahrung als eine Vision der spontan verwirklichten Demokratie in kollektiver Selbsthilfe in der DDR kurz vor dem Fall der Mauer gestaltet, auf dem Weg zur größtmöglichen Freiheit aller mit der Botschaft „Wir sind das Volk".

„In Intervallen von wenigen Minuten stiegen Menschenströme die Treppen des Tunnels herauf, immer dann, wenn unten eine Bahn eingefahren war. Mir schien, ich könne das entfernte Grollen der Züge noch hier oben im Lokal hören, und wahrnehmen am leichten Klirren des Kaffeegeschirrs auf dem Tisch, [. . .] es waren am Nachmittag unfaßbare Massen, die der Tunnel ausspie und die sich auf dem breiten Bürgersteig erwartungsgemäß zerstreuten.

Wie, wenn sie sich plötzlich zusammenballten, sich nicht mehr auflösten, plötzlich die Straße einnahmen? Immerhin waren sie zahlreich genug, sie konnten in ihrer Vielzahl die um sich selbst rotierende Bewegung der Hauptstadt ohne weiteres zum Erliegen bringen . . . wie, wenn sie plötzlich das, worum sie sich drehten, das Leben, in seiner fortschreitenden Wertminderung erkannten und es zu ignorieren gedachten?

Und sich nicht mehr zerstreuten? – Ich lebte in einer Welt der Vorstellung . . . immer wieder konnte es geschehen, daß mir die Wirklichkeit phantastisch wurde" (S. 44).

Hilbig vermag im Roman durch den perspektivischen Kunstgriff der Vorblende das spontane Phänomen der Montagsmärsche noch wie eine tagträumerische Zukunftsvision heraufzubeschwören, welches zur Zeit der Romanniederschrift bereits, von allen bis zuletzt kaum erwartet, Geschichte geworden ist. So gelingt es dem Roman, etwas von der singulären Dramatik des Falls der Mauer zu bewahren.

4. Hanns-Josef Ortheils „Abschied von den Kriegsteilnehmern": Die Ablösung von deutscher Nachkriegsgeschichte aus der Perspektive eines neuen Aufbruchs

Hanns-Josef Ortheil hat mit seinem 1992 erschienenen Roman einer Generationenablösung zwischen Vater und Sohn zugleich einen umfassenderen Kontext deutscher Geschichtsperspektiven in den Blick gerückt. Er spricht schon im Titel von „Abschied" und meint über den Tod des Vaters, mit dem der Roman einsetzt, hinaus alle Jahrgänge, die Krieg und Nachkrieg, Hitlerzeit und den Wandel vom NS-System zur Demokratie im besetzten Deutschland noch bewußt erlebt haben. Der 1951 geborene Ortheil will aber keinen politischen Thesenroman schreiben oder gesellschaftliche Veränderung durch Literatur anfordern, denn er hält es mehr mit Postmoderne und Posthistoire, wie er sie bei den französischen Philosophen, vor allem Foucault, konzipiert sieht, und wie er sie literarisch seit etwa Mitte der 70er Jahre auch bei deutschsprachigen Autoren findet, vorbereitet durch den frühen Handke, Rolf Dieter Brinkmann und Hubert Fichte. Sein Roman ist für die weitere Entfaltung meiner Thematik deshalb besonders instruktiv, weil solche Behutsamkeit nicht Unverbindlichkeit meint, sondern das Politische mit der intimeren Sicht eines sich nicht mehr so einfach verfügbaren Erzähler-Ichs einhergeht und psychologische Komponenten der Alltagspolitik in Familie und engerem Bekanntenkreis dazu dienen, dennoch zu einer neuen, geklärten Geschichtsperspektive zu kommen. Der historische Moment heraufdämmernder Wiedervereinigung führt aber bei Ortheil nicht zu einem Akt der Verdrängung der Kriegs- und bundesdeutschen Nachkriegsthematik, sondern zu einer bedeutsamen Rückschau und Durchdringung von mehr als fünfzig Jahren Familiengeschichte.

Ortheil kennt die soziokulturellen, quasi geschichtsphilosophischen Thesen einer bundesrepublikanischen Wende nach 1989/90, wie sie ähnlich Botho Strauß, Martin Walser, Monika Maron, Ulrich Greiner und Frank Schirrmacher zur deutschen Einheit vertreten. Auch Schirrmacher schrieb von „Abschied", als er – mit dem Ende des Kalten Kriegs – einen letzten und endgültigen Abgesang auf liebgewordene Gemeinplätze der deutschen Nachkriegsliteratur vorschlug: „Abschied von der Literatur der Bundesrepublik. Neue Pässe, neue Identitäten, neue Lebensläufe. Über die Kündigung einiger Mythen des westdeutschen Bewußtseins".[1] Schirrmacher kann sich implizit auf Befunde einiger Literaturhistoriker stützen (darunter Theo Elm, Manfred Durzak, Karl Esselborn, Günter Blamberger und Volker Wehdeking), denen die soziokulturelle und literarische Diskontinuität nach 1945 schwerer wiegt als die (etwa von H. D. Schäfer, Frank Trommler, Ralf Schnell, Jochen Vogt und in der Sozialgeschichte Reinhard Kühnl vertretenen) sozialpsychologischen und ideengeschichtlichen Kontinuitätsspuren.[2] Diese Sicht der Dinge unter Einbeziehung der neuen Perspektiven nach 1989/90 verändert auch die historiographische Darstellung der beiden deutschen Literaturen. Daher sei hier einleitend ein Überblick über die in den vierzig Jahren anfangs dramatische, seit den 70er Jahren allmählich abnehmende Ungleichzeitigkeit der deutsch-deutschen Literaturperioden skizziert.

War bislang eine Debatte über den engeren Begriff „Nachkriegsliteratur" als Bezeichnung einer Literaturperiode 1945 bis 1967, darüber hinaus eines weiteren Begriffs bis zum Jahre 1989 möglich, so erweist der umfassendere Epocheneinschnitt des Jahres 1989 nun den weiteren Begriff Nachkriegsliteratur bis 1989 (mit mehreren Phasen) als eine sinnvolle Klammer. Die einzelnen Periodisierungen in der Literatur der Bundesrepublik – 1945 bis 1949/52 als „Konstituierungsphase", 1949 bis 1967 als „Literatur der Adenauerzeit" bis zum Studentenprotest, 1968 bis 1974 als „Politisierung der Literatur" und 1975 bis 1980 als „Neue Subjektivität", bis dann 1981 bis 1989/90 (und darüber hinaus) die „Wiederentdeckung des Erzählens" angesetzt wird (seit 1975 etwa bis heute auch die nur von einigen deutschen Autoren vertretene Postmoderne) – relativieren sich in ihrer phasensetzenden Bedeutung durch einen neuen Blick auf die Wiederannäherung der DDR-Literatur an jene der Bundesrepublik seit 1971 (dem Jahr des Machtübergangs auf Honecker).

Zudem ist die DDR-Literatur in ihrer Entwicklung zunächst nach 1945 noch allen Strömungen in der SBZ offen, mit zunehmendem Einfluß der hierhin zurückkehrenden Exilschriftsteller; nach der Währungsreform entwickelt sich dann die Rückkehr zu den Doktrinen des „Sozialistischen Realismus". Ab 1955 tritt der „Erbe"-Gedanke Johannes R. Bechers zugunsten der Betriebsreportagen des Bitterfelder Wegs (und thematisch ähnlich gelagerter Romane) zurück; nach 1971 kommt es zu einer kurzen Tauwetterphase. Hier sind westdeutsche Periodisierungen also nicht relevant. Nach 1980 läßt sich eine deutlichere Annäherung der DDR-Literatur an die Themenfelder westdeutscher Belletristik erkennen. Bereits seit 1968 indessen (mit Christa Wolf, Günter Kunert, Reiner Kunze, Günter de Bruyn und Fritz Rudolf Fries) stellen wichtige DDR Autor(inn)en schon psychologische Belange über marxistische Gesichtspunkte.

Nach der Biermann-Ausbürgerung entfaltet sich mit einem Strom nach Westen gehender Schriftsteller eine Dissidenten-Prosa, aus der noch heute wichtige

Schreibimpulse kommen: Jurek Becker, Reiner Kunze, Wolfgang Hilbig, Monika Maron, Helga M. Novak, Günter Kunert und Sarah Kirsch. In den 80er Jahren kommt man sich auch in den Themen immer näher: Umweltfragen (etwa in M. Marons *Flugasche* von 1981) und frauenspezifische Interessen (bei Helga Schütz, Brigitte Reimann, Irmtraud Morgner, Helga Königsdorf und Gerti Tetzner), die darauf zielen, Berufsverwirklichung und zwischenmenschliche Beziehungen befriedigend zu verbinden. Die Entfremdung im deutsch-deutschen Thema beschäftigt eine Literatur der „kodierten" Systemkritik bei Volker Braun, Christoph Hein, Wolfgang Hilbig, Monika Maron, Erich Loest und Günter de Bruyn. Sie treten den bundesrepublikanischen Autoren Martin Walser, F. C. Delius, Peter Schneider und Thorsten Becker in den 80er Jahren ansatzweise zur Seite. Die Vision einer gemeinsamen Kulturnation wird seit 1985 (und damit erstmals seit 1952) zunehmend wieder greifbar und erweist sich seit 1989 sogar als tragfähig.

Die Blickverschiebung seit der Wiedervereinigung hat auch in der Debatte um die Kontinuität bzw. Diskontinuität der deutschen Literatur über die Epochenschwelle 1945 hinaus die Wichtigkeit dieser Zäsur für die deutsche Literaturgeschichte erhärtet. Nur mit den veränderten kulturpolitischen Bedingungen durch die Alliierten im besetzten Deutschland, das sich zugleich erstmals in allen Schichten der Bevölkerung den Werten der Demokratie positiv zuwandte, und nur im internationalen Kontext von Kriegsende, Besatzungszonen, Gründung zweier deutscher Staaten ohne endgültigen Friedensvertrag im Kalten Krieg und dessen Ende in den späten 80er Jahren lassen sich die literaturhistorischen Veränderungen sinnvoll in die deutsche Geschichte einbetten und aus ihr erklären.

Aus einer ähnlichen Perspektive argumentierte Frank Schirrmacher 1990, und ähnlich sieht Hanns-Josef Ortheil in seinem Essay-Band *Schauprozesse* (1990) die bundesdeutsche Literaturentwicklung. In Schirrmachers Hauptthesen geht es (1) um eine Darstellung der bundesdeutschen Literatur als Produkt einer Generation der Gründerväter (und -mütter), die weitgehend mit der Gruppe 47 identisch sind. In den Jahren nach 1958 entstanden aus ihren Federn die heute bereits als „klassisch" geltenden Romane, Dramen und (schon früher einsetzend) die wichtigste Lyrik. Die deutsche Nachkriegsgesellschaft erhielt (2) nach der einschneidenden Entwertung ihrer nationalen Mythen durch die totale Niederlage durch den neuen Roman neue Indentität. Was die Geschichtsschreibung damals noch nicht leistete, gelang durch Romane: Die Ich-Perspektive und Lebensgeschichte der Romanfiguren machten die neue Identität für den deutschen Leser greifbar und nachvollziehbar. Die Protagonisten von Bölls *Billard um halb zehn* und *Ansichten eines Clowns,* von Grass' *Blechtrommel* und der anderen „Danziger" Erzählprosa, von Johnson, Walser, Siegfried Lenz, Härtling und Andersch boten Leseridentifizierung an, machten für die NS-Zeit nachvollziehbar, „wie es dazu kam" und, für die Nachkriegsjahre, „wie wir wurden, was wir sind". Daß hierbei (3) für die Autoren des „Ruf" und der Gruppe 47 eine Art Nullpunktbewußtsein als Postulat eines soziokulturellen Neubeginns mitspielte, der den Lesern ebenfalls identitätsstiftend (und dem zunehmenden Ich-Zerfall entgegenwirkend) bei aller Trauerarbeit auch einen Beginn des langen „Abschieds vom Holocaust" suggerierte, ist für Schirrmacher ein widersprüchliches Pendant zum gewünschten Kontinuitätsbruch und Verdrängungsverhalten des „restaurativen Establishment". Schirrmachers (4) daraus folgendes Postulat, den Anschluß an die fortgeschrittene internationale Literaturentwicklung gegenwärtig verstärkt zu suchen, weil sonst die Fixierung auf das „Gedächtnis einer Generation" über die Verkürzung von Vergangenheit und Tradition hinaus auch den Zukunftshorizont verschließe, findet in Ortheils Roman *Abschied von den Kriegsteilnehmern* eine hochinteressante, – in Einlösung postmoderner Strukturen nicht nur thematisch reizvolle – Antwort.

Auch wenn es bei dem Abschied in Ortheils Titel in erster Linie um eine Ablösung vom Vater geht, so sehr geht, daß auf den ersten sechzig Seiten ausschließlich die Umstände der Beerdigung im rheinischen Dorf des Vaters in dumpfer Trauer die Szene beherrschen, so steht die Familienszene durchgängig für einen weiteren, historiographischen Kontext. Selbst auf einem Fluchtversuch in die USA geht es bei den nächsten Stationen St. Louis und New Orleans nicht nur um die Melancholie des sich erinnernden Sohnes und Ich-Erzählers, die alle neuen Begegnungen überschattet. Wie nebenbei wird auch hier, über das Vergessenwollen der deutschen Szene und über Fernsehnachrichten von DDR-Flüchtlingen, schließlich über das penetrant traditionelle Deutschlandbild älterer, aus Deutschland eingewanderter Amerikaner, das deutsch-deutsche Thema präsent gehalten. Das letzte Drittel des Romans schildert nach der endlich gelungenen Ablösung vom väterlichen „Über-Ich" durch beharrliche Trauerarbeit in den Kategorien von Sigmund Freuds „Erinnern, wiederholen, durcharbeiten" auch die Ablösung vom literarischen Vater, „Papa Hemingway", während eines Besuchs in Key West. Am Ende, über den Rückflug zu einer befreundeten Journalistin nach Wien, verknüpft Ortheil seinen Roman auch direkt mit dem Thema der beginnenden Wiedervereinigung. Er läßt den Ich-Erzähler in der Wiener Wohnung zwei über Ungarn geflohenen DDR-Bürgern, Marion und Walter, begegnen. Ortheil steigert die Dramatik des geschichtlichen Augenblicks in dichten, szenischen Dialogen auf dem vergitterten Gelände der Prager Botschaft, als der Erzähler in neu entdecktem Engagement zum Helfer der beiden wird, ihnen beim Auffinden eines weiteren Freundespaars erfolgreich zur Seite steht und in Vorfreude auf aller Zusammentreffen in Freiheit seinen euphorischen Gefühlen freien Lauf läßt:

„Ich soll Ihnen sagen, daß wir Sie in Wien erwarten, [. . .] und wenn es noch Monate dauert, egal, wir warten auf Sie. [. . .] – Ja, nach Wien! rief der Mann und umarmte die junge Frau, bald sind wir in Wien! – Wir warten, sagte ich, ganz erschöpft, es ist ja nur noch ein Sprung. Es wird eine Freude sein, eine ganz unglaubliche Freude, namenlos, eine namenlose Freude, Sie verstehen. – Ja, sagte der Mann, man kann es sich nicht vorstellen. – O doch, sagte ich, das kann man. Ich kann es mir vorstellen, ich stell es mir ja schon eine ganze Zeit lang vor, genau das hab ich mir vorgestellt!" (AK, S. 407)

Hatte bisher die Bewegung „Westwärts" als ein dem Amerika-Mythos wie der Vita des Vaters und den Selbstfindungsreisen des Sohnes gleichermaßen geschuldetes Motiv die Reisestrecken des Romans bestimmt, so läßt Ortheil in einer dichten Traumvision als einer Art lebensgeschichtlicher und geschichtsphilosophischer Koda den Erzähler, dessen Vater und die vier anderen, durch den Krieg und seine Nachwirkungen früh gestorbenen Brüder nach Osten tragen: nicht dem Rhein entgegen, wie es die schwer auf ihm wiegenden Toten wollen, sondern der Elbe. Östlich Berlins finden sie dann in diesem Schlußtraum ihr Grab nach überstandenem Granatenbeschuß und in Überwindung des kollektiven Drucks ihnen nach Westen entgegenströmender Flüchtlinge. So wird der anspielungsreiche Schluß zur historischen Pointe, die das Ende des Kalten Kriegs umschreibt. Die befreienden Konnotate der privaten Lebensgeschichte einer Vater-Sohn-Ablösung münden in die befreiten Gefühle am Beginn eines neuen Geschichtsabschnitts.

„Schon der erste Satz verweist auf das Handlungsmuster, dem der überlegt konstruierte Roman folgt: ,[. . .] Als ich aber aus der kleinen Leichenhalle des Dorfes ins Freie trat, schlugen mir die Sonnenstrahlen ins Gesicht'. Es ist eine Bewegung vom Dunklen ins Helle, aus dem engen Raum des Todes in den freien des Lebens. Begraben wird der Vater im Winter, doch ,das Frühjahr war nicht mehr weit'. Ein melancholisch gebrochener Optimismus grundiert das Buch. Es erzählt die Geschichte einer langsamen, von zahlreichen Rückschlägen begleiteten Ablösung von einem Elternhaus, das sich selbst von den traumatischen Erinnerungen an die kriegsbedingten Familienkatastrophen nie zu befreien vermochte. Der Verlust des geliebten Vaters setzt im Sohn einen Prozeß in Gang, wie ihn Freud [. . .] beschrieben hat, als seelische Energie, die aufzubringen ist, um die emotionale Fixierung auf das Verlorene zu lösen und schließlich wieder ,frei und ungehemmt' zu werden."[3]

Ortheils Sozialisation ist auf so herausgehobene Art symptomatisch für das Kriegselend und die Nachkriegsmisere, daß der Autor mehrfach, bereits in der Erzählung *Hecke* (1983, über die Mutterbindung), dann in dem Essay *Weiterschreiben* (1989) und schließlich in der autobiographischen Rekapitulation seiner Schreibanfänge, *Das Element des Elephanten* (1994), diese traumatischen Umstände nachzeichnete: sein Aufwachsen als einzig Überlebender von vier in Krieg und Nachkrieg verstorbenen Brüdern. Der erste wurde durch die Panik der Mutter bei einem Luftangriff totgeboren. Der zweite war, ungeachtet des von der Mutter noch rasch herausgehängten weißen Bettlakens der Kapitulation, im Granatenfeuer der deutschen Verteidiger auf die den elterlichen Hof besetzenden Amerikaner noch zwei Tage vor Kriegsende dreijährig umgekommen. Zwei weitere waren in den frühen Nachkriegsjahren schließlich „nicht lebenstüchtig, wenige Tage nach der Geburt gestorben, atemlos geworden in diesem über dem widersinnigen Gebären in Panik geratenen Körper meiner Mutter".[4]

Hier liegen die Gründe für besonders erschwerte Sprech- und Schreibanfänge des jungen Autors, der, weil die auch durch Granatensplitter verletzte Mutter zur Aphasikerin geworden und lange verstummt war, erst mit fünf durch den Vater sprechen lernte, und seine – unter Qualen autistischer Isolierung verbrachten – ersten Schulmonate nur überstand, weil er sich den toten, älteren Bruder zum stummen Dialogpartner aus dem Totenreich herbeibeschwor.[5] Im Roman wird dieser, erst im autobiographischen, späteren Text über den eigenen Weg zum Schriftsteller, *Das Element des Elephanten* (1994), ausführlich kommentierte Totendialog mit dem Bruder der Vaterbeziehung untergeordnet und dient lediglich der Ausgestaltung des endlich geglückten Schulanfangs. Es bleibt also mehr ein durch das Vater-Sohn-Verhältnis charakterisierter Bildungsroman des Ich-Erzählers als ein Roman über literarische Anfänge.

Aber Ortheil wäre nicht Ortheil, ein Anhänger der Postmoderne, wenn nicht das Schreiben über das Schreiben, also das Entstehen und die Eigendynamik von Texten (in der Tradition der Foucault, Lyotard und Derrida[6]) in seinen Romanen immer ein Nebenthema bliebe. Der Ich-Erzähler in *Abschied von den Kriegsteilnehmern* kann die Generation der durch Nationalsozialismus, Krieg und den Nachkrieg der Wiederaufbau-Mentalität geprägten Väter nur von sich fortrücken, als er nach weitgehender Identifikation – bis zur Verzweiflung, zu Todeswunsch und Selbstaufgabe in New Orleans und auf Santo Domingo – das Vatersyndrom von sich durch Schreiben wegdrückt. Die Wiedergeburt durch Schreiben spiegelt sich in dem strukturellen Kunstgriff, die im Bergdorf von Santo Domingo begonnenen Notizen, nach zwei Dritteln der weit fortgeschrittenen Romanhandlung also, als wortwörtlich zitierte (aber als solche nicht kenntliche) Passagen des eigenen Notizbuchs an den Romananfang zu rücken. Der Leser wird Zeuge eines lebensgeschichtlichen und historischen Neubeginns, wie Ortheil ihn sieht.

Die anthropologische Quelle des eigenen Schreibens, versetzt mit einem guten Teil Privatmythos, und keineswegs sozialkritische oder politische Impulse sind es, die Ortheil in seinen Romanen motivieren und eine Deutung seiner auch politischen und historiographischen Themenkomplexe bestimmen. Daß die Auffassung von einem Schreiben inmitten von „Stimmen der Verborgenen" sich nahtlos in die postmoderne Diskurs-Auffassung fügt, die dem kollektiv und kulturell vermittelten Text vor dem schreibenden Subjekt den Vorzug gibt, sei nur am

Rande vermerkt. Vielleicht kann jedoch Ortheils neuer, sorgfältiger Text über seine Schriftsteller-Genese helfen, die Mißverständnisse bei der Erstrezeption des *Abschied*-Romans zu vermeiden. Die meisten Rezensenten rieben sich an der zu „simplen" Parallelisierung „einer Befreiung aus familiären Abhängigkeiten auf den letzten siebzig Seiten mit den historischen Ereignissen des Jahres 1989", mithin einer allzu „oberflächlichen" Überführung des autobiographischen Romans in einen „Zeit-Roman".[7] Die Gründe für diesen Ansatz liegen, wie man nach Lektüre von *Das Element des Elephanten* jetzt besser beurteilen kann, doch tiefer, nämlich in einer Schreibhaltung, der alles „Private" immer schon durch den öffentlichen Diskurs mitgeprägt erscheint, und umgekehrt, in einer Politikauffassung, die sich dem Interesse am Alltagspolitischen verdankt, wie es das Historische mitbestimmt.

„Ich hatte Walter berichtet, ich hätte von ihm und seiner Freundin geträumt, aber es sei ein sehr unruhiger Traum mit lauter Fabelgestalten gewesen, und Walter hatte mir in aller Kürze die Geschichte der Flucht erzählt, die Fahrt zur Grenze im Bus, [. . .] und schließlich die ersten Schritte auf der anderen Seite, so unglaublich, als hätte einen eine Rakete in Sekundenbruchteilen von einem Weltteil in den anderen geschossen. [. . .] – Na, wir gehn nach Westdeutschland, ist doch klar, sagte Walter. Uns kann man nicht mehr verscheißern, [. . .]. Ich will Informatik studieren, und Marion Medizin. Drüben haben sie einen ja nicht gelassen, Marion hat nicht studieren dürfen, und ich hätte auch noch warten müssen, wer weiß wie lange. [. . .]

Die beiden erzählten mir von ihrer Zeit in der DDR, sie redeten schnell, beinahe ununterbrochen, als müßten sie mir Stück für Stück beweisen, wie unmöglich es gewesen war, dort zu leben. Ihre Berichte waren Aufzählungen, ein Argument jagte das andere, Biographien von Freunden wurden wie Trümpfe auf das Gesamtbild gesetzt.

Ich aber saß immer hilfloser da und hörte ihnen zu, die Geschichten hörten sich an wie Horrorgeschichten, lauter versandete, gewaltsam abgebrochene, durchschnittene Biographien, lauter Versteck- und Trancegeschichten, Szenen wie aus einem Lehrfilm darüber, wie Depressionen entstehen. Dabei wußte ich nicht genau, was mich lähmte, [. . .] ich fühlte nur, daß ich immer unbeweglicher wurde und langsam zusammenfror, [. . .] wie früher, als mich meine autistischen Anfälle verstört und mir jede Sprache genommen hatten." (AK, S. 365 f.)

Ortheil zeigt Symptomatisches kurz vor der Maueröffnung bewußt nicht aus der gesellschaftkritischen Perspektive oder mit dem Panorama-Blick auf die historische „Großwetterlage". Vielmehr summiert er „versandete, gewaltsam abgebrochene, durchschnittene Biographien" und wir glauben ihm die depressiven Szenen aus dem angedeuteten „Lehrfilm" auch so. Die scheinbar so private Glücksfrage kommt dem Warum der Maueröffnung auf subtilere Art bei, als es episch bebilderte Sozialstatistiken vermögen, und lieber verbürgt der Ich-Erzähler seine Verstörtheit durch psychoanalytisches Fachvokabular („depressiv, autistische Anfälle") als politische Argumente. Der Roman, man erinnert sich, galt von Anfang an der Identitätssuche des Individuums. Die Ungleichzeitigkeit der Systeme wird indirekt durch den Kunstgriff deutlich, den Autismus des Kindes in den fünfziger Jahren mit den „durchschnittenen Biographien" vor dem Fall der Mauer in Bezug zu setzen.

Die Nachkriegsthematik als Folie des neuen Wegs zur deutschen Einheit

Ortheils Vaterbild hat über die Jahre seines Schreibens von Romanen seit 1979 bis zu seiner autobiographischen Schriftsteller-Thematik in *Das Element des Elephanten* kontinuierlich positivere Züge angenommen. Thomas Anz notiert in der „Zeit", in der Erzählung *Hecke* (1983), in der es um die Mutter ging, habe Ortheil den Vater noch als Angehörigen eines NS-Studentenbundes dargestellt, der später in die SA eintritt.[8] Da der Vater im *Abschied von den Kriegsteilnehmern* und erst recht in der Teilautobiographie von 1994 eher zu einem Opfer der politischen Zeitumstände und des Krieges geläutert erscheint, gehört Ortheils Roman in die Reihe der Vaterablösung eines Peter Härtling mit *Nachgetragene Liebe* (1980), wo es implizit um eine Selbstkritik des unreifen Sohnes geht, der die dem Regime fremd gegenüberstehende Figur des Vaters nicht begreift, aber über seinen Aufzeichnungen spät doch noch verstehen und lieben lernt. Ortheil grenzt sich damit indirekt ab von den unversöhnlicheren Abrechnungsromanen von Bernward Vespers *Die Reise* (1977) und Christoph Meckels *Suchbild. Über meinen Vater* (1980).

Zunächst hatte sich Ortheils Ich-Erzähler den Vater auch als „tapferen Menschen und, wenn es die Judenverfolgungen betraf, sogar als Helden vorstellen wollen" (AK, S. 108). Der Vater war aber bestenfalls ein unpolitischer Mitläufer, der sich in den späteren Kriegsjahren trotz einiger Aufenthalte in der Nähe von Auschwitz nie um die Judenvernichtung kümmerte, nichts wußte oder nichts wissen wollte. Er stammte aus einer rheinischen Bauernfamilie mit zehn Geschwistern, durfte studieren und wurde Geodät, mußte aber aus Berufsgründen bei aller Natur- und Heimatverbundenheit immer wieder fort von der geliebten Kölner Region nach Osten, obwohl es ihn nur in den heimatlichen Westen zog. Mit der Mutter des Ich-Erzählers lebte er während der Kriegsjahre berufsbedingt zuerst in Berlin, wurde aber dann nach Kattowitz zum Vermessen von strategisch wichtigen Bahnstrecken beordert.

Die Mutter hatte sich mit rheinischer Freundlichkeit rasch in Berlin eingelebt, der Vater besucht sie an Wochenenden. Als sie im Krieg ein erstes Kind erwartet, kommt es während eines Fliegerangriffs tot zur Welt: „Vielleicht war die Kriegsangst auch schon in den letzten Wochen vor der Geburt in ihren Körper gekrochen, denn sie hatte in diesen Wochen viele solcher Angriffe im Keller des Mietshauses erlebt" (AK, S. 101). Der Vater ist „völlig niedergeschmettert", verflucht den Krieg, der „nichts als Tod und Verzweiflung bringt", und erlebt, wie die Mutter nun jeden Frohsinn verliert und nur noch „hilflos und ängstlich" in Berlin fortlebt.

Weil er sein Kattowitzer Haus mit einem dort einquartierten SS-Mann teilen muß, unterdrückt er „sein Fluchen auf den Krieg und jene, die Verantwortung trugen für die Führung und Ausbreitung des Krieges" (AK, S. 102), bis er das Quartier verlassen kann. Als ein zweites Kind unterwegs ist, soll die Mutter in den Beskiden und der Hohen Tatra auf Urlaubsfahrten auf andere Gedanken kommen, die Geburt gelingt. Des Vaters häufige Krakau-Besuche in dieser Zeit nimmt der Erzähler, der dies alles in Rückblenden während seiner Zeit in St. Louis nachträgt, zum Anlaß, das Juden-Thema zu vertiefen:

„In Krakau aber hatten sehr viele Juden gelebt, und nach dem Einmarsch der Wehrmacht in Polen hatten SS-Verbände damit begonnen, die Juden aus ihren Wohnungen in der Stadt und im alten Judenviertel zu vertreiben. Die alte Synagoge war bis auf die Grundmauern niedergebrannt worden, in Krakau hatten Pogrome stattgefunden, doch diese Pogrome waren in den offiziellen Reden über Krakau nicht erwähnt worden.

Es war aber doch ganz unmöglich gewesen, daß man von diesen Pogromen und der Vertreibung der Juden nicht erfahren hatte, ich hatte mir nie vorstellen können, daß eine solche Unerfahrenheit möglich gewesen war, [. . .] daß man nichts von dem Lager Auschwitz erfahren hatte, das sich etwa in der Mitte des Weges von Kattowitz nach Krakau befand." (AK, S. 104)

Der Sohnt verkennt weder das schwere Schicksal des durch viele Granatenverletzungen selbst zum Opfer gewordenen Vaters noch die Mühen des qualvollen Heimwegs auf Krücken zu Fuß ins Heimatdorf, die er ebenso mitleidvoll schildert, wie den Schock, als der Vater den zweiten Sohn auch tot vorfindet. Später, mit sechzehn, fängt er dennoch an, über die Verdrängung des Holocaust mit dem Vater erbittert zu streiten und zu rechten. Der Vater will von Auschwitz nur als normales Arbeitslager gewußt haben und verfällt jedesmal in:

„schweigsame, trotzige Abwesenheit [. . .]. Und doch war ich mir in meiner richterlichen Rolle ganz fehl am Platz vorgekommen. Das wiederum hatte ich nicht zugeben wollen [. . .] und laufend neue Beweise dafür aufgetischt, daß mein Vater mehr gewußt haben muß, als er hatte zugeben wollen. [. . .] Diese Antworten hatten uns für einige Jahre entzweit, erst später war diese Wunde geheilt." (AK, S.106 f.)

Ortheil erzählt nun die psychologischen Wunden, die dies Thema bei dem Sohn hinterlassen. Als er in einem kleinen „Museum zur Erforschung des Westens" in St. Louis über das „Westwärts"-Motiv des American Dream wieder ins Grübeln über Deutschland kommt, wird ihm der Fluchtcharakter seiner Reise nach dem Begräbnis des Vaters deutlich:

„Erst jetzt spürte ich, wie weit ich mich von zu Hause entfernt hatte, Deutschland, dachte ich, besteht aus vielen Dörfern, aus lauter zerbombten, durcheinandergeratenen, wiederzusammengesetzten Dörfern. Dieses Deutschland aber habe ich hinter mir lassen wollen, [. . .]" (AK, S. 92).

Wenn der Erzähler noch 1989 den über zwei Generationen zurückliegenden Krieg, die NS-Zeit und die Verstörungen bei den Menschen in der frühen Nachkriegszeit nicht vergessen kann, muß man ihm die kurz darauf geschilderte Traumatisierung durch die Judenvernichtung als Geschichtserbe abnehmen:

„ich hatte mich, seit ich von diesen Verfolgungen gehört und gelesen hatte, darüber nie beruhigen können, ja, in schlimmen Augenblicken war es mir sogar so vorgekommen, als sei die menschliche Geschichte mit diesen Verfolgungen an ein Ende gelangt. [. . .] In schlimmen Augenblicken hatte ich daran geglaubt, daß sich die Geschichte des Landes, in dem ich nach dem Krieg geboren worden war, ein für allemal erledigt hatte, während doch andererseits meine Geburt ein sichtbares Zeichen dafür gewesen war, daß die Geschichte nun einmal weiterging. [. . .], doch ich konnte mich auch nicht von dieser Geschichte befreien, indem ich so tat, als wäre nichts Nennenswertes geschehen.

Und so war der Haß auf meinen Vater, der mich immer wieder befallen hatte, ein Haß auf die Zeitzeugenschaft meines Vaters gewesen. [. . .], ich hatte hören wollen, daß mein Vater auf der Seite der Verfolgten gestanden, etlichen von ihnen das Leben gerettet oder sonstige Heldentaten vollbracht hätte. Mein Vater hatte sich – ich habe nie erfahren ob aus Unwissenheit, Lethargie oder Angst, [. . .] nicht um das Schicksal der Juden gekümmert, und genau das, diese mangelnde Zuwendung oder Stellungnahme, hatte ich ihm vorgeworfen." (AK, S. 107 f.)

In einer fast rituellen Einswerdung mit, und danach Ablösung von dem Vater nach den Regeln des Labyrinthmythos, begegnet der Sohn seinem „Schatten" (C. G. Jungs Terminus) in Träumen vom Vater, zunächst in New Orleans, wo er im Whisky und in dunklen Jazz-Lokalen Vergessen sucht, dann in einem Unwetter in der Unwegsamkeit der Berge Santo Domingos. Er kann sich von beidem, Deutschland-Trauma und väterlichem „Über-Ich", durch den Akt des objektivierenden Aufschreibens befreien. Der Traum im Hotel in New Orleans erschreckt ihn so, daß er die Mutter in Deutschland anruft. Denn in einem ägyptischen Akt der Totenspeisung versucht er im Traum, den Verstorbenen, der wie ein Götze auf einem Sockel sitzt und sich nur einmal kurz regt, erst mit Vorlesen aus einem Hieroglyphen-Buch, dann mit Früchten zu stärken, dann rituell mit den bloßen feuchten Händen zu waschen:

„doch als ich ihn berühren wollte, begann das Abbild zu schwanken, es zitterte stark, das Schwanken wurde immer bedrohlicher, daher ließ ich davon ab, meinen Vater mit meinen feuchten Händen zu waschen. [. . .] Da verwies man mich in die hintersten Räume, dort saßen die Schreiber, die noch nicht erfahren waren im Schreiben, [. . .] ich hatte mich zu diesen Schreibern zu setzen, um ganz von vorne zu beginnen. [. . .] ein Alphabet aus kryptischen Zeichen, die ich einzutragen hatte in einen Folianten mit dünnen, durchsichtigen Seiten. Und ich hatte begonnen zu schreiben, ich schrieb, ja ich schrieb." (AK, S. 206 f.)

Mit dem ersten eigenen Schreiben von Erzählungen verschafft sich der Ich-Erzähler, wie er viel später vermerkt, „ein winziges Stück Freiheit", und so gelingt die Befreiung von familiären Abhängigkeiten ebenso wie vom nationalen Trauma, dem Zwang, für die verdrängte Generationenschuld des Vaters – als gäbe es eine Kollektivschuld und -sühne – als dessen Erbe einstehen zu müssen. Zugleich mit dem Entdecken des eigenen Schreibtalents entzieht sich der Ich-Erzähler auch den kleinbürgerlichen Vorstellungen des Vaters für seine Berufsentwicklung in den Wiederaufbaujahren: „mein Vater hat überhaupt nicht verstanden, warum ich schrieb. Mein Vater hat gehofft, seinen Sohn zu einem rechtschaffenen, grundsoliden Bürger mit einem bürgerlichen, grundsoliden Beruf und drei munteren, gut erzogenen Kindern zu machen. Mein Vater hat resigniert [. . .]" (AK, S. 314).

Die Trümmerzeit, die noch vor der Geburt des Autors liegt (Ende 1951), läßt sich folglich in der Thematisierung der deutschen Misere in Krieg und Nachkrieg nicht als tiefenscharf gezeichneter Erlebnisraum erwarten. Umso überraschender ist es, daß Ortheil in *Das Element des Elephanten* auch diese frühe Nachkriegszeit in anrührenden Bildern heraufbeschwört und zugleich in signifikanter Weise einen Beinahe-Stillstand der Geschichte suggeriert:

„Solch dunkle Bilder las ich aus den stummen Zeugen der Vergangenheit heraus, die sich in unserer Wohnung befanden, die meisten dieser Zeugen waren Fotografien, die an den Wänden hingen, darunter eine Aufnahme der Stadt Köln aus den letzten Kriegstagen. Die Brücken waren zerschmettert und in der Mitte eingeknickt, der Rhein schien nicht mehr zu fließen, sondern stillzustehen, als würgte er an all dem Schutt, der hinabgestürzt war auf seinen Grund, nur der Dom stand beinahe unbeschädigt, so schwarz, so verfinstert, als hätten sich dunkle Dämonen an seinen Bau geklammert, Teufelsleiber, die wie dichte Massen von Fledermäusen den bösen Hauch des Krieges ausströmten.

Den schlimmsten und stärksten Eindruck aber machten die Ruinen der Häuser. Die wenigen Mauern, die hier und da noch übriggeblieben waren, erschienen wie abgewetzte und von unzähligen Geschossen polierte Knochen, lauter Skelette, die alles Leben abgeworfen hatten, jeden Schmuck, jede Verblendung. Und ich stellte mir vor, daß auch meine Eltern in solchen Ruinen gehaust haben mußten, ich stellte sie mir in Kellern vor, mit Nachbarn und Bekannten, und ich stellte sie mir mit kleinen, notdürftig geflickten Leiterwagen vor, ihre Habe in Sicherheit bringend. Diese Bilder erschreckten und beunruhigten mich. Ich glaubte, die Vergangenheit sei in Wahrheit noch gar nicht vergangen, sondern lediglich mit ein paar Kunstfarben unkenntlich gemacht. Unter der Oberfläche der Gegenwart roch es anders, wie aus trüben Thermen quoll dort das heiße Schwefelwasser des Krieges, ein Gebräu aus verfaultem Fleisch und Menschenknochen, die Ursuppe des Chaos." (EE, S. 80 f.)

Mit solcher Metaphorik aus dem Fundus von Totentanz und Apokalypse (stillstehender Fluß, „dunkle Dämonen, Fledermäuse, Teufelsleiber, Skelette, verfaultes Fleisch, Ursuppe des Chaos") unternimmt Ortheil, bewußt oder unbewußt, eine Re-Allegorisierung der frühen Nachkriegszeit ins Dämonische. Hier wendet sich einer schaudernd von etwas ab, das ihn nicht loslassen will, nicht ohne Sympathie für die damals mit dem täglichen Überleben beschäftigte Elterngeneration und nicht ohne partielle Identifizierung. Eine ähnliche Dichte und Kraft der Prosa, wie diese Bilder mit ihrer expressionistischen Färbung, unterbrochen von zarteren Bildern der spürbaren Empathie mit den damals so dürftig lebenden Eltern, erreicht Ortheil in seinem *Abschied*-Roman selten; am ehesten gelingen jene Passagen, wo er den Spuren bewunderter Maler und Autoren begegnet, Brueghels Jahreszeitenzyklus in Wien und Hemingways Nachhall in dessen Haus und am nächtlichen Swimmingpool in Key West.

Ortheils Roman eines Generationenabschieds und eines neuen Aufbruchs ist deshalb für das Thema der „Deutschen Einheit" und deren literarischer Aufarbeitung so fruchtbar, weil er nicht verdrängt. Nur im ausgehaltenen Blick zurück und vor das Kriegsende ist wohl der Gefahr zu entkommen, jüngste Vergangenheit in Erzählversuchen zum deutsch-deutschen Alltag zu ‚bewältigen'. Solche Prosa bleibt distanzlos und kann einem neuen Rechtsradikalismus kaum etwas entgegensetzen, weil die Dimension authentischer Bilder vom Schrecken der Hitler-Jahre zu kurz kommt. In seiner nur scheinbar ‚privaten' Trauerarbeit entgeht Ortheil dieser Gefahr ebenso wie der oft in postmodernen Texten angelegten Tendenz zu verspielter Beliebigkeit.

5. Neue Freiheit, neue Risiken, neue Identitätssuche: Der späte literarische Durchbruch von Brigitte Burmeister und die Debüt-Romane von Kerstin Jentzsch und Kerstin Hensel

Bei allen drei Autorinnen wurde der Schreibdruck erst mit der Lebensstimmung der letzten DDR-Jahre so groß, daß sie zu einem Versuch der Neuorientierung und Selbstfindung durch Schreiben ansetzten. Während die 1964 geborene Kerstin Jentzsch mit ihrem Roman debütierte (und an einem Folgeroman mit der gleichen Protagonistin unter dem Titel *Ankunft der Pandora* arbeitet), veröffentlichte die ebenfalls in Berlin lebende Kerstin Hensel (geb. 1961) bereits seit 1983, darunter Gedichte, Erzählungen und einen Roman. 1993 schrieb sie mit der Erzählung *Im Schlauch* einen „Zeitraffer-Rückblick auf dreißig Jahre DDR-Sozialismus, seinen müden Verfall und die gleichmütig-maroden Beziehungen" dort mit böser, oft lakonischer Ironie.[1]

Bigitte Burmeister (geb. 1940) kam über das Romanistik-Studium in Leipzig, die Promotion 1973 und als Mitarbeiterin der Ostberliner Akademie der Wissenschaften seit 1967 zunächst lange nicht über die im wissenschaftlichen Selbstverständnis begründeten Vorbehalte gegenüber eigenem fiktionalen Schreiben hinweg und publizierte romanistische Arbeiten zur französischen Aufklärung, Gegenwartsliteratur und -theorie, besonders zum Nouveau Roman. Erst 1983 wurde sie freiberufliche Autorin und Übersetzerin, debütierte 1987 mit dem Roman *Anders oder Vom Aufenthalt in der Fremde,*[2] der die Schreibweisen ihrer Vorbilder Alain Robbe-Grillet und Claude Simon nicht verleugnet und die rasante, ungewöhnliche Entwicklung eines jungen Sicherheitsbeamten mit dem kalten, observierenden Blick zum engagierten Autor zeichnet. Galt dieses späte Debüt in der Feuilleton-Kritik als „außergewöhnlich", sogar „strahlend" aber auch als „fast unbemerkt",[3] so änderte sich dies mit dem über die stilistische Eleganz und Reife hinaus auch in der Komposition überzeugenden, neuen Roman: *Unter dem Namen Norma* (1994).[4]

Es geht um die Lebensgeschichte der 49jährigen Ich-Erzählerin, einer Übersetzerin. Sie wohnt in einem alten Ostberliner Mietshaus im Zentrum und achtet hellhörig auf die Nöte und Geschichten der Mitbewohner. Sie trennt sich am Ende von ihrem nach der Wende in Mannheim neu beginnenden Mann, kehrt nach einem kurzen, letzten Treff mit ihm im Westen, einer für sie verstörenden Party in seinem neuen Haus, nach Berlin zurück, wo sie weiter mit der neunjährigen Tochter und der vor wenigen Jahren neu entdeckten Freundin Norma fortlebt. Ihre Übersetzungsarbeit an einer Biographie aus der Zeit der französischen Juli-Revolution, über Antoine de St. Just, geht weiter und bildet eine politisch-zeitgeschichtliche Folie, samt eigenen Erinnerungen an den 17. Juni 1953 aus der Sicht des Schulkindes. In dem scheinbar grauen Alltag des Depressionsjahres 1992 entfalten sich in dem alten Berliner Mietshaus in Berlin Mitte im Gefolge der Wende menschliche Dramen, etwa als sich eine benachbarte Freundin, nach der Enthüllung ihrer IM-Identität durch den Sprung aus dem Fenster das Leben nimmt – oder der nach Westen gezogene Partner sich wegen einer von der Ich-Erzählerin spontan erfundenen, eigenen Stasi-Mitarbeit als Partyenthüllung in Mannheim erbittert von ihr abwendet. Brigitte Burmeister zeichnet ein Bild mit vielen dunklen Partien, das die Euphorie nach dem Fall der Mauer mit den oft übersehenen Folgen des vielfältigen Arbeits- oder Identitätsverlusts im Osten konfrontiert. Schließlich gelingt in zahlreichen Rückblenden mit Durchblicken auf die Lebensgeschichten der Hausbewohner ein differenziertes Porträt der gemischten Gefühle im Sog der durch die Wende nahegelegten Neuorientierung. Ihr Roman lohnt eine nähere Analyse und wurde als einer der bislang gewichtigsten Beiträge zur literarischen Auseinandersetzung mit der jüngsten deutschen Zeitgeschichte begrüßt.[5] So beginnt etwa Sibylle Cramer ihre sensible Würdigung mit der Aufmerksamkeit für diesen Roman reklamierenden Eingangspassage:

„Da haben wir ihn, den fälligen deutschen Zeit- und Zustandsroman in aller Pracht gescheiter Erzählerschaft, ernährt von einer wunderbaren Reflexions- und Gefühlsatmosphäre, ein breiter Fächer lebendiger Ansichtskarten aus der DDR und ins Geisterhafte sich verwandelnder ostdeutscher Gegenwart, geharnischt im Einspruch (gegen voreilig kassierende Geschichtsdeutungen, voll elender, komischer, fürchterlicher und, ja, seltsam vorsichtiger, verwischter und halber Wahrheiten beim Versuch, der gegenwärtigen deutschen Spannungslage und Gemütszustände, der deutschen Doppelseele erzählerisch Herr zu werden. Mitten in desillusionierter Zeit entsteht ein utopischer Roman, der Widerstand leistet gegen die schäbige Normalität nach Revolution, Sieg und Fest, mithin ein störrisch unzeitgemäßer Roman, der unbeirrt das alte Erbe der Aufklärung und revolutionären Geschichtshoffnung in die Verhandlung der Zukunft hineinträgt."[6]

Es ist ein zweiteiliger Roman mit den Zwischentiteln politischer Daten, die „Am 17. Juni" (S. 7–171) und „Am 14. Juli" (S. 175–286) lauten und von den solchermaßen an den spontanen Volksaufstand für echte Demokratie und die weiterhin verhandelbaren Ziele der frühbürgerlichen, Französischen Revolution gemahnenden Romanpartien eingeholt werden. Allerdings ist dies kein „utopischer Roman", denn die am Ende des Erzähltextes sich durchsetzenden Aussichten der noch nicht fünfzigjährigen Protagonistin auf Freundschaft mit der schon länger geschiedenen Norma (statt Ehe) und gelegentlichen Liebesnächten mit Max, einem zu wechselnden Bürgerbewegungen in der Nähe der Leipziger Montagsmarschierer und des Neuen Forum tendierenden, jüngeren Freund des Ehemannes sind weit von einem irgendwie utopischen, in fernen Welten spielenden Staatsroman entfernt. Daß es hier um ein Stück noch nicht verwirklichter Utopie nach der Wende, und innerhalb eines sehr nah an der eigenen Zeit geschriebenen Ich-Romans des psychologischen Realismus auch um einen Verständigungsbeitrag zwischen Lesern der alten und neuen Bundesländer mit dem nicht so neuen „Lernziel Solidarität" geht, trifft den Kern des Romans schon eher.

Brigitte Burmeister hat 1991, kurz vor der Entstehung dieses neuen Romans, ein langes Gespräch mit Margarete Mitscherlich geführt mit dem für sich sprechenden Titel: „Wir haben ein Berührungstabu. Zwei deutsche Seelen – einander fremd geworden",[7] das eine solche Deutung der Schreibintention bestätigt. Es sind, analysiert man die Handlungsweisen der Romanfiguren, Vorschläge zur schrittweisen, behutsamen Verinnerlichung der Freiheit nach der Wende mit dem „Lernziel Solidarität", ganz in der Nähe der gar nicht so neuen Vorstellungen Horst E. Richters von 1974 zur „Wendung nach innen", zu „antiexpansionistischen" Wunschzielen, zur Kommunikation mit Randgruppen und zur Notwendigkeit der Geschlechter, „sich miteinander zu emanzipieren".[8]

„Eine Gefühlskrise mobilisiert ihren Widerstand [der Ich-Erzählerin und Übersetzerin mit autobiographischen Zügen], das Ende einer Lebensgemeinschaft, die Trennung von ihrem Lebensgefährten, der Ostberlin verlassen hat und als pragmatischer Realist nach Mannheim gegangen ist, wo er endlich Arbeit gefunden hat. Der Roman entsteht als Zuruf und Adresse an den verlorenen Gefährten. Während sie mit ihrer Übersetzungsarbeit beschäftigt ist, mit Nachbarn spricht, an einer Beerdigung teilnimmt, eine Kneipe besucht, mit dem Geliebten schläft, entsteht ein in die Luft geschriebener Abschiedsbrief, der ein erinnernder Rückruf ist. Der Zerfalls- und Endzeit ringsum und im eigenen Leben wird eine Gegengeschichte eingraviert, dem Verlust ein Besitz. Die Eckdaten sind der 17. Juni und der 14. Juli, Daten der Durchsicht auf eine Geschichte des Widerstands, auf den Aufstand in Ostberlin im Jahre 1953 und den Sieg der Französischen Revolution. Im Spiegel dieser erzählerischen Zeitordnung ordnen sich die eigenen Erinnerungen. [. . .]

Die Todesnachrichten [vom Selbstmord der als IM enttarnten Margarete Bauer, die aus dem Fenster springt] aus nächster Nähe, das Abbruchleben in der Mietshausidylle mit dem Schildermaler im zweiten Hof, die (zu den erzählerischen Höhepunkten zählenden) Kneipenszenen mit den Stammtischeingeborenen des Viertels, der Alltag ringsum, die krisenhafte Gegenwart wird konfrontiert mit dem, was war. Beispielsweise das Nahgespräch mit der schwerhörigen Frau Schwarz aus dem 2. Stock. Die Nachricht vom Selbstmord der einstigen Mitbewohnerin, der alten Frau ins Ohr gebrüllt, wird überblendet vom Ferngespräch mit dem Lebensgefährten. So entsteht ein Sinnraum, der den Kopfstand innerer und äußerer Distanzen meldet. Dieselbe Überblendungstechnik ordnet die Erinnerungen an das Leben in der DDR, das die Erzählerin aus der eigenen Kindheit und Jugend und aus fremdem, durch Briefe bezeugtem Leben holt. So gewinnt sie entlang der Generationsgeschichte ihre tiefenscharfen Bilder aus dem Leben zweier langsam sich trennenden Gesellschaften."[9]

Aus einem Interview[10] wird deutlich, warum Brigitte Burmeister dem Roman Rückblenden auf die Lage der Arbeiter am 17. Juni 1953, und – über die Übersetzung einer St. Just-Biographie durch die Ich-Erzählerin – auf die zweihundert Jahre zurückliegenden Umstände der Französischen Revolution einschreibt. Die Geschichtskoordinaten sollen Folie und Distanz schaffen, wo der Stoff allzu zeitnah erscheint. In der glanzvoll jugendlichen Vision St. Justs wird außerdem ein Stück Geschichtshoffnung festgehalten. Dem sozialistischen Versagen am 17. Juni 1953 wird das klägliche Taktieren des Revolutionstribunals gegenüber der erstaunlichen Würde Ludwigs XVI. zur Seite gestellt, um Einseitigkeiten zu meiden: „Es ist schwer, weil man zu nah dran ist", bekennt die Autorin ihre Schwierigkeiten bei der Annäherung an die Nachwendezeit, auch daß ihr Roman „nur sehr schwer in Gang gekommen" sei, und daß sie, für ein deutsch-deutsches Publikum schreibend, um authentisch zu sein, „dicht an den eigenen Erfahrungen" habe bleiben wollen und dabei „das Gebot der Redlichkeit beachten, niemanden verletzen, nicht taktlos werden"; sie habe sich daher „nicht besonders bemüht, einer DDR-Mentalität Rechnung zu tragen, aber auch nicht, für Westdeutsche besonders verständlich zu sein".[11]

An der Erinnerung der Ich-Erzählerin an den 17. Juni läßt sich das sorgfältige Auswiegen aus der Sicht zweier Systeme ablesen. Die Erzählerin stellt sich spontan auf die Seite der Aufständischen, ihre „bewunderte" Schulfreundin hingegen, „die Klügste aus der Klasse, respektlos, funkelnd vor Spott", verurteilt das Geschehen als einen kurzsichtigen Aufstand gegen notwendige „Normerhöhungen" aus kommunistischer Sicht (N, S. 67 f.):

„Siebzehnter Juni, sofort ein Gemisch aus Eindrücken, auch ein Geschmack ist dabei, es gibt nur wenige Tage [. . .] von denen ich noch weiß, was ich da gegessen habe, wie das Wetter war, und ich habe es nur behalten wegen allem anderen – den Ereignissen, wie es später hieß, als nicht mehr gesagt wurde: konterrevolutionärer Putsch, aber um alles in der Welt nicht: Volksaufstand, doch paßte dieses Wort zu der Erinnerung, daß meine Mutter nicht mehr durchkam bis zu ihrer Schule, weil die Innenstadt voll von Demonstranten war, Volk, und nicht von irgendwem dorthin geschickt, zusammengeströmt aus Zorn und Haß und weil der Geduldsfaden gerissen war, hörte ich und konnte mir darunter etwas vorstellen, das ich gut und mutig fand, unbedingt gerecht, ein Befreiungsaufstand, was sich schon daran zeigte, daß sie das Gefängnis stürmten, Roter Ochse genannt, und das Parteihaus belagerten, wo die Unterdrücker saßen, Handlanger der Fremdherrschaft, des Feindes immer noch, der seine Truppen losschickte, auch durch unsere Straße fuhren sie, Panzerspähwagen, sagte mein Bruder, und ich merkte mir das Wort, dann die Schüsse, abends, aus der Richtung des Marktplatzes, niemand von uns durfte hinaus." (N, S. 66 f.)

Die Erzählmeisterschaft der Burmeister erweist sich aus der Struktur eines monumentalen Einsatz-Gefüges, die Erregung teilt sich der Syntax als atemloses Aneinanderreihen von vierzig Jahre zurückliegenden Umständen des Volksaufstands mit, von der ‚mémoire collective' vielfältig überlagert und verschliffen, und doch bis ins Detail erinnert und unvergeßlich.[12] Die Ich-Erzählerin macht im Modus der rückblickenden Distanz deutlich, daß ihr spontanes Votum für „Freiheit" und „Volksaufstand" richtig war, aber die damals Zehnjährige aus „Feigheit" und Mangel an Überblick die ideologische Sicht der Freundin übernahm:

„Juttas Familie war aus dem Westen gekommen. Wirkliche Rote. Eine Menge Bücher hatten sie. Bestimmt wußte Jutta über diesen Aufstand mehr als ich. Normerhöhungen, das sagte mir wenig mit zehn. Nicht weil Arbeiter demonstrierten, war ich dafür, sondern weil es ein Schrei nach Freiheit war, hatte ich zu Hause gehört, eine Erhebung gegen die Kommunisten, also auch gegen euch, und ich bin auf der Seite eurer Gegner, hätte ich sagen müssen und brachte es nicht heraus. – Angst, daß sie dich verpfiff? – Unsinn. Angst vor dem Bruch. Ist das so schwer zu begreifen?" (N, S. 67 f.)

Solche Verständigungsangebote zur Überwindung eines „Berührungstabus"[13] enthält der Roman mit seinen Figuren und seinen Themen zuhauf, wobei die Schlußpointe eines demokratisch-brüderlichen und geschwisterlichen „Rütlischwurs" mit der Freundin und dem Geliebten auf die Werte der sozialen Solidarität und Freundschaft und des Dableibens, um am eigenen Ort zu helfen, verhaltenen Optimismus bezeugt, die vorsichtige Hoffnung des Schlußsatzes: „anscheinend sei mir doch noch zu helfen" (N, S. 286). An den einzelnen Themen und oft zu paarweisen Kontrastensembles gefügten Figurenkonstellationen läßt sich dies überprüfen, es lohnt sich also – mit gelegentlichen Seitenblicken auf das frühere Gespräch der Autorin mit Margarete Mitscherlich – eine sorgfältige „Aktantenanalyse", wie sie Umberto Eco fordert.[14]

Bereits der Titel des Romans birgt einiges semiotisches Anspielungspotential, ebenso wie der Name der Ich-Erzählerin Marianne, der die französische Nationalfigur mit der Revolutions-Wertetrias und Delacroix' Gemälde „Die Freiheit führt das Volk an" konnotiert. Sie sieht sich selbst als „rothaarige Genoveva aus dem Aufgang B" (S. 37). „Norma", so heißt die in ihrer Art als ebenso unkonventionelle wie freiheitliche Persönlichkeit skizzierte, neue Freundin (Norma Edith Scholz, geborene Niebergall, geschieden, zwei Töchter), die signifikanterweise just in der Nacht des Mauerfalls am Brandenburger Tor inmitten der lebenslustigen Szenerie hüben wie drüben feiernder Gruppen ins Leben der Ich-Erzählerin tritt:

„[. . .] Nacht, als sie plötzlich neben mir, ganz selbstverständlich mit uns ging. Eine große Gestalt in einem schwarzen Mantel, der mich anwehte, als wir rannten, getrieben, mitgerissen von explodierender Ungeduld, das Unfaßliche selbst zu sehen, zu sehen, daß es kein Gerücht, keine Täuschung war. [. . .] Lachen, Tränen, Schreie, Sprünge, alles durcheinander, ihr und wir und die da in den Uniformen, ein Gewoge und Gestammel die Nacht hindurch. Körper, die hinwegfluteten über das Ende einer Welt und viele ohne weitergestecktes Ziel, als nur diese Bewegung auszuführen, als müßte ein Hindernis niedergewalzt, der Weg ins Freie festgetreten, das bis eben Unmögliche erobert werden im drängenden Hin und Her auf engem Raum. Ein hellwacher Rausch, ein Tanz, der uns auseinanderriß und zusammenführte in undurchschaubaren, traumhaft sicheren Figuren immer wieder auf einander zu, Johannes und mich und die Frau im schwarzen Mantel. [. . .] Andächtige Zuversicht, wie gesammelt aus allen Augenblicken, die dem Ereignis dieser Nacht entgegensehen, ihm unbeirrt zugearbeitet hatten, jetzt auf ihrem Gesicht vereinigt und zur Ruhe gekommen, in einer Atempause des Festes, als sollte ich von seinen zersprühenden Bildern gerade dieses zurückbehalten." (N, S. 189 f.)

Hier wird also, in einer „Choreographie des politischen Augenblicks",[15] die Figurenkonstellation und Handlungsentwicklung des Romans in einem herausragenden historischen Moment mit allen Konnotaten des demokratischen Aufbruchs auf Norma projiziert. Eine Vorblende enthält der Hinweis auf die mit fast instinkthafter Sicherheit vollführten Schritte der drei Hauptfiguren aufeinander zu (Norma und Marianne am Romanende) und, als „Tanz, der uns auseinanderriß", die durch die Maueröffnung programmierte Entfremdung zwischen den Eheleuten: Johannes, der die neuen Annehmlichkeiten des Lebens im Westen sucht, und Marianne, die sich aus Solidaritätsgefühlen gegenüber den Nachbarn und Heimatliebe zur Berliner Mitte nicht von der alten Mietwohnung trennen mag.

„Norma" ist aber auch der erfundene Deckname, den die Erzählerin für sich als die einst in der Studentenzeit vom Stasi über die übliche erpresserische Liebesgeschichte angeworbene „IM Norma" alias Marianne Arends in die Story einbaut, die sie zum späteren Entsetzen ihres Ehemanns Johannes einer jungen Frau unter den Gästen auf der Mannheimer Hauseinweihungsparty darbietet. Der durch den Gast ins Bild gesetzte Johannes ist – mit einigem Recht – über diese

Schwindelei, die seinen neuen Start im Westen bewußt unterläuft und erschwert, so wütend, daß er beginnt, an wahre Elemente in der Geschichte zu glauben, obwohl er seine Marianne doch seit den FDJ-Ferienlagern zu kennen glaubt: „Im Kern steckt die Wahrheit, die ich nie erfahren sollte. [. . .] Du warst IM" (N, S. 253). Marianne schlägt ihm daraufhin mehrfach ins Gesicht vor Enttäuschung über sein mangelndes Vertrauen, das endgültige Scheitern der Ehe besiegelnd. Die Freundin Norma breitet, als Marianne ihr alles beichtet, über dies wenig faire Verhalten der Protagonistin gegenüber dem noch geliebten Mann „im Namen von Norma" den Mantel des „unerträglichen" Schweigens. Später spricht sie von einer „Handlung ohne erkennbaren Grund", um die Perspektive des Ehemannes zu erklären, der aus einem „horror vacui" angesichts der nicht verständlichen Handlung „etwas an die leere Stelle setzen" muß, der also tatsächlich glauben muß, Marianne sei „IM Norma" gewesen.

Die Ich-Erzählerin hat es selbst schwer, ihre erfundene IM-Identität zu begründen. Es mischen sich darin die noch nicht verarbeitete Erbitterung und das Mitleid angesichts des Selbstmords der befreundeten Nachbarin, die man als IM aufdeckte, und eine Trotzhaltung gegenüber dem „Wessi-Klischee", daß ohnehin die meisten Ostdeutschen in irgendeiner Form sich dem Stasi-Staat anbequemten:

„Ich wußte, er [Johannes] war im Recht, aber als er mich angriff, habe ich mich verteidigt. Er sollte mich wenigstens verstehen.

Selbst wenn ich es wollte, sagte er, was hast du an Erklärungen zu bieten?

– Ich bot, was immer mir einfiel: Daß ich es schon lange satt hatte, als Abladeplatz für Mitleid und Belehrung zu dienen, daß es mir zum Hals heraushing, eine Vertreterin des Typischen zu sein oder eine Randerscheinung, daß mir dieser Musterkoffer gestohlen bleiben konnte, den ich, je nachdem, gegen einen neuen eintauschen oder um alles in der Welt behalten soll.

Also habe ich ausgepackt, sagte ich, und bin meine Identität losgeworden, im doppelten Sinne, verstehst du?

Kein Wort, sagte Johannes. [. . .]" (N, S. 252)

Brigitte Burmeister ist eine am *Nouveau Roman* geschulte Schriftstellerin und Literaturwissenschaftlerin. Sie weiß um die deutungsfordernde Wirkungsstrategie von bewußt vom Autor gesetzten „Unbestimmtheitsstellen". Weil soviel an dem scheinbar unmotivierten Handeln Mariannes hängt, das zum endgültigen Aus einer Beziehung führt, gegen die die Erzählerin doch die Kraft ihrer Erinnerung und den imaginären Dialog mit Johannes setzt, muß der Leser die schwer verständliche Pointe deuten und wird durch das scheinbar Unverständliche ähnlich provoziert, wie der Ehemann. Norma macht dies in ihrer Reaktion deutlich, als sie auf die wirkungsästhetische „Leerstelle" mit „horror vacui" anspielt und auf die so umschriebene „leere Stelle" (S. 255) für die Motivation zur Lügengeschichte der Ich-Erzählerin schweigt.

Der Begriff „Leerstelle" entstammt der Konstanzer Schule der Literaturwissenschaft, wo sie Wolfgang Iser und Hans Robert Jauss, vereinfacht gesagt, als deutungsfordernde Provokation verstehen, insbesondere dann, wenn sie den Erwartungshorizont des Lesers übergreift.[16] Walter Hinck zeigt in seiner Deutung der Passage stellvertretend die Konturen einer Leserreaktion, wie sie Brigitte Burmeister durch ihre rätselhafte Pointe wohl zu provozieren versucht, um die komplexen psychologischen Kompensationsvorgänge vor den allfälligen Klischees im Ost-West-Dialog nach den Enthüllungen über die vielfältigen Stasiverstrickungen durch die Gauck-Akten zu bewahren:

„Das Handeln Mariannes, psychologisch eine Überreaktion, bringt doch schlagartig jene Stimmungslage zum Vorschein, die in den letzten Jahren noch einmal zur Restaurierung der schon bröckelnden Mauer in den Köpfen geführt hat und worin Überheblichkeit und Selbstgerechtigkeit auf der einen, Trotz und Selbstgerechtigkeit auf der anderen Seite und ein allgemeines Klima der Verdächtigung zusammentreffen."[17]

Im Dialog mit Margarete Mitscherlich weist die Autorin auf jene für die Verständigung so hinderlichen Klischees hin, die sie ihre Marianne im Roman symptomatisch als „Mitleid und Belehrung", „Vertreterin des Typischen" oder „Musterkoffer" und „Identität' kritisieren läßt, und die es gelte, „im doppelten Sinne" loszuwerden (N, S. 251 f.). Burmeister erklärt dazu:

„Immerhin gibt es jetzt die Möglichkeit, sich die Realität anzuschauen, sie nicht nur zu messen an den Bildern, die man sich von ferne gemacht hat, oder stehenzubleiben bei den Urteilen auf den ersten Blick. [. . .] Das miese Bild der grauen Spießbürger im Osten korrespondiert mit dem der arroganten Kolonisatoren aus dem Westen [. . .] Das Einigvaterland ist, denke ich, alles mögliche: ein Grund zur Freude, eine erfüllte Sehnsucht, eine Enttäuschung, etwas ziemlich Abstraktes und damit auch Gleichgültiges, aber ein starkes Ideal doch nicht. Nichts, das die Nation oder wenigstens einen großen Teil derselben beflügelt zu Initiative, Opferbereitschaft, Solidarität. Es ist alles viel nüchterner. Und in dem Teil Deutschlands, in dem die nationale Einigung nun wirklich das Leben des Einzelnen umkrempelt, ist man primär mit dem Zurechtkommen beschäftigt. Wobei alte Unselbständigkeit und Subalternität zusammen mit neuer Unsicherheit und schlichter Unerfahrenheit verbreitet zu diesem Verhalten führen, das als Idealisierung des Westens, als Mangel an Selbstwertgefühl und eigenen Vorstellungen erscheint: im Bild des ‚häßlichen Ossi'."[18]

Am Ende des Romans wird der Bund zwischen der freiheitlich-ungezwungenen Norma und der – für die Verlassene verständlich – eher melancholischen Erinnerungen an das frühere Glück mit dem Ehemann in Rückblenden anhängenden Marianne besiegelt durch den in Bürgerbewegungen und Subkultur engagierten Max. Die Ideen St. Justs helfen, das Ganze in die Aura sozialer

Solidarität und utopischer Hoffnung zu tauchen. Seine Mahnung an das Revolutionsparlament beim Prozeß gegen Ludwig XVI., man dürfe nicht „die Strenge dem Volk, ihr Mitgefühl dem König vorbehalten", führt Norma zur auf die Gegenwart gemünzten Parole: „Richtig, sagte Norma. Nicht die Opfer angreifen und die Täter schonen" (N, S. 269). Jedoch mildert Norma auch das Bedenkliche am Vorgehen St. Justs nicht ab. Sein Eintreten für die „vorläufige Notwendigkeit des Terrors im Dienste der Tugend" auf dem Weg zu den hehren Ziele der sozialen Gesellschaft ohne „Unterdrückung" und beflügelt von dem in Europa neuen Gedanken des „Glücks" unter Staatsbürgern, „die einander Freunde, Gastgeber und Brüder" wären (S. 270), korrigiert sie dahin, das „Reich der Tugend" lasse sich nicht „herbeizwingen mit Terror" (N, S. 274).

Man verspricht sich am Ende, nicht die Ellenbogen zu spitzen, Solidarität kein Fremdwort bleiben zu lassen und den „Besen" festzuhalten, „mit dem wir vor der eigenen Tür zu kehren haben" (N, S. 281–85).

Der Prüfstein für Normas scheinbar selbstverständliche Maxime, „nicht die Opfer angreifen und die Täter schonen", ist natürlich die Frage, wie die Autorin im Erzähltext zur Frage des Stasi-Systems und dessen „Informellen Mitarbeitern" letztlich Stellung nimmt. Brigitte Burmeister legt ihre mindestens ebenso sozialpsychologischen wie politischen Botschaften im Wetter zwischen den Figuren an, in einer Interaktion, die den Leser zu genauem Nachvollzug anhält. Sie verlegt die Erzählperspektive in eine Ich-Erzählerin, die sich im Romanverlauf entwickelt, die von ihrem noch geliebten Mann Johannes zugunsten einer Westkarriere zunächst allein im Berliner Mietshaus zurückgelassen wird, sich ihm daher zunehmend entfremdet und mit dem westlichen Komfort nichts anfangen kann, den die eigene neunjährige Tochter Emilia mit Selbstverständlichkeit annimmt (man vergleiche die Intercity-Szene, S. 180). Am Romanende tendiert Marianne zu den Parolen des gelegentlichen Liebhabers Max und der zur neuen Freiheit und Solidarität gleichermaßen positiv eingestellten Freundin.

Das IM-Problem wird noch einmal von der literaturbewußten Autorin in einer Anspielung auf den entstehenden Roman *Kormoran* (1994) des einstigen Kulturfunktionärs Hermann Kant aufgenommen und die nunmehr zweifelsfreie Distanz der Erzählerin zu jedweder verdeckten Mitarbeit kontrastiv verdeutlicht. Die Freundinnen entdecken auf ihrem Heimweg ein neues kleines Schild über einem Kellerfenster: „Kormoran – der letzte Zeuge". Die blaue Schrift erscheint „altmodisch, wie aus früher DDR-Zeit oder noch älter". Wie vertraut Brigitte Burmeister mit der DDR-Literaturgeschichte ist, erwies bereits ihr Debütroman *Anders oder Vom Aufenthalt in der Fremde* (1987) in den Eingangspassagen, wo der sich vom Spitzel zum Schriftsteller wandelnde Protagonist auf einem Museumsplakat im Titel „Unsere Zeitgenossen beziehungsweise Menschen an unserer Seite oder vielmehr Unvergeßliche Begegnungen" ankündigt. Die Autorin spielt auch dort, stimmig zur zunächst kooperierenden Haltung des Observateurs, auf die frühen Betriebs- und Ankunftsromane der Mundstock, Thürk, Lorbeer, Marchwitza der frühen 50er Jahre an, hier auf Eduard Claudius' *Menschen an unserer Seite* (1951), einem Aktivistenroman um den Helden „Aehre", der dem Ofenmaurer Hans Garbe ein literarisch vielschichtiges Porträt widmet, zugleich aber die Doktrin des Sozialistischen Realismus (im Allunionskongreß von 1934) einlöst: eine „wahrheitsgetreue, historisch konkrete Darstellung der Wirklichkeit in ihrer revolutionären Entwicklung". Man könnte Brigitte Burmeisters Handlungsschema der entfremdet im Osten zurückbleibenden Partnerin auf den ersten Blick mit den Vorgängerinnen Christa Wolf (*Der geteilte Himmel*, 1963) und Brigitte Reimann (*Ankunft im Alltag*, 1961, *Die Geschwister*, 1963) in eins setzen, die in der nach Reimann sogenannten „Ankunftsliteratur" das Sicheinrichten im Alltag und ein Votum fürs Dableiben im Osten gegen Absetzbewegungen in den Westen vertraten.

Drei Aspekte des Burmeister-Romans lassen aber am Romanende eine solche Deutung als zu kurz greifend erscheinen: Von dem ressentimentgeladenen *Kormoran*-Ouevre Hermann Kants (der u. a. in seinem Text von einer „freiheitlich-demokratischen Grundstücksordnung" spricht) grenzt sich die Autorin deutlich ab, wenn sie Marianne und Norma über das entdeckte Schild mit der „altmodischen" Schrift spotten läßt:

„Was für eine Botschaft, sagte sie, unentschieden zwischen Ausruf und Frage. Ich zog weiter. – Komm, wir können auch im Gehen raten. Es ist wahrscheinlich der Titel eines Romans, der hier geendet hat. – Der hier enden wird. – Ein Roman, auf den schon alle warten. Er handelt von den Abenteuern eines Arbeiterbauern in vierzig ungelebten Jahren. – Von der Verwandlung des Sonnengotts in einen Schwimmvogel bei Anbruch der Sintflut. – Von dem IM, der über die letzte Sitzung des Politbüros berichtet hat. [. . .] Von unserem Abtauchen in den Untergrund. Du wirst die Anführerin einer lokalen Utopistensekte, die in Kellern konspiriert und sich als Gesangsverein tarnt, Normachor, daher der Name Kormoran. – Mit Roman sind wir auf dem Holzweg, entschied Norma. Es handelt sich um eine neue Art Kleinanzeigen. Wer errät, was ihm angeboten wird, bekommt es." (N, S. 284 f.)

Wird in dieser ironischen Zurückweisung aller Funktionärsrechtfertigungen des Stasi-Systems die neue Freiheit aus dem Blickwinkel der Unentwegten von einst als konspirative „Utopistensekte" verfremdet, so ist auch das Spiel mit den Buchstaben von „Norma", die auch „Roman" ergeben, als bedeutungsvoller Hinweis auf einen nach 1989 erst recht sich seiner innovativen, fiktionalen Freiheit bewußt werden sollenden Nouveau Roman der deutschen Dinge deutbar. In Brigitte Burmeisters Debütroman von 1987 mußte sie das Stasi-Thema noch weitgehend in Anspielungen und einer experimentellen Labyrinthstruktur verhüllen.

Der zweite Aspekt jener Solidarität der Dableibenden, die für alle Nachbarn im alten großstädtischen Mietshaus urbane Toleranz und viel Einfühlung empfindet (bis auf den als NS-Blockwart gezeichneten, autoritären Hauswart Kühne), hat mit dem zu tun, was die Autorin in einem Gespräch als Gegenanschreiben gegen den bedrohlichen Identitätsschwund nach 1989 erkennen läßt: „Vor allem wollte ich wohl Erinnerungen bewahren".[19] Schließlich betont die 1983 aus der Akademie der Wissenschaften zur freien Schriftstellerin mutierte Burmeister, sie habe „lange an die Veränderbarkeit des DDR-Systems geglaubt" und habe die fünfzehn Jahre an der Akademie „nicht unbedingt aus Opposition" aufgegeben, schon eher aus Zweifeln am Sinn einer solchen Literaturwissenschaft, wie sie dort betrieben wurde. Ihre „Lust auf etwas Neues" habe gesiegt.[20]

Am Thema der als IM bloßgestellten Freundin der Ich-Erzählerin, Margarete Bauer, die nach dem Verlust der Stelle als Verlagsarbeiterin keinen Mut zu einem neuen Anfang findet und sich das Leben nimmt, werden dies Erinnern als Bewahren und die Einfühlung, aber auch deren Grenzen, deutlich. Die Freundin verhält sich als der dominierende Teil mit dem „erhabenen Gutdünken absoluter Herrscher", was die Erzählerin zunächst als „entlastend" empfindet. In einer Art Nachruf überblendet sie deren Vita und Tod mit der Übersetzung an der St. Just-Biographie; die mit dem Aussehen des „blühenden Lebens" aus der Welt Geschiedene wird mit dem französischen Revolutionär verbunden, der „schön gewesen sein soll in seiner Jugend", bevor er mit siebenundzwanzig starb, und tröstet sich damit, daß die Freundin „daran gemessen" lange lebte (S. 40). Das Portrait der Verstorbenen wird zum Anlaß, die Startschwierigkeiten vieler, die mit der Wende ihre Arbeit und Sicherheit einbüßten, an einem besonders fatalen Fall zu verdeutlichen:

„Wir hatten dasselbe Alter, liebten dieselben Romane, [. . .] waren parteilos, hatten einst Gérard Philipe vergöttert und im Frühjahr heftig unter Fernweh gelitten. [. . .) Ist es denn so wichtig, die Todesursache zu kennen? Plötzlicher Herzstillstand. Das klang nach Vertuschung und war es auch. Sie ist vom Balkon gesprungen, in der Wohnung einer Freundin, zehnter Stock, sie war sofort tot. [. . .] Daß Margarete Bauer im vergangenen Jahr ihre Arbeit verloren hatte, seitdem Stellenangebote studierte, Bewerbungen schrieb, ungezählte Stunden auf den Wartebänken von Ämtern zubrachte, nichts fand, [. . .] daß die Aussicht auf Erfolg immer schmäler, das tägliche Auskommen schwieriger wurde [. . .] und Margaretes leidvolle, doch über Jahre haltbare Beziehung zu einem verheirateten Mann den allgemeinen Umbruch nicht überstand, das alles war schlimm. [. . .] Und im Gerede, hier, [. . .] hieß es, ein weiteres Opfer unser unblutigen Revolution, nein, so hatten wir uns die Erneuerung nicht vorgestellt, wieder auf Kosten der Schwachen, der Dünnhäutigen, [. . .]. Und im Nachbarhaus, wo Norma wohnt, hatte man das Wesen durchschaut, sein lange gehütetes Geheimnis aus zwei Buchstaben aufgedeckt, natürlich das, jetzt kam alles heraus, ans volle Licht der Wahrheit, und das vertrugen manche nicht, tragisch, aber irgendwo gerecht, Schuld und Sühne, nur so gerieten die Dinge ins Lot, [. . .] würden Sie denn ein Haus bauen auf sumpfigem Grund, na also, und die Akten lügen nicht, warum sollten sie." (N, S. 40–44)

Der Roman läßt es dahinstehen, ob das Gerücht stimmt, die Ich-Erzählerin schwankt in ihrem Epitaph-Versuch zwischen Wut und Resignation, spricht in bitterer Ironie von „natürlicher Auslese" eines neuen Sozialdarwinismus und von „Freiheit über alles",

„und ängstlich, schwach und blöde, wer da nicht mitkam [. . .] Und in den frischen Gräbern hier die Opfer, Täter, Opfertäter, alles nicht mehr zu vernehmen, desto dichter die Mutmaßungen, bündiger die Urteile, endgültige Ratlosigkeit bei denen, die sich nichts erklären konnten. [. . .] Die Geschichte geht doch auf [. . .], und statt ihr Vorwürfe zu machen, weil sie uns im Stich ließ, sollten wir ihr dankbar sein, daß sie für sich diesen Ausweg gefunden hat, denn um nichts anderes handelt es sich, einen Weg ins Freie." (N, S. 44)

Über diesen Schreibantrieb der Burmeister hinaus, Erinnerung und Identität des Lebens in vierzig DDR-Jahren zu bewahren, führt ein dritter Aspekt, den das Romanende mit seiner Zuwendung zu Norma verdeutlicht, zur eigenen melancholisch gebrochenen Generationencharakterisierung und hoffnungsvolleren Prophetie für die Jüngeren.

Die vierzigjährige Norma und die neunjährige Tochter Emilia, die am Ende in einem Wunschbild der Mutter verkündet, daß ihr anscheinend „doch noch zu helfen wäre", weisen den Weg für die Ich-Erzählerin und behalten das letzte Wort für eine Beurteilung ihres Handelns in dieser stilistisch und atmosphärisch dichten, gelungenen Passage voller Bilder, die einen neuen, freieren Lebenshorizont evozieren:

„Wir schwiegen in Eintracht. [. . .] Aus dem Lichtkreis ins Dunkle sah man nicht weit. Normas Blick, auf einen fernen Horizont gerichtet, ging ins Leere, fixierte einen Punkt des Unsichtbaren. Ihre Augen bewegten sich kaum, waren ohne Ausdruck, die blanke Offenheit, als finge das Dasein erst an, als wäre der vierzigste Geburtstag nächstens ihr erster, die Welt noch Entdeckung vor dem Zerfall in gut und schlecht, in Zeiten, Leben und Tod, ein Anfang ohne Bewußtsein von Anfang und Ende. Unseren Ort als Lichtreflex in den Pupillen, saß sie mir gegenüber und ließ mich zurück in dem engen Gesichtsfeld, das die Beleuchtung aus Undeutlichem und Finsternis herausschnitt. Vielleicht hatte sie schon immer Grenzen unterlaufen, in denen ich mich einrichtete, umgeben vom flügellahmen Schwarm meiner freien Gedanken. Vielleicht war sie weniger verletzbar und nicht aus Angst vor Schmerzen in Bewegungsabwehr so geübt wie ich. [. . .] Deine dialektischen Spitzfindigkeiten, hatte sie gesagt in unserem Streit vor einem

Monat [. . .].

Auf der Wiederholung meiner Lügengeschichte hatte sie nicht bestanden, sich nur dem zugewandt, was ich zu erzählen bereit war, und sich gehütet, Partei zu ergreifen gegen Johannes. Über die Trennung war sie erleichtert, mein Elend bedrückte sie. Beides sollte ich nicht zu spüren bekommen, als schaffte ich es allein, wieder Fuß zu fassen, den Neubeginn zu wagen oder wie immer Norma die Haltungen nennen würde, die sie mir stillschweigend nahelegte." (N, S. 275 f.)

Brigitte Burmeister hatte in sehr verhüllter, stilistisch schon von der Kritik bewunderter Form in ihrem Erstling beschrieben, wie ein sozialistischer Funktionär und Beobachter seine Ideologie zugunsten neuer Identität als Künstler verliert. Das gesellschaftskritische Thema wird, wie bei Wolfgang Hilbig, von der Einsicht einer inneren Verwandtschaft vom Schriftsteller, als einem besonders sensiblen Beobachter, mit dem Stasi-Observierenden getragen. Graham Greene, dessen lebenslange Geheimdiensttätigkeit unlängst von seinem Biographen Michael Shelden belegt wurde, zitiert das Motto seines Erstlings *The Man Within* von einem zweiten Ich des Autors, das ihm „zürne", und in Greenes Autobiographie *Eine Art Leben* (1971) heißt es: „Wahrscheinlich steckt in jedem Romancier ein Spion: Er beobachtet, er hört mit, er sucht Motive und analysiert Charaktere." Aus dieser Disposition heraus vermögen es aber gerade die Autor(inn)en, ein geschlossenes System unterdrückender Funktionärshierarchien mit geschärftem Blick aufzudecken.

Von seiner neuen Berliner Wohnung in einem Hochturm herab beobachtet David Anders, der Protagonist des ersten Burmeister-Romans, mit dem „kalten, undurchdringlichen Blick einer Raubkatze" (A, S. 9) und ebenso zuverlässig wie teilnahmslos den Verkehr in der Tiefe und sieht, von der Autorin meisterhaft (im Stil des die unpersönlichen Gegenstände aufwertenden Nouveau Roman) nur durch die optischen Notate registriert, das Phänomen der „Aufhebung des Gleichheitsprinzips mitten im Sozialismus".[21] Die Staatslimousinen werden durch die Verkehrspolizei bevorzugt durchgeschleust: „Dann schießt ein glänzender, schmaler, schwarzer Streifen heran, der an seiner Spitze einen blauen Funken trägt. [. . .] Wenig später gleiten erneut die bunten Reihen [der anderen Verkehrsteilnehmer] heran."

Der Stasi-Mitarbeiter Anders schließt befriedigt, es komme „auf den richtigen Blickwinkel" an, denn sonst würde man wohl, aus „allzu großem Abstand" ein „Schauspiel" wahrnehmen, bei dem „die gewöhnlichen Autos [. . .] wie kleine Insekten von einem Schwarm schneller fliegender, stärkerer Tiere verscheucht" würden (A, S. 12). Dies treffende Bild für den Sozialdarwinismus im „Sozialismus von oben" kann auch für die Rolle des Stasi im DDR-System gelten. Der erste Burmeister-Roman konnte kraft dieser subtilen dialektischen Verhüllungen aus vermeintlich richtiger „Perspektive" 1987 in der DDR (im Verlag der Nation) erscheinen. Für den nach dem Mauerfall offener und deutlicher beschriebenen Standpunkt der Autorin gegen das System und seine Überwachungsmethoden gilt der resümierende Rückblick auf die vielen obligaten und ideologisch kontrollierten Hausversammlungen; der Eindruck eines kollektiven, mal mehr, mal weniger spürbaren, für den einzelnen depressiven Gefängniszustands verbleibt und verurteilt diesen Sozialismus hinter der Mauer:

„ich weiß nicht mehr, was es war, woraus ich mir nichts machen sollte, irgendeine Lüge, Demütigung, Drohung, Zurechtweisung, ein Lebenszeichen aus dem Bereich der unverbesserlichen Macht, unter der wir uns meist wegdukken konnten, die wir hinterrücks verspotteten. Von Herzen gehaßt hatten wir sie nicht, wir wußten nur, daß sie hassenswert war, zwar früher und anderswo furchtbarer als hier und jetzt, doch zum Fürchten immer noch. Von Zeit zu Zeit erinnerte sie uns daran, wenn wir gerade dabei waren, sie kaum noch zu spüren und daraus zu folgern, sie habe sich mit zunehmendem Alter gebessert und werde eines fernen Tages vielleicht noch mild und weise. Was sie bei Gelegenheit richtig stellte, damit wir nicht übermütig wurden, nicht vergaßen, mit wem wir es zu tun hatten, und sie sich mit den wenigen befassen konnte, die ihr entschlossen die Stirn boten [. . .]. Wir fügten uns im Bewußtsein prinzipieller Ungefügigkeit, darüber sprachen wir untereinander, bestätigten und bestärkten uns, auch auf Zettelchen während der Versammlungen oder mit Ermutigungssprüchen hinterher, beim Bier, wenn das Erlebte noch einmal durchgenommen und die Grenzen wieder abgesteckt wurden zwischen uns und den anderen. Ihren Veranstaltungen sahen wir innerlich gefestigt entgegen und wohnten ihnen in vertrauter Gespaltenheit dann bei." (N, S. 153)

In der Charakterisierung des DDR-Alltags als kollektive Schizophrenie („vertraute Gespaltenheit" bei „prinzipieller Ungefügigkeit") sind sich gerade Autoren der mittleren Generation (der Jahrgänge um 1940), Monika Maron, Wolfgang Hilbig, Brigitte Burmeister, Christoph Hein und Jurek Becker mit dem älteren Günter de Bruyn (geb. 1926) einig, der dafür in den Aufsätzen „Deutsche Befindlichkeiten" und *Jubelschreie, Trauergesänge* überzeugende Thesen anbot.

Kerstin Hensels lange Erzählung: „Tanz am Kanal" (1994)

Die von jüngeren Frauen seit den achtziger Jahren in der DDR geschriebene Literatur steht im Zeichen eines stufenweisen Neulandgewinns im Denken zur Geschlechterfrage, das sich schon bei den Autorinnen der mittleren Generation, Irmtraud Morgner, Maxie Wander, Sarah Kirsch, Christa Wolf, Helga Schütz,

Helga Königsdorf, Gerti Tetzner und Monika Maron, als wichtiges Thema abzeichnete, auch und gerade im Sozialismus. Das Streben nach Emanzipation war nun erst recht keine sekundäre Frage mehr, die sich als „Nebenwiderspruch im Hauptwiderspruch" mit der Lösung der Klassenfrage als soziale Frage etwa von selbst löste. Vielmehr diskutierte man nun, ohne auf die frühere Diskussion um „Weibliche Ästhetik" in Frankreich (Cixous, Irigaray, Kristeva) Bezug zu nehmen, das Zu-Sich-Selbst-Kommen der Frau als zentrale Frage, die auch in experimenteller Prosa der Underground-Zeitschriften bei Autorinnen wie Gabriele Stötzer-Kachold, Barbara Köhler, Heike Willingham und Annett Gröschner breiten Raum einnimmt. Kerstin Hensels Position ist nicht so ausgeprägt feministisch, und doch lassen sich jenseits ihrer Intention – alle Fragen nach ihrer Situation als schreibende Frau lehnt sie kategorisch ab und sieht ihr Geschlecht als „nebensächlich für das eigene Schreiben[22] – Themen und Strukturen weiblichen Schreibens erkennen. Die in Berlin lebende Autorin ist 1961 geboren und schrieb seit 1983 in inoffiziellen und etablierten Zeitschriften (etwa *Bizarre Städte, A 3-Kontakte,* aber auch „NDL" und „Sinn und Form") auf bald versierte Weise in allen Gattungen: neben Erzählprosa auch Lyrik, szenarische Arbeiten für Filme und Hörspiele, schließlich den Roman *Auditorium Panopticum* 1991, der schon im Titel filmische Sehweisen andeutet, und den wichtigen Erzählband *Hallimasch* (1991).

In diesem Band sind „drei Varianten weiblicher Existenz" enthalten: „die Position der Unterordnung unter die Bedürfnisse des geliebten Mannes, die des bewußten Rollenbruchs und die des Anspruchs auf Ebenbürtigkeit beider Partner".[23] Erst mit den Erzählungen *Im Schlauch* (Suhrkamp 1993) und dem 112 Seiten umfassenden Kurzroman *Tanz am Kanal* (Suhrkamp 1994), von der Autorin bescheiden der Gattung „Erzählung" zugeordnet, wird sie einer bundesdeutschen Leserschaft bekannt und wendet sich dem indirekt, aber effizient die DDR als System verurteilenden Thema einer weiblichen Selbsterfahrung unter bedrückenden sozialen Umständen zu. Die Protagonistinnen beider Texte erfahren in Familie und Staat krasses Unverständnis für ihre Emanzipationsversuche und Schritte in Richtung einer weiblichen Künstlerexistenz. Sie stoßen dabei auf allfällige Überwachung oder Unterdrückung durch Volkspolizei und Stasi. In der Erzählung *Im Schlauch* geht es um frühes Erwachsensein mit dem mißlungenen Versuch, von Zuhause auszubrechen und zum Theater zu finden (die Protagonistin wird gerade sechzehn), und der Text *Tanz am Kanal* läßt Stationen einer fast gescheiterten Loslösung vom großbürgerlichen Elternhaus des Arztes von Haßlau Revue passieren: unter für eine solche Sozialisation im Arbeiter- und Bauernstaat naturgemäß schwierigen Verhältnissen im Rückblick der ihre Autobiographie schreibenden Tochter Gabriela von Haßlau, die als Obdachlose im Schutz eines Brückenbogens ihren Identität stiftenden und lebensrettenden Durchbruch zur Autorin in den letzten Jahren der DDR aufschreibt.

Bezeichnenderweise ist es gerade ein eher als subaltern gezeichneter Polizeibeamter, „Hauptkommissar Paffrath", der in beiden Erzählungen in einer Nebenrolle auftaucht und das System selbst in seinen unteren Vollzugsorganen repräsentiert. Im Text *Im Schlauch* bringt er die kooperierende Mutter der sechzehnjährigen Natalie Kulisch unter grotesken Umständen, satirisch trocken erzählt, zum Sexerlebnis in einer Gepäckablage am Bahnhof, während der Vater, als naiver und staatstreuer „Genosse" auf einer Parteiexkursion nach Moskau dort im Hotel eine Etagenfrau verführt.

Tanz am Kanal endet mit einem Polizisten gleichen Namens, dem sich die Ich-Erzählerin hingibt und zugleich anvertraut, nachdem sie den Pressionen eines Stasi-Offiziers knapp entronnen ist, in einem eher ernüchternden antiklimaktischen Erzählschluß der Mädchenbiographie einer nur im sozialen Abseits zu sich findenden Autorin. Dieser Schluß kommt einer Resignation gleich, ungeachtet der Entdeckung der jungen Schriftstellerin durch eine Kölner (und Hamburger) Frauenzeitschrift mit dem sprechenden Titel „MAMMILIA". Für den Leser muß dieses Sichanlehnen an einen kaum geliebten, wenn auch harmlosen Vertreter des Apparats nach dem makabren Höhepunkt der Handlung, einer Vergewaltigung der Erzählerin, wie eine Provokation wirken: denn gerade vom Polizeiapparat des Unrechtsstaats DDR wird ihre Vergewaltigung einfach nicht zur Kenntnis genommen und vertuscht, weil nicht sein kann, was nicht sein darf. Diese frauenspezifische Thematik zu den trostlosen Bedingungen des auslaufenden Sozialismus (des aus den Umständen erschließbaren Jahres 1988) mündet in die bedrückende Schlußpassage einer halben Systemanpassung nach zahlreichen mutigen Auflehnungsszenen, bewußt mit allen Anzeichen miefiger Kleinbürgerlichkeit ausgestaltet. Die junge Schriftstellerin sucht nur noch Schutz:

„Mir gefällt alles, was du tust. [. . .] – Ach, sagt Paffrath. Er trägt mich zum Sofa. Ich liege auf dem Bauch. Er kniet sich vor mein Gesicht. *Nein!* will ich rufen. Paffraths weiche Hand faßt mir unters Haar, hebt den Kopf. Weiß Beine Bauch Brust, weiß, alles weiß. Jedes Härchen erkenne ich auf seiner Haut. – MeineGutemeineLiebemeineSchöne. *Nein!* [. . .] Ich mache mich klein, unsichtbar. Paffrath hilft nach, drückt meinen Hintern nach oben und zeigt mir in der Tiefe, was er will. Ich rolle auf die Seite, bleibe liegen. Reglos. [. . .] Irgend etwas muß geschehen sein. Die Story bricht ab. Schlimm war es nicht. Schön auch nicht. Paffrath legt einen hellen, zartgeblümten Rock auf meinen nackten Bauch. Dann holt er sich Abendbrot aus der Küche. Wein zur Feier des Tages. Ein dunkler, tiefverschneiter Mittag. Paffrath sitzt, den Bademantel übergelegt, im Sessel. Beide Füße legt er auf die Sofakante. Seine Augen funkeln wie die eines Katers. Ich liege und schweige. Wie warm es ist. Paffrath ißt ein Wurstbrot, hebt ein Weinglas, zündet eine Zigarette an.

Ich werfe den Rock auf den Teppich, entrolle mich, schaue Paffrath ins Gesicht. Grün und heiß flammt das Funkeln auf, dann schließt Paffrath die Augen, dann erlischt es."(T, S. 119).

Vergleicht man die Rollen beider Paffraths aus den zwei Texten, so wird die Teleskopierung der grotesk beschriebenen Sex-Szene der Mutter *(Im Schlauch,* S. 17) in den Kontext einer Tochter-Biographie in *Tanz am Kanal* als eine frauenspezifische Opferthematik über Generationen hinweg deutbar. Kerstin Hensel hat denn auch in dem Erzählband *Hallimasch* (1991) neben den oben beschriebenen Varianten weiblicher Existenz in einem weiteren Text, *Lilit,* die eigene weibliche Erzählerrolle mit einer bedeutsamen Abwandlung der biblischen Schöpfungsgeschichte mythisch herausgestellt:

„In die tradierte Konstruktion von Adam, Eva und Gottvater führt die Autorin die Lilit-Figur ein, die im Unterschied zu Eva nicht aus Adams Rippe, sondern ebenso wie Adam von Gott selbst stammt. Das kulturelle Grundmuster der Bibel, das das Verständnis des Geschlechterverhältnisses seit Jahrhunderten prägt, wird kritisiert, die Perspektive verrückt. Durch das Fehlen jeglicher Interpunktion verschmilzt die Perspektive Lilits mit der der Erzählerin. Im Unterschied zu den Erzählungen trägt dieser Text lyrische Züge, wird durch ein sich wiederholendes lyrisches Motiv („Sie sieht was ihr auserwählt wurde") strukturiert. Poetische Mittel der Ironie, der Satire und des Grotesken, wie sie in vielen Texten Hensels zu finden sind, kommen hier nicht zum Einsatz. Lilit repräsentiert die einzige unter den drei genannten Möglichkeiten weiblicher Existenz, die von der Autorin tragisch gewertet wird: „Am Grabrand des Paradieses ist sie Adams erste Lilit nicht glücklich sie das Weib ohne Furcht das Weib mit der Angst allein zu sein [. . .]". Die Distanz zwischen Autorin, Erzählerin und Figur scheint hier am geringsten zu sein. [. . .] Außerdem ist Lilit der Text Kerstin Hensels, der Genre-Grenzen überschreitet. Das läßt bei einer Autorin, die die verschiedenen literarischen Genre so souverän beherrscht, aufmerken [. . .]."[24]

In *Tanz am Kanal* legt Kerstin Hensel das andere Erzählbeispiel vor, in dem sie sich als schreibende Frau zu erkennen gibt, zugleich, über die Thematisierung eines Schreibdurchbruchs zur Selbstfindung im Rahmen einer fiktiven Autobiographie, mit einer weiblichen Heldin im Mittelpunkt. Deren Erlebnisse sind also auf zwei Ebenen zu lesen, jener des frauenspezifischen Versuchs, in einer unterdrückenden Männerwelt im Sozialismus zur Selbstverwirklichung als Frau und Künstlerin zu kommen. Sie wird zum Objekt gemacht, vom eigenen Vater, der in den Westen flieht, verleugnet, schließlich von zwei Männern im Park vergewaltigt, ohne daß die Täter zur Rechenschaft gezogen werden; aus einer brutalen Lehre als „Zerspanungsfacharbeiterin", der sie physisch nicht gewachsen sein kann, vermag sie sich nur durch Flucht zu retten. Nach dem Herbst der Obdachlosigkeit versucht der Stasi, sie zum Überwachen der Künstlerszene im fiktiven

„Leibnitz" zu zwingen, was sie verweigert. Nur durch die Veröffentlichung ihrer dramatischen Biographie der Leidensstationen in der Westzeitschrift kann sie dem feigen Staatsapparat trotzen und durch List dem Stasi-Offizier entkommen. So gerät die lange Erzählung über die frauenspezifische Biographie hinaus zur scharfen, mit Stilmitteln der sozialkritischen Satire aufgerauhten Abrechnung mit dem DDR-System, das einer kompromißlosen Emanzipation zur Künstleridentität nur den verzweifelten Weg ins soziale Aus der Obdachlosigkeit läßt, die existentielle Ausgesetztheit. Dabei verfährt die Autorin nie larmoyant, dagegen oft, auf originelle Weise Jargon und Leitmotivik nützend, lakonisch.

Die Handlung bleibt bei aller Rückblendentechnik überschaubar. Die Erzählerin Gabriela von Haßlau, aus „Anhaltinischem Adel", gegenwärtig am Kanal einer Stadt Leibnitz mit vielen stillgelegten Fabriken schreibend und auf ein paar Bogen Wabenpappe unter der Brücke schlafend, erinnert sich an die erste Schulzeit. Sie wächst im Haus des Venenchirurgs Ernst von Haßlau auf, der in seiner sozialen Blindheit und Borniertheit gegenüber dem immer mehr die frühe DDR umgestaltenden Sozialismus den Verlust an großbürgerlichem Lebenszuschnitt und eigener Bedeutung als Klinikchef mit opulenten Parties und Alkohol kompensiert. Natürlich soll seine vierjährige Tochter ein Musikinstrument lernen; sie quält sich mit der Geige. Die Geigenlehrerin, Frau Popiol, mit roter Perücke über der Glatze und „Nadelstreifenanzug wie ein Mann", versucht das Mädchen in einer grotesken Szene kurz vor der Einschulung zu verführen. „Frau Popiols Finger gingen weiter, das blauweiß gehäkelte Kleid [. . .] Sie war eine wunderschöne Frau, ich schwebte in ihren Armen, flog vor Angst, vor Glück" (S. 21). Die zunächst ambivalent Geschilderte wird später zur zweiten Mutterfigur, die in einer Hütte am Kanal mit dem mongoloiden Sohn ebenfalls am sozialen Rand der Stadt haust, obwohl sie eine namhafte Solistin ist. Sie steht für Gabrielas („Binkas") Weg zur Kunst, zum Schreiben. Ein Skandal trennt die Eltern, als die Mutter einen jungen Schauspieler zum Liebhaber nimmt. Der Vater, der anfangs noch gegenüber den schwachen, zu Denunziationen neigenden, Lehrerfiguren machtvoll auftritt, verliert zunehmend Überblick und Selbstachtung im Alkohol. Kurz vor Ende der DDR, als die Tochter nur eine Facharbeiterlehre machen und nicht studieren darf, weil sie nicht in der FDJ war, setzt sich der Vater in den Westen, nach Bamberg, ab. Die Tochter, in der Schule mit der kleinbürgerlichen Katka befreundet, die Malerin wird und ihr in der Künstlerszene wiederbegegnet, entflieht den brutalen Bedingungen der Lehre und den Pressionen der Stasi-Offiziere. Sie wird von einer Westzeitschrift entdeckt, als sie, obdachlos, ihr Leben aufschreibt, und trampt später nach Mecklenburg, wo sie bei Bauern arbeitet, die ersten Volksmärsche des Wendejahres erlebt und schließlich nach Leibnitz zurückkehrt, wo sie Schutz und Liebe bei einem Polizeibeamten sucht. Gabriela und die Autorin Hensel thematisieren den Schreibvorgang als Identitätssuche:

„Auch ein Block feines weißes Papier. Diesen vor mir, setze ich mich an den Tisch. Anhaltinischer Adel. Ffon Haßlau. Dichterin. Nackt vor einem Bullen. Wer soll das glauben. Die Leserinnen der MAMMILIA warten auf die Fortsetzung der Story. Das mit dem Adel ist gut. Mein Vater war ein bedeutender Arzt. Das hatten wir schon. Es muß anders enden, völlig unerwartet." (S. 113)

Der Schreibdruck, der die Erzählschlüsse ausprobierende „Dichterin" erfaßt, hier kaum verhüllt als die Autorin und Lyrikerin Hensel erkennbar, rührt zu einem hohen Maße von einer Vergewaltigung her, bei der einer der Kerle im Park die Roheit besaß, dem Opfer auch noch mit einem Messer ein Kreuz zwischen Hand und Ellenbogen einzuschneiden. Der eigentliche Skandal ist das Verhalten der feigen Polizei, die von „Selbstverstümmelung" faselt, den Vater zwingt, die Wunde durch Hauttransplantation zu verstecken, und das Ganze trotz der mutigen Zeugin Katka vertuscht.

Der zeitliche Rahmen mit den angedeuteten historischen Geschehnissen beginnender Massenproteste und illegaler Volksversammlungen gegen Ende der – chronologisch mit Rückblenden verfahrenden – Erzählung läßt die erste Niederschrift der fiktiven Autobiographie ins Jahr 1988 (bis ins Frühjahr 1989) datieren; das anfangs genannte Datum des Juli 1994, eines zweiten „Jahrhundertsommers", kann angesichts des auf 1993 datierten Schreibabschlusses nur bedeuten, daß zwei Versionen entstanden sind: eine von der Autorin selbst, ein Stück vorausdatiert wie die Fortsetzungen für eine Zeitschrift, die ihre Heldin Gabriela von Haßlau verschiedene Schreibschlüsse ausprobieren läßt (S. 113), als wäre die eigene Schreibsituation mitgemeint, und eine unschwer datierbare Chronologie von 1988/89 mit Rückblenden auf die frühe Kindheit, die die Protagonistin fertigt; am Ende, nach einer Sitzung der Ich-Erzählerin beim Psychiater, wird auf die Zeit *nach* der „Revolution" angespielt.

„Da wird uns ein ‚Jahrhundertjulitag' schon auf der ersten Seite angeboten. [. . .] zum zweitenmal hat er dann sogar eine genaue Datumsangabe (die einzige des ganzen Buches) 1994. Im Juli 1994 also beginnt die Erzählerin, ihr ‚Leben aufzuschreiben'.

Vielleicht ist das eine phantastische Geschichte, bei der nur Pedanten fragen können, ob alles stimmt. Es geht nicht so sehr um 1994, sondern darum, daß Katkas Freundin, die Ich-Erzählerin, die Gabriela von Haßlau heißt [. . .], einige Jahre vorher (so genau erfährt man das nicht) die Geschichte ihres Lebens schon einmal geschrieben hat. Sie wurde ihr damals von einer westlichen ‚Zeitung' oder ‚Zeitschrift' (bald so, bald so) namens Mammilia abgekauft und hat ihr viel Kummer gemacht mit Männern, die man in der Nähe des Staatssicherheitsdienstes vermuten darf.

Wo geschieht das alles? Dort, wo man ‚nüsch' sagt. [. . .] Der Ort wird von der Autorin Leibnitz genannt. [. . .] Gabrielas Leibnitz liegt nicht an einem Fluß, sondern an einem Kanal, an dem nicht nur getanzt wird, sondern über den auch drei Brücken führen. Es hat einen Theaterplatz, eine Dresdener Straße und eine Kneipe „Drei Rosen". [. . .] Es sind zu viele modische Accessoires aufgesetzt. [. . .] paar aus dem Erzählton herausfallende Obszönitäten. [. . .]

Die früher einmal so genannten Gesetze des Anstandes werden nur selten verletzt. Eine Vergewaltigung, zum Beispiel, wird so verschleiert beschrieben, daß sie als Zeugnis vor Gericht unbrauchbar wäre. Vielleicht ist ‚verschleiert' auch das richtige Wort für Kerstin Hensels behutsame Art, mit dem Ost-West-Konflikt umzugehen. Da gibt es keine barmende Wehleidigkeit und keinen arroganten Hochmut. Die 33 Jahre junge Autorin ist noch keine große, aber [. . .] kann viel besser schreiben, als die paar überflüssigen Schnickschnacks à la mode vermuten lassen. Gerade [. . .] die Episode von dem vergewaltigungsverdächtigen Überfall, bei der alle Einzelheiten ausgespart bleiben, läßt Stilgefühl erkennen. [. . .] Ich habe mich beim Lesen dieses kleinen Buches oft geärgert. Aber als ich am Ende war, hätte ich gern noch ein paar Stunden weitergelesen."[25]

R. W. Leonhardts im Ganzen anerkennende Kritik macht auf die ungeklärten Zeit- und Ortsumstände als leserunfreundlich aufmerksam und betont zugleich die suggestive Kraft einer indirekten Erzählweise, gerade etwa bei Gewaltszenen, die den Leser zur Deutung herausfordert. Die Autorin hat vieles bewußt mehrdeutig angelegt. Die Anspielungsbreite einer Stadt „Leibnitz", deren Name Leipzig, Chemnitz (in den Straßennamen noch Dresden), und den Philosophen einer monadisch vereinzelten Existenz verknüpft, wie sie viele DDR-Bürger leben mußten, entspringt offensichtlich keinem flachen oder dokumentarischen Realismus, weil das Ganze der DDR gemeint ist. So hat Kerstin Hensel anhand einer Vergewaltigungsbeschreibung *Maria im Schnee* der Autorin Annett Gröschner (und einer öffentlichen Zeitschriftendebatte[26] darüber) ihre Abneigung gegenüber deren „naturalistischer" Gestaltungsweise als „Unverblümtheit" ohne „literarisches Vermögen" kritisiert. Die Unterdrückung und Ausbeutung der Menschen ungeachtet der Gleichheitsideologie kommt bei ihr gerade in der schwebenden Perspektive, die den Schreibvorgang und westliche Leser der erfundenen Zeitschrift MAMMILIA mitthematisiert, zu kalkulierter Wirkung. Die West-Leserinnen der Kölner Frauenzeitschrift erscheinen in den zwei Redakteurinnen gespiegelt, die im Winter 1988/89 in dramatisch inszeniertem Kontrast die obdachlose Autorin in der ärmlichen Bude „Inges Imbiß" entdecken, gerade als sie von der „grellen Angst" spricht, sich selbst in ihrem Elend zu erkennen. Die Obdachlosen-Szenen am Kanal haben streckenweise die Einfachheit und Kraft von William Kennedys *Ironweed* (1983, „Wolfsmilch"), von dem man annehmen darf, daß zumindest die Verfilmung von 1987 (mit Meryl Streep und Jack Nicholson) die Autorin anregte:

„Dicke Schnürstiefel aus den Restbeständen der Nationalen Volksarmee werden in den Kleiderkammern des Roten Kreuzes verteilt. Ich nehme ein Paar gegen den Ersten Schnee, dazu graue Wollsocken, Vliesunterwäsche, eine Russenmütze mit Fell und Ohrenklappen. So ausgerüstet stehe ich an der Pommesbude ‚Inges Imbiß‘, die anderen Kollegen füllen sich Grog ein. Kaum einer schläft mehr unter der Brücke, kaum einer weiß mehr, wohin. Atze klaut Zigaretten und schafft es, für zwei Tage in den Knast zu kommen. Knast ist gut für einen, der nicht säuft. Für die anderen sind die ‚Drei Rosen‘ gut, jedenfalls bis Mitternacht, danach herrscht Entsetzen. Täglich schreibe ich weniger. Ständig klamme Finger, Reizhusten, die Russenmütze drückt auf den Kopf. Nebel überall und das drohende Erwachen. Nur das nicht, nur nicht wieder diese grelle Angst, sich zu erkennen. Am Mittag des 18. Dezembers stoppt ein braunmetallicer viertüriger weißer Opel vor ‚Inges Imbiß‘. Zwei Frauen steigen aus; eine in pelzbesetzem lila Ledermantel, weiß Steghosen, die aubergineblauen Haare streng in Topfform geschnitten. Rouge auf Wangen und Kinn, klirrendes Ohrgehänge. Die andere in sozialalternativem Schwarz gekleidet, große silberne Ringe an allen zehn Fingern, lila Nagellack. [. . .] Höflich lächelnd heben die Damen die Zähne, kommen näher. Sie haben ein Ziel: Mich. Sofort haben sie mich als einzige Frau unter all den Drecksgestalten erkannt, und das ist es, was sie zu sagen haben: – Dürfen wir Sie interviewen? [. . .] Wir schreiben einen Report über Frauen in Not, das ist Eva, ich heiße Isolde. Dürfen wir Sie auch fotografieren?

Die lila Ledermantel-Eva reibt, Kälte und Unbehagen signalisierend, ihre Finger, während Isolde, klick-klack, ein Foto nach dem anderen von mir schießt." (T, S. 76 f.)

Meisterhaft, wie in diesen unterkühlt-satirischen Kontrasten zwischen West und Ost, wird die quälende Arbeitsszene eines ausbeuterischen, sadistisch-pedantischen Meisters bei der Zerspanungslehre geschildert, wird die Landarbeit ähnlich als Schinderei entlarvt, werden die Stasi-Offiziere und -Methoden in ihrer Schäbigkeit greifbar. Die „einzige *Frau* unter all den Drecksgestalten" kann sich erst schreibend wiederfinden, und Kerstin Hensel zeigt in seltener Konzentration ihre Erniedrigung in einer auch im Sozialismus herrschenden Macho-Szene am Tabu-Thema einer Vergewaltigung und ihrer Vertuschung im Unrechtsstaat DDR:

„Sie kommen von hinten. Einer zerrt mich von der Bank, der andere entreißt mir die Tasche. Im Laub liegend, spüre ich, wie mein Kopf zwischen zwei nackte Beine gepreßt wird. [. . .] Der mich in der Klammer hält, faßt meine Haare, teilt sie in zwei grobe Hälften, flicht einen dicken langen Zopf daraus. Noch immer sehe ich nur Laub und Strümpfe, beide Männer stöhnen und röhren wie Tiere. [. . .] Ich schließe die Augen: weißes Laub, alles ist nur weißes Laub, mein Schädel hält den Zopf fest, der geschlagen wird, sagt *weiter! weiter!* Das weiße Laub verbrennt, der Kopf wird nach oben gezogen *Mach die Augen auf!* Alles sehe ich in Blitze getaucht, dann löst sich die Beinklammer, ich liege im weichen herbstlichen Bett. Der mit den Silastikstrümpfen dreht mich auf den Rücken, reißt den Rock an den Nahtstellen auf, spreizt meine Schenkel. *MeineGutemeineLiebemeine-Schöne*, flüstert er. Es folgt ein Schmerz bis in die Zopfspitze. Blitze. Der Männerkörper fällt auf mich. Er ist schwer und warm unter dem Hemd. *MeineGutemeine-LiebemeineSchöne*. Schlaffes Zucken. [. . .] Ich kroch durch das nachtfeuchte Laub, den Arm braun von Blut und Dreck, über das Leibnitzer Katzenkopfpflaster kroch ich zur Volkspolizeiwache." (T, S. 69)

Nicht nur hier ist die lyrische Erfahrung der Erzählerin im Kombinieren von symbolisch verfremdeten Farben meisterhaft eingesetzt, um das Extreme der Situation und den Ekel des Opfers zu vermitteln („weißes Laub", „braun von Blut und Dreck"). Ähnlich wirken die kontrastreichen Verben und Adjektive, überdeutliche Einzelheiten („Silastikstrümpfe", „röhren wie Tiere", „Blitze", „weiches herbstliches Bett") und der in bitterer Ironie wiederholte Refrain vom Guten, Lieben, Schönen. Es spricht für die Kohärenz des Erzählverfahrens, eine bis zur letzte Szene der Erzählung durchgehaltene zweite Verweisebene der frauenspezifischen Symbolik, daß just dieser grausame Refrain auch dem scheinbar Schutz gewährenden Polizeibeamten einfällt, wenn er am Ende der Frau in Not, die er aufnahm, sexuelle Wünsche aufdrängt. Die Stoßrichtung dieses kleinen Romans einer DDR-Sozialisierung bleibt das System der *Ausbeutung* und Verhinderung einer weiblichen Selbstverwirklichung, noch dazu als innovative Künstlerin, inmitten der ethisch windigen Väter, Lehrer, Werkmeister, Denunzianten, Polizeichargen und Staatssicherheitsbeamten ungeachtet einer politischen Rhetorik zu deren Überwindung. Entstanden ist eine auch den Westen – etwa in den Figuren des bornierten Arztes und der Journalistinnen – nicht schonende, fulminante Abrechnung mit der eigenen DDR-Sozialisation, die als lange Erzählung manchen Roman aufwiegt.

Kerstin Jentzsch: „Seit die Götter ratlos sind" (1994)

Das gilt auch für den Debütroman der Kerstin Jentzsch, der sich allzusehr ins Detail der Alltagsumstände eines Ankommens im Westen nach der Wende verliert. Die dreißigjährige Berliner Autorin (1964 geboren) war von 1985 bis 1987 Lehrerin, verließ dann den Schuldienst zugunsten redaktioneller Mitarbeit, war Synchronsprecherin und Verlagsassistentin und unternahm nach der Wende mehrere Griechenlandreisen; 1992 lebte sie ein halbes Jahr auf Kreta. Die im Roman personal erzählten Erlebnisse der Lisa Meerbusch aus Ostberlin, die 1988 wegen mangelnder politischer Gesinnung ihren Beruf als Lehrerin aufgab, sind stark autobiographisch gefärbt bis auf die Kolportagehandlung des Romanendes. Lisa lebt ebenfalls vom Winter 1990 an in einem kretischen Dorf, das sie nach „242 Tagen deutscher Einheit" – alle Kapitelüberschriften verweisen auf dies Ereignis – wieder verläßt, um nach Berlin-Pankow zurückzufliegen, wo das Geld ihres auf seiner Jacht vor Kreta ermordeten, geliebten Onkels Willi auf sie wartet. Der Onkel, der sich in einem Brief am Ende des Romans als ihr Vater zu erkennen gibt, war im innersten Kreis der Staatssicherheit tätig und als Kurier oft im Ausland. Er hinterläßt ein Vermögen veruntreuter DDR-Gelder von fast neun Millionen Dollar. Nicht nur in diesen Handlungsteilen steckt viel von einem Trivialroman. Der Stil des episch breit die Alltagsszenen in Ostberlin seit 1988, Rückblenden auf frühe Schul- und Liebeserlebnisse und das kretische halbe Jahr mit den Härten des Lebens einer attraktiven Fremden unter den vom Macho-Gehabe gekennzeichneten Griechen schildernden Romans ist allzu sehr von Klischees durchsetzt, als daß deren gelegentliche Ironisierung den Gesamtentwurf retten könnte. Da ist ständig von den Unzulänglichkeiten einer „naiv" staunenden „Ostmauke" die Rede (S. 172), wie sich die Protagonistin in westlichen Augen erfährt. Umgekehrt stellt sie sich ihre Westbiographie in ähnlichen Allgemeinplätzen vor:

„wenn ich im Westen zur Welt gekommen wäre. Ich wäre in rosa Windeln aufgewachsen. Mit fünf Jahren hätte ich mehr Anziehsachen besessen, als ich mein ganzes Leben lang in der DDR besaß. Ich wäre genauso geworden wie die westdeutschen Frauen, [. . .] eine gute Hausfrau, drei Kinder am Rockzipfel. Einmal im Monat würde ich eine Gartenparty für die ganze Familie ausrichten. [. . .] Ich würde eine Schlankheitskur nach der anderen machen, meine Wäsche wäre ganz weiß. Abends käme mein Gatte abgearbeitet heim, weil er seine Sekretärin gevögelt hat. Ich würde mich nicht beklagen, weil es ja sein Haus ist und er mich und die Kinder versorgt. [. . .] Und was hat mir meine ostdeutsche Herkunft gebracht? Nichts." (S. 220)

Dennoch ist in den inneren Monologen der positiven Heldin, die sich gegen alle Ankunftsschwierigkeiten durchsetzt, und der ein imaginärer Götterrat von Zeus über Athene bis Hermes dabei hilft, manches von DDR-Misere und Aufbruchsstimmung festgehalten, das die Lektüre lohnt, wenn man den Roman als Beleg für die sich wandelnde Mentalitätsgeschichte zwischen beiden Deutschland um die Zeit der Wende rezipiert.

Die erste Hälfte des 415 Seiten umfassenden Romans mit sechzehn Kapiteln und einem Epilog, also die ersten neun Kapitel, die von der Ankunft der Heldin und zwei Götterversammlungen (in Kap. 2 und Kap. 10) in Kreta gerahmt werden, sind für diese Mentalitätsgeschichte am aufschlußreichsten. Die zentralen Themen werden in den Beziehungen der Lisa Meerbusch zur Familie und drei Freunden in Ost- und Westberlin angelegt. Der Vater Ernst, ein aus Opportunismus und verbohrter Gesinnungstreue Unrecht sprechender, promovierter Familienrichter, wird von Lisa mit den Fakten konfrontiert, einer 1987 in den Westen wollenden jungen Frau, Erna Braun, in einem Prozeß, nachdem ihre Flucht verhindert wurde, und sie dafür zwei Jahre Haft bekam, den eigenen Sohn und Besitz fortgenommen und das Kind der gesinnungstreuen Großmutter zugesprochen zu haben. Lisa sagt sich nach dem Disput mit dem unbelehrbaren Richter vom vermeintlichen Vater los, der noch nach dem Fall der Mauer seine Ressentiments gegen alles Westliche pflegt und die Mutter durch ein offen gelebtes Verhältnis verbittert. Die Mutter begrüßt die neue Freiheit als Chance, ihren archäologischen Studien in Kreta nachzugehen und ebenfalls ein neues Leben ohne den Richter zu beginnen.

„‚Ich habe keinen Fehler begangen, Lisa!‘ brüllte er. ‚Was damals Recht war, ist heute Unrecht. Im Fall Braun war es Freiheitsberaubung und Diebstahl des Kindes, staatlich sanktioniert!‘ Jetzt schrie auch Lisa. [. . .] ‚Jetzt mach mal ’n Punkt. Diese Braun kann froh sein mit ihren zwei Jahren, die Höchststrafe für Republikflucht lag wesentlich höher.‘ Lisa wurde ganz leise: ‚Was ist daran so schlimm, einen Fehler gemacht zu haben?‘ Ernst Meerbusch ging darauf nicht ein. Diese Frau kann keine Kinder erziehen, das war doch deutlich zu sehen, die war ja selbst erst achtzehn oder so. Das hat ihre eigene Mutter ausgesagt. Mir sind die Hände gebunden, also ich bitte dich.‘ [. . .] Lisa brach das Schweigen: ‚Kannst du dir das Leid einer Mutter vorstellen, der man das Kind wegnimmt?‘ Komm mir nicht theatralisch, Lisa.‘ Er hatte sich beruhigt und redete leise. Wir haben nach der Verhältnismäßigkeit der Mittel entschieden, und da war die Oma das beste. Und das glaube ich auch heute noch.‘ [. . .] Er begreift einfach nicht, daß er Unrecht gesprochen hat. [. . .] ‚Und die sagen aus, viele Richter hätten auf Anweisung des Innenministeriums gehandelt.‘ ‚Na und? Was ist dabei?‘ [. . .] Mir wird übel. Ich verachte ihn. Ich mußte ihn hassen für das Leid, das er anderen zugefügt hat. Mit so einem wie ihm konnte ich nicht zusammenleben. Daß Elke sich hat scheiden lassen, war das einzig Richtige. Was für eine Vorstellung, mein Vater könnte bald wieder an einem Familiengericht sitzen, genau derselbe Mann, mit dieser Ideologie, mit diesem Rechtsempfinden [. . .] Sein Gerechtigkeitssinn war nur Fassade. [. . .] Lisa war betroffen. Vor ihr stand ein fremder Mann, der zufällig ihr Vater war. Traurigkeit lähmte ihren Körper. ‚Ich habe gesagt, du sollst gehen!‘ schrie er außer sich. Lisa Meerbusch verließ die Nummer neun in Biesenthal, ohne sich noch einmal umzusehen.“[27]

Der in konventionellem Realismus erzählte Roman gewinnt durch die in farbigem Anachronismus als moderne Zeitgenossen – Hermes als Motorrad-Freak – erzählten Götter an Reiz und Distanz zur Bestandsaufnahme der Wendezeit. Daß die Protagonistin nicht in den deutschen Westen, sondern nach Kreta will, hat auch etwas mit ihren schlechten Erfahrungen mit Freunden wie Oliver und Thomas zu tun, die sich allzu rasch an die Annehmlichkeiten des Kapitalismus gewöhnen und sie, oberflächlich geworden, verlassen. Als Lisa den Schuldienst wegen der „Enge der Volksbildung" 1988 verläßt – sie soll nach einer Friedensdemonstrationsteilnahme Selbstkritik üben und zieht sich zunächst diplomatisch aus der Affäre, sieht aber keinen Sinn mehr im Beruf und wird arbeitslos – interpoliert Kerstin Jentzsch ein Götterrat-Kapitel auf Kreta, in dem es bei den Allwissenden um Lisas politische Einstellung geht und der Leser eine genaue Lenkung erfährt. Die Götter gewähren ihr daraufhin den Aufenthalt auf Kreta, der Leser versteht das Dilemma nicht ideologisch empfindender DDR-Bürger besser. Aus dem freiheitlichen Demokratieverständnis der Götter und der ideologischen Sprachregelung der DDR-Zitate gewinnt dieser Roman passagenweise ironische Distanz und aufklärenden Lektürereiz:

„Athene urteilt vorsichtig: ‚Natürlich hat Lisa Meerbusch mitgemacht, denn sie hatte keine andere Möglichkeit. Ihre gesamte Erziehung war darauf ausgerichtet, die eigenen Bedürfnisse in den Hintergrund zu stellen. Sie ist hineingewachsen in den Sozialismus. Für sie war es normal, sich in regelmäßigen Abständen auf Versammlungen politisch zu offenbaren.‘

Hermes nickt erleichtert und ist froh, die von allen geachtete Athene als Mitstreiterin zu haben, und stimmt ihr zu: ‚Als Lisa Meerbusch das bewußt wurde, ist sie aus dem Schuldienst ausgetreten und aus den Massenorganisationen. In der Einheitspartei ist sie nie gewesen!‘ [. . .] ‚Bedenke, sie huldigt gar keinen Göttern!‘ sagt Hera gereizt. Hermes wagt eine Bemerkung: ‚Sie wurde bis jetzt nicht von uns geführt. Keiner von uns hat ihr Träume geschickt, keiner ist ihr erschienen. Wie soll eine Sterbliche das Gute erkennen, wenn ihr von allen Seiten das Falsche als einzige Wahrheit vorgegaukelt wird?‘ [. . .] Hermes greift zielsicher eine Papyrusrolle aus der Gepäcktasche seines Motorrades heraus und liest vor: ‚[. . .] am 8. Mai 1988, dem vierundvierzigsten Jahrestag der Befreiung vom Hitlerfaschismus durch die ruhmreiche Rote Armee, legt Lisa Meerbusch mit elf Freunden aus dem Kiez einen Kranz am Mahnmal Unter den Linden nieder. Auf der schwarzen Schleife steht: ‚Nie wieder Krieg!‘ Das ist ein Käthe-Kollwitz-Zitat. Die jungen Menschen haben Angst vor einem Atomkrieg. [. . .] Als sie die Parkplätze ihrer Automobile erreichen, kommen zwei Männer in Zivil auf sie zu und verlangen die Ausweise.‘" (S. 67 f.)

Zu Beginn des Romans, als das Flugzeug über Berlin den Blick auf das „tote, leere Band" freigibt, das die Stadt noch in zwei Hälften trennt, denkt die Zwanzigjährige darüber nach, ob die zwei Deutschland wegen zwei Generationen ideologischer Trennung „nicht zueinanderkommen", obwohl sie „dieselbe Sprache" sprechen. Ihr „Westchef" bleibt optimistisch, wenn wirtschaftliche Gleichberechtigung bald hergestellt wird. Lisa spürt, daß ihr Leute ihres Alters im Westen „um zehn Jahre voraus" sind: „Ehe ich das alles an Lebenserfahrung nachgeholt habe, bin ich dreißig, eine alte Frau" (S. 8). Die dreißigjährige Autorin Jentzsch bewährt hier neben einiger Selbstironie auch verhaltenen Optimismus.

6. Martin Walsers Roman „Die Verteidigung der Kindheit" und seine Erzählprosa, Essays und Interviews zur Überwindung der deutschen Teilung

Eigentlich bewegt Martin Walser das Thema der geteilten Nation und ein zunehmendes Leiden am Status quo schon seit Ende der 70er Jahre. Als die Reformära Brandt mit ihrer neuen, pragmatischen Formel seit 1970, „Zwei Staaten einer Nation", und den Inhalten Entspannung durch Kooperation auf den Feldern Entwicklungshilfe und Umweltschutz, sowie vorübergehender Verzicht auf Einheit als Voraussetzung für die Einigung, zu Ende gegangen war, ohne daß sich in den Schmidt-Jahren etwas in der territorialen, staatlichen, gesellschaftlichen und kulturellen Trennung der beiden Deutschland zu bewegen schien, fing Walser an, eine nationale Normalität mit seinem Begriff der „Heimatlichkeit" anzumahnen. Die vor allem durch den Umgang der Bundesrepublik *vor* der Reformära Brandt mit dem Vietnam-Thema ausgelöste Nähe zu einer Position weit links der Mitte, zwar jenseits konkreter Parteilichkeit, jedoch „zwischen DKP und SPD",[1] wich zunehmend dem Bedürfnis, eigenes Isolationsgefühl in der Bundesrepublik durch Rückkehr zu nationaler Normalität überwinden zu wollen, durch einen Bedarf nach weiterem „Horizont", „die Einbettung in eine allgemeine Tendenz, das Mehr-als-bloß-ich".[2] Hatte Walser Erich Honecker bereits 1974 wegen der für Brandt fatalen Spionage-Tätigkeit Guillaumes aus einer die Interessen beider Deutschland in der neuen Ost-Politik im Auge behaltenden Perspektive zum Rücktritt aufgefordert, stellte er zur „Deutschen Frage" 1977 (als Stadtschreiber von Bergen-Enckheim Abschied nehmend) fest:

„Wir müssen nicht hinnehmen, was passiert ist. Aber gelingen kann uns die Gegensteuerung gegen etwas, das aussieht wie Schicksal, nur, wenn wir fähig sind, uns mit dem Gang der Geschichte selbst zu verbünden; wenn wir fähig werden, den historischen Prozeß für uns arbeiten zu lassen. Dazu müssen wir uns ihm fügen, ihm dabei aber unser Interesse gewissermaßen einflößen."[3]

Sozialismus und Demokratie schienen dem Autor im Kalten Krieg allzu fremdbestimmt, eine Anerkennung deutscher Zweistaatlichkeit und damit der endgültigen Spaltung sei „unerträglich" und führe zur „Liquidierung von Geschichte".[4] Allerdings sah er in Ermangelung praktischer Schritte zu dieser Zeit im gemeinsamen Deutschland noch eine „reine Utopie", nach ihr jedoch ein „elementares Bedürfnis", geknüpft an den hier zum ersten Mal wieder auftauchenden Gedanken der gemeinsamen Kulturnation, an „weit zurück und tief hinunter hallende Namen", erworben durch eigene Lektüre deutscher Literatur seit der Aufklärung, dem Sturm und Drang, der Klassik und Frühromantik aus und über Sachsen und Thüringen (Weimar, Jena, Leipzig, Dresden).[5]

Nach dem deutschen Herbst mit den Höhepunkten der Schleyer-Ermordung durch RAF-Mitglieder und dem Stammheimprozeß, nach Wirtschaftskrise und steigender Arbeitslosigkeit, die im Westen zur Regierungsübernahme durch die liberalkonservative Koalition 1982 im Gefolge der Nachrüstungsproblematik (und zur inneren Spaltung der SPD mit der Konsequenz des Regierungsverlusts) führte, artikulierte Martin Walser Vorstellungen zu einer wünschenswerten Deutschen Einheit als Folge der gemeinsamen kulturellen Tradition und konkreter Interessen nationaler Selbstbestimmung an der Nahtstelle der Nachrüstung immer häufiger, wenn auch – naturgemäß vor 1989 – nicht präziser. So plädierte er prophetisch, wenn man an die Slogans von 1989 denkt, in einer Rede von 1979, „Händedruck mit Gespenstern", für eine größere Nähe der Intellektuellen zum deutschen „Volk", von dessen materiellen Nöten sie sich bereits in den zwanziger Jahren im Verherrlichen der „Roaring Twenties" abgehoben hätten, bis in die Gegenwart durch Bevorzugung der abstrakten Begriffe „Kollektiv" oder „Klassengesellschaft", so als sei „Volk zuerst zu einem Ausdruck für die Ansammlung von etwas Gemeinem zu machen":[6]

„Der Dumme ist immer das Volk. Das lernt eine Lektion nach der anderen und kommt kaum nach mit Lernen und Umlernen. Und das deutsche Volk ist ein Musterschüler in Ost und West. Lieber verliert es sich selbst [. . .]. Und selbst in Moskau oder New York darf ich nicht so rückhaltlos deutsch sein, wie sie dort russisch oder amerikanisch sind. Man erwartet von mir geradezu, daß ich mein Deutschsein mit einer Fassung trage, wie man ein Leiden erträgt, für das man nichts kann, das man aber auch nicht loswerden kann. [. . .] Auschwitz. Und damit hat sich's. Verwirkt. Wenn wir Auschwitz bewältigen könnten, könnten wir uns wieder nationalen Aufgaben zuwenden."[7]

Nicht daß Walser 1979 einem Verdrängen der Auschwitz-Geschehnisse und der damit zusammenhängenden geschichtlichen Sensibilität unter Deutschen jeder Generation danach und auf beiden Seiten der Mauer das Wort reden wollte; gerade um Verdrängung zu vermeiden, müßten die Deutschen wieder mehr „Miteinander, Solidarität und Nation" lernen, statt, wie das „bundesrepublikanisch-liberale Weltkind Kirche oder Kommunismus oder Faschismus" in dieser Trias zu sehen. In der Novelle *Dorle und Wolf* (1987) will der Ost-Spion Wolf, dessen Vater nach Buchenwald kam, weil er KZ-Insassen hier und da half, dann in der DDR zum Widerständler stilisiert wurde, die Gefahren der Nachrüstung zwischen beiden Deutschland mindern helfen. Er spioniert Nato-Geheimnisse, darunter Pläne für den Stealth-Bomber, aus und kommt zu dem Schluß, daß ein „Landesverrat" an den „immer bösartiger" und „wahrnehmungsloser" auseinanderstrebenden deutschen Teilen kein Verrat an „Deutschland" sei.[8] Auf einem Bahnhof in Bonn, „heimgekommen" zu seiner geliebten, oberschwäbischen Frau Dorle, hat er die Vision von lauter halbierten Reisenden, die sich dessen, gewöhnt an alle Annehmlichkeiten des freien Westens, schon längst nicht mehr bewußt sind und daher, wie der Richter im abschließenden Spionageprozeß, „in einem Teil" leben, „als wäre es das Ganze":

„Die anderen Reisenden auf dem Bahnsteig in ihrer Kompaktheit, Adrettheit, Gepflegtheit, Zielgerichtetheit kamen ihm plötzlich vor wie halbe Menschen. Lauter Halbierte strebten da hin und her. Die hier leuchteten, gleißten geradezu in ihrer Entwickeltheit und Fortgerissenheit. Er fühlte sich hingezogen zu allen. Wie richtig machten die alles, was sie machten! Aber wie wenig waren sie bei sich. Alle leuchteten vor Gelungenheit, aber keiner schien zufrieden zu sein. Sie wissen nicht, was ihnen fehlt. Und keiner würde, fragte man ihn, sagen, ihm fehle seine Leipziger Hälfte, seine mecklenburgische Erstreckung, seine thüringische Tiefe. Aber sie sind verloren in ein Extrem. Und die drüben sind verrannt ins andere Extrem. Das teilt mehr als der böse Strich durch die Geographie. Man sollte es auf dem Bahnsteig laut sagen. [. . .] Wir sind Halbierte. Und er am meisten."[9]

Während die bundesdeutsche Kritik die Novelle unterschätzte und sogar (wie etwa Heinrich Vormweg in der „Süddeutschen Zeitung" als „Ausrutscher ins Absonderliche", „völlig schiefgegangen", geschichtsvergessenes und „schlieriges Gerede" abtat, das die Realität nicht einmal „ritze",[10] fand die englische Übersetzung in den USA wohlwollende Beachtung.[11] Walsers Realitätssinn sollte bald genug unverhoffte Rehabilitierung erfahren, jedoch kam es, dessen ungeachtet, auch weiterhin zu unverdient rüden Verrissen bei Teilen des deutschen Feuilletons, wann immer der Autor seine These der Kulturnation thematisierte. Günter Grass hielt in den achtziger Jahren noch ebenso am Gedanken der Kulturnation fest, schlug eine Deutsche Nationalstiftung vor und vermerkte, im Vergleich von Christa Wolfs *Kein Ort Nirgends* und seinem eigenen *Treffen in Telgte,* daß „die deutsche Gegenwartsliteratur der beiden deutschen Staaten zusammengewachsen sei".[12] Nach der Wiedervereinigung wurde er zu einem der wichtigsten Kontrahenten von Walser, „er verhielt sich wie ein erschrockener Zauberlehrling, den spät, aber immerhin doch das Grausen vor den von ihm mitbeschworenen Geistern packt".[13] H. M. Enzensberger hingegen trat Walser zur Seite (wie auch Botho Strauß und etwas später, seit 1990 erkennbarer, H.-J. Ortheil, erst seit 1994 mit einer vermittelnden Position Peter Schneider und Jurek Becker[14]), wenn er Grass indirekt und voller Ironie vorhielt, „die Motive der DDR-Wähler moralisch zu zensieren".[15]

104

Als Martin Walser, noch 1988, mit Recherchen für den Roman *Die Verteidigung der Kindheit* (1991) begann, nachdem ihm ein Konvolut mit vielen Kartons Briefen, Dokumenten und Fotos zur Biographie jenes Protagonisten von einer Telefonseelsorgerin und ihrer Freundin ins Haus kam, aus dem er seinen schwachen Helden Alfred Dorn formte, sorgte seine Rede in den Münchner Kammerspielen, „Über Deutschland reden (Ein Bericht)" für breitere Resonanz.[16] Walser beklagt darin die Peinlichkeit jeglichen Gesprächs über die geteilte Nation, weil selbst alte Freunde, vorwiegend im Nachhall von 68er Gedankengut und Sorge vor jeglichem neuen Nationalismus, mit „Reizwörtern" aufwarten. Sicher ist hier Günter Grass mitgemeint: Die Kriegsschuld, Auschwitz und eine allfällige Sorge vor erneuter Kriegsgefahr – ausgehend von einem vereinigten Deutschland, und daher zu vermeiden – bestimmen den Deutschlanddiskurs. Walser zitiert den Friedensforscher Hans Sinn (1986), der vor der ungeheuren Zahl an „Massenvernichtungsmitteln" auf dem Gebiet der DDR und der BRD warnte,[17] und hält dagegen, dies sei zuerst die Folge der Teilung, die „unsere Nichtsouveränität in Ost und West" bedinge. Gegen die lange kulturelle Tradition der Gemeinsamkeiten (seit dem Mittelalter bzw. der Aufklärung) hält man an der auch lange bestehenden Kleinstaaterei fest. Walser beharrt auf dem nationalen Selbst- und Kulturverständnis der Klassiker und Romantiker. Politisch verweist er auf das Interesse der europäischen Nachbarn, unter dem Hinweis (einem Vorwand) auf die NS-Vergangenheit die Deutschen geteilt zu erhalten. Seine Vergleiche mit den USA, Italien und Frankreich versuchen, die innerdeutsche Grenze in ihrer ganzen Künstlichkeit erscheinen zu lassen:

„Warum schlagen wir nicht wenigstens unseren westlichen Freunden vor, sich eine Grenze wie die zwischen uns einmal am Ohio, an der Loire oder zwischen Rom und Florenz vorzustellen! Vielleicht könnte das einem Andreotti die Grenze an der Elbe vorstellbarer machen. Nur wenn die Gefahr bestünde, daß wir ins Hohenzollern oder Hitlerdeutsche zurückfielen, wäre die Teilung gerechtfertigt, ja geradezu notwendig. Uns diese Gefahr nachzusagen ist grotesk."[18]

Martin Walser ist mit seinen siebzehn Romanen und Novellen, einem halben Dutzend Dramen und vielen Erzähl- und Hörspielbänden, einem unglaublich beweglichen Erzählverfahren der „Fortschreibung" und Ironisierung bundesrepublikanischen Alltags – und darin nur Böll vergleichbar – ein viel zu gescheiter Prosaautor und poeta doctus, um die Vergleiche mit anderen Nationen nicht als ein tautologisches Argument zu durchschauen. Die deutsche Geschichte ist seit dem bürokratisch gründlich betriebenen, dennoch ethisch unfaßbaren, millionenfachen Judenmord und den imperialen Übergriffen des Zweiten Weltkriegs unter Mißachtung jeglicher Menschenrechte und der Genfer Konvention nicht durch Verrechnung oder Vergleich mit den Nachbarnationen zur wie immer düsteren Vorgeschichte einer wieder „normalen" Nation zu stilisieren. Wer die

Tragfähigkeit der bundesrepublikanischen Demokratie nach vierzig Jahren noch immer durch Gefahren eines Neoradikalismus vom rechten Rand her bedroht sah, ließ sich nicht durch verstrichene Generationenzeiträume, Kulturnationales, Zirkelschlüsse und Panoramablicke widerlegen, sah sich vielmehr wenige Jahre nach der Wende durch Hoyerswerda und Mölln eher wieder bestätigt. Wer die Literatur der kleineren Länder unter Deutschlands Nachbarn kennt – der Hinweis auf jüngste Titel aus Belgien und Holland mag genügen, darunter Hugo Claus *Der Kummer von Flandern,* Harry Mulischs *Attentat* und *Die Entdeckung des Himmels,* oder Monika van Paemels *Verfluchte Väter* –, der weiß, wie langlebig der Nachhall faschistischer Übergriffe des NS-Regimes in diesen Ländern ist, und wie aufmerksam man dort die jüngste Entwicklung beobachtet. Der überwundene Kalte Krieg macht eine skeptische Position gegenüber neofaschistischen Umtrieben nicht automatisch obsolet, steht damit prinzipiell nicht in Zusammenhang. Walser differenziert allerdings auch hier, indirekt Günter Grass meinend, in *Vormittag eines Schriftstellers* (1990/94):

„Die sanfte Revolution in der DDR: für mich das liebste Politische seit ich lebe, für die Demokratisch-Aufklärerisch-Sozialistischen: ‚DM-Nationalismus‘. [. . .] Aber wie, bitte, soll man ruhig bleiben, wenn immer noch ein Kollege beweist, Deutschland müsse in zwei Staaten existieren, weil Deutschland den Zweiten Weltkrieg verschuldet hat und die Teilung eine Folge dieses Krieges sei. Nichts Sinnloseres als ein weiteres Mal darauf hinzuweisen, daß die Teilung nicht eine Folge des Zweiten Weltkrieges ist, sondern ein Produkt des Kalten Krieges; [. . .] daß das doch nicht nur eine Grenze gewesen ist, sondern eine Front; daß der Krieg ein Religionskrieg gewesen ist, ein vierzigjähriger; [. . .] christliches Abendland gegen kommunistische Weltrevolution; der Marxismus als monotheistische Wahrheitslehre [. . .]."[19]

Die Faszination des Neuen Kontinents: Gründe für Walsers Bedürfnis nach Heimat in der Nation, dann erst in Europa.

Zu erklären wäre vielmehr, warum gerade Martin Walser nach seiner harschen Kritik an den USA während des Vietnamkriegs, auch die prowestliche Politik der Bundesrepublik kritisch einschließend und dagegen auf operative Literatur in „Fiction" (1970) setzend, in den achtziger Jahren der erste und fast der einzige ist, der sich prophetisch des deutsch-deutschen Dilemmas annimmt. Hier könnten zwei Thesen Klärung schaffen: die, anders als bei Böll, durch Fortschreibung des deutschen Alltags gewonnene Fähigkeit zur steten Wandlung und Mitentwicklung, auch im Politischen und Soziokulturellen. Walser wundert sich beispielsweise zu Recht, daß ein Intellektuellen-Boykott der Springer-Blätter, gedacht für eine Konstellation der späten sechziger und der siebziger Jahre, noch zwanzig Jahre später gelten soll und ihm von Günter Grass Inkonsequenz vorgehalten wird, als er der „Welt" oder der „Welt am Sonntag" zur Wendezeit ein Interview gibt. Und bereits in dem Drama *Eiche und Angora. Eine deutsche Chronik* (1962) wird viel Satire aus der Konstellation einer jeweils fünf Jahre zu spät lernfähigen Hauptfigur Alois gewonnen, auch wenn es insgesamt um den latent weiterwirkenden Faschismus und die Mimikry der Mitläufer geht.

Das andere Element, das Walsers besondere Perspektive vor der Wende erklärbarer macht, ist seine Serie von Gastprofessuren in den USA, wo er, sonst dem Glücksbegriff eher abhold, eben doch dem privaten Glücksempfinden am nächsten kam, hierbei aber zunehmend die transatlantische Perspektive einnehmen lernte, aus der das geteilte Deutschland, der Größenordnung eines amerikanischen Bundesstaates wie Texas vergleichbar, kein plausibler Dauerzustand sein konnte. Aus amerikanischer Sicht, wo man vom Kontinent als „Europa" spricht, gewöhnt man sich auch als Europäer daran, dorthin an Stelle von Einzelländern zurückzufliegen. Der Schritt von der Einheit zur gesamtdeutschen Einbettung in ein vereintes Europa erscheint so leicht nachvollziehbar, nicht nur, weil aktuelle Politik dies anvisiert. Aber dies allein motiviert Walser nicht, denn dann wäre ein Europa der Regionen ausreichend. Es geht ihm auch um das in den USA gut funktionierende, föderative Zusammenleben in durchaus unterschiedlichen Bundesstaaten. Und natürlich geht es ihm um die Nation als Zwischenglied zwischen Region und Europa, weil er sonst das Teilungsleid nicht plausibel machen kann. Walser polemisiert daher bis heute gegen einen allzu raschen Sprung von der Region ohne Umweg nach Europa, nach dem Modell: „Daheim Bayer, draußen Europäer."[20] In diesem Zusammenhang fällt auf, wie oft Walser Vergleiche zu den USA in Interviews über die deutsche Einheit heranzieht: 1988 fällt ihm beim „Über Deutschland reden" anläßlich mahnender Pressestimmen zu Schlesiertreffen und Neonazitum ein, wer mit solchen „Argumenten deutsche Geschichtsentwicklungen verhindern" wolle, „müßte US-Amerika in eine geschlossene Anstalt" einliefern, „Diagnose: rassisch-religiöser Autismus" angesichts vieler „Clan- und Fernsehpredigerpeinlichkeiten". Dies sei aber für den Amerikakenner „nicht nötig" (S. 82), vielmehr eine globalere Sehweise:

„Es ist immer mehr möglich, als Fachleute auszurechnen imstande sind. Das konnte man schon vor Gorbatschow sagen. Zwei vernünftige Leute gleichzeitig im Amt, einer in Washington, einer in Moskau, und in Bonn und Ostberlin keine bloßen Verwalter, dann schrumpft die Trennung." (S. 90).

Im Blick auf vergleichbare Nationen, die nicht geteilt sind, fällt ihm zuerst die undenkbare Grenze in „Ohio" ein, dann erst die Loire und eine Trennungslinie zwischen Florenz und Rom. Mitte 1991 auf den Neofaschismus angesprochen, empfiehlt Walser, was ihn selbst während seiner Gastprofessuren zur Innovation und neuen Perspektiven führte:

„Ich kann mir nicht vorstellen, daß subkutan unter der deutschen Gesichtshaut sich einfach eine faschistische Ader am Leben erhält und bei der erstbesten Gelegenheit aufbricht, um ein neues Geschwür zu produzieren. Das ist mir zu metaphysisch, zu wenig geschichts-materialistisch. Der Faschismus hatte höchst reale Ursachen. Diese Ursachen sind seit dem 8. Mai 1945 immer schwächer geworden. Natürlich kann die Gesellschaft jetzt diesen Kostüm-Faschismus auf Dresdener Straßen solider machen, als er von seiner Substanz her ist. Lieber sollte man jedem dieser Skinheads ein Zwölf-Monats-Stipendium in irgendeinem Ausland gewähren. Jeder käme durchlüftet und erleuchtet, also geheilt zurück. Die haben einfach noch zuwenig Palmen gesehen."[21]

Genau jene innovativen Folgen eines gründlichen Tapetenwechsels, „durchlüftet, erleuchtet, geheilt" aus dem Ausland zurückzukehren, assoziiert Martin Walser mit seinen Amerika-Erlebnissen. „Glück" fand er dort am ehesten, „Unglück" bedeutete in den Romanen und Essays die Rückkehr der Protagonisten in den eigenen Winkel aus dem Land des goldenen Westens. Schon der Roman *Halbzeit* läßt Spuren dieser Erfahrung erkennen:

„Ich war 1958 einen Sommer lang in Amerika, habe teilgenommen am Harvard International Seminar, das von Henry Kissinger damals geleitet wurde, [. . .] schon 31 Jahre alt und hatte keine Lust mehr, nach Deutschland zurückzukehren. Dann war ich noch vierzehn Tage in New York, und das Flugzeug zurück nach Europa war wie eine Operation ohne Betäubung – das war furchtbar für mich. Und dann bin ich zu Hause gewesen, und mein Mißbehagen wurde immer größer. Und dann hab ich mich hingesetzt nach nicht ganz vier Wochen und habe einen Roman geschrieben [. . .] Aus lauter Wut sozusagen. [. . .] Die Energie dazu kam aus dem Erlebnis des Gefangenseins auf einem Kontinent, einem Land, einer Familie, einer Sprache [. . .]"[22]

Hier bereits sind Spuren eines beengten Heimatgefühls im ungeklärten deutschen Selbstverständnis, das durch die kurz darauf errichtete Mauer nur verschlimmert wurde. Während des Vietnamkriegs hat Walser dann die USA gemieden, zusätzlich provoziert durch die bundesdeutsche Berichterstattung darüber. Aber selbst in seinen Aufsätzen aus dieser Zeit ergeht kein einseitig negatives Amerikabild. In „Amerikanischer als die Amerikaner" weist er auf jene innere Opposition der Friedensbewegung in den USA hin, ein besseres, sympathisches Amerika, das „gegen das Kriegführen arbeitet", von dessen legerer Art man profitieren könne, „der humansten Großmacht, die es je gegeben hat". Als er 1972 in den „Neuesten Nachrichten aus den USA" von „faschistischen Zügen in der amerikanischen Gesellschaft" spricht, betont Walser, daß es sich um den schlechteren Teil der USA handelt und bereist seit 1973 die Vereinigten Staaten wieder öfter, meist in Lehrtätigkeiten auf dem Campus in Vermont, Texas, West Virginia (1976), New Hampshire (1979), später New Jersey und Kalifornien, wobei er immer den „Kurcharakter" betont, den die Entfernung vom bundesdeutschen Kulturbetrieb für ihn bedeute. Sogar „Heimweh" nach jenem „konkreten Amerika" seiner Erfahrung (jenseits des „kapitalistischen Amerika, von dem der Globus dröhnt") bekennt er 1975 in dem Prosagedicht „Versuch, ein Gefühl zu verstehen" und meint, dort sei man „etwas glücklicher als in Europa".

Eine Gastdozentur in Berkeley 1983 regt den Autor zu neuer Fabulierlust im Roman *Brandung* (1985) an, worin der Antiheld Helmut Halm aus *Ein fliehendes Pferd* (1978) als Hauptfigur fortlebt. Der 55jährige Halm wird von einem Tübinger Studienfreund nach Oakland eingeladen, wo er von der Schul- und Eheroutine in Stuttgart durch eine neue Liebe zur 22jährigen Studentin Fran Webb rasanten Abstand gewinnt. Der erträumte Liebesverkehr besteht am Ende jedoch nur aus gemeinsam übersetzten Rilke- und Shakespeare-Sonetten. Immerhin aber zeichnet sich durch die Rollenprosa hindurch in den intertextuellen Lektürefreuden Halms bereits des Autors durch Faulkners *The Hamlet* (1940) bestärktes, durch Proust-Verehrung bereits vorgeformtes Interesse am minutiösen, fast obsessiven Bewahren der Vergangenheit und der Alltagsrequisiten abgelebten Lebens im Roman ab, bevor es in *Die Verteidigung der Kindheit* zum beherrschenden Schreibimpuls und Leitmotiv des schwachen Helden Alfred Dorn wird:

„Halm kam alles in diesem Buch wundervoll vor. Näher bei Homer als bei ihm selbst. Er brachte die kauenden, spuckenden, spekulierenden Figuren nicht mehr aus dem Kopf. [. . .] Er reiste mit Faulkners Buch immer tiefer hinein in dieses Amerika. Die arme, dünne, grelle Haut der Gegenwart war nichts gegen die Vergangenheitsmächtigkeit."[23]

Walsers Amerika enthüllt am scheiternden Studienfreund, den der Alkohol, das Heimweh und die unglückliche Ehe in den Selbstmord treiben, auch Charakterschwächen des Deutschen, die das Heimatmotiv – bereits seit den Aufsätzen in *Heimatkunde* (1968) ein Walsersches Thema – nun immer wichtiger werden lassen. Unnnötig, hier noch einmal den Bezug zur Nation zu betonen, der aus dem Kontrast zum anderen Land und aus der Selbstfindungsfunktion der Neuen Welt für den Autor erwächst. 1991 kommt Walser in zwei Interviews auf die Glücksfrage zurück; obwohl er mit dem Begriff nichts anfangen kann, nur in Reminiszenzen an Familienausflüge in Kalifornien zugesteht, „wahrscheinlich glücklich" gewesen zu sein, kommen die zwei Seiten der Medaille, das USA-Modell und die deutsche Entwicklung seit der Wende, indirekt zum Vorschein.[24] Die Überwindung der Teilung macht den Autor zwar nicht „glücklich", aber die anhaltende Freude darüber und die „Trauer" auch darüber, Kant-Lektüre heute mit Kaliningrad zu verbinden, statt mit Königsberg, bleiben – ohne dabei gleich von den „Kollegen" unter die „Revanchisten" oder in einen „Vertriebenenverband" eingereiht zu werden; sein Teilungsleid vor der Wende habe ihn seine „letzten Freunde" gekostet. Bei der Frage, was den Autor „unglücklich" mache, fällt Walser spontan die Depression ein, als er von einem „dreimonatigen Aufenthalt auf dem Harvard-Campus" zurückkam und dann, wieder in Friedrichshafen, vom Schaffner mit Namen angeredet, sich „wie ein eingefangener Sträfling" vorgekommen sei.

„‚Was, wenn Sie versucht hätten, in Harvard zu bleiben?'" Walser: ‚Dann wäre ich vielleicht von Harvard nach Texas, von Texas nach Seattle . . . Und immer so weiter. So geht das doch nicht. Nein, das Leben, damit müßte man sich abfinden, ist ein Selbstmord auf Raten.'"[25]

Selten ist das dialektische und andauernde Spannungsverhältnis von Welt und Enge, Anonymität und Freiheit, Heimat und Seßhaftigkeit an den beiden Polen des Glücksgefühls und am Beispiel des unsteten American Way of Life aus Walsers Bodenseeperspektive so deutlich geworden. Das Deutschland nach der Wende und der Fall der Mauer bilden eine vorübergehende Synthese, eine perspektiven-öffnende Innovation, bis der Autor 1994 ironisch in einer Zeit-Sammlung von Deutschland-Gedichten zur Buchmesse die Parodie des „Lieds der Deutschen" von Fallersleben als „Hymne aktuell" in neuer Nüchternheit so formuliert:

„Deutschland, Deutschland unter anderem/ unter anderem auf der Welt/ von den Feinen fein verachtet/ von den Groben grob entstellt./ Deutschland, Deutschland unter anderem/ unter anderem in der Welt."[26]

Eine ähnliche Parodie von noch knapperer, epigrammatischer Treffsicherheit gelingt, ebenfalls fünf Jahre nach der Wende, Jurek Becker mit seiner Fernsehserie unter dem Titel „Wir sind auch nur ein Volk".[27] Martin Walser läßt jedenfalls in seiner spontanen Reaktion auf die Wende, zwei Tage nach dem Fall der Mauer, unverstellt seine Freude über die historisch zu nennende, von niemandem so rasch erwartete Entwicklung erkennen. In deutlicher rhetorischer Überhöhung (in den Doppelformeln und den Rahmensätzen mit Refrainfunktion) und mit einer euphorischen Vision läßt der mit dem Glücksbegriff so Vorsichtige hier eben dieses Gefühl erkennen:

„11. November 1989

Zum erstenmal in diesem Jahrhundert, daß deutsche Geschichte gut verläuft. Zum erstenmal, daß eine deutsche Revolution gelingt. Die Deutschen in der DDR haben eine Revolution geschaffen, die in der Geschichte der Revolutionen wirklich neu ist: die sanfte Revolution. Das ist eine Revolution, die die Leute selbst vollbringen, ohne importierte Theorie. Diese sanfte Revolution wird die Welt davon überzeugen, daß die Deutschen eine neue politische Form brauchen. Nachkriegszeit und Kalter Krieg haben gedauert bis zum 9. November 1989. Wir sind jetzt friedfertig. Und kämen jetzt alle Deutschen herüber, sie wären alle willkommen. Wir haben etwas gut zu machen an ihnen. [. . .] Zuerst richten wir uns jetzt das deutsche Zimmer ein, bevor wir vom europäischen Haus reden. [. . .] Jetzt ist die Zeit, glücklich zu sein, sich zu freuen, daß Deutschen auch einmal Geschichte gelingt.“[28]

Der Roman als Hohlform der überwundenen Teilung: Eine Kindheit in Dresden, ein gescheitertes Leben zwischen beiden Deutschland.

Martin Walsers „Über Deutschland reden" (1988) prognostizierte eindrucksvoll und hellsichtig ein Jahr vor der Wende, bei aller „konkreten Aussichtslosigkeit" doch nicht „hoffnungslos", einem aus der gemeinsamen Kulturtradition gespeisten „Geschichtsgefühl" folgend, „die Deutschen würden, wenn sie könnten, in ihren beiden Staaten für einen Weg der Einheit stimmen".[29] Auch wenn Walser den Begriff „Kulturnation" hier als „Abfindungsform" charakterisierte, ist der Text getragen von Beispielen langer gemeinsamer Kulturtradition. In dieser Rede sind die wichtigsten Aspekte jener politischen und soziokulturellen Ausgangsposition versammelt, die zur Arbeit an dem Roman inspirierte. Aber auch die generelle Schreibintention ist damit begründet, an einem manisch die Vergangenheit bewahren und sammeln wollenden Juristen Dorn (1929–1987) aus Dresden, der dort und in West-Berlin studierte und in Wiesbaden starb, die Kalamitäten und Schikanen im deutsch-deutschen Alltag an einem gescheiterten Lebensentwurf zwischen beiden Deutschland zu demonstrieren. Denn Walser will seine Romane in der psychologischen Realismus-Tradition von Proust und Faulkner, also immer auf der beharrlichen „Suche nach der verlorenen Zeit", nicht mit dem politischen Meinungsstreit im Feuilleton verwechselt und vermengt sehen. Zu seinem Antihelden Dorn sagt der mit ihm fühlende Autor:

„Alle Figuren, mit denen man arbeitet und die man zur Selbständigkeit und zu einem Eigenleben bringen will, sind natürlich Puppen in der Hand des Autors. Mit deren Hilfe kann er deutlicher reden, als er sich als bürgerliche Person zu reden getraute. [. . .] Ich würde nie in einer Abendunterhaltung Genauigkeiten formulieren können wie mit Hilfe einer Figur. Schon die Sprache stünde mir nicht zur Verfügung. Eine solche Liebe und Intimität hat in der Wirklichkeit nirgends eine Statt, nur zwischen zwei Buchdeckeln. [. . .] Ich versuche immer, auf einen trostlosen Verlauf mit einer Komödie zu antworten. So entsteht ein Gelächter, das die Wirklichkeit nie gestattet. Die Figur kriegt dann eine Genugtuung, die sie auf der Welt nie bekommen könnte. [. . .] Das ist das, was mich zum

Leser gemacht hat, als Kind, [. . .]. Weil ich mir rettbar vorkommen wollte [. . .]. Auch bei Dostojewski oder Kafka – das ist zwar eine furchtbare Misere, die da von Kapitel zu Kapitel passiert, aber diese Misere wird doch in Tanzschritte aufgelöst. Im Buch wirft die Misere einen weißen Schatten, während die Wirklichkeit nur einen schwarzen erlaubt."[30]

Es geht also um eine Demonstration *ex negativo* über den Alltag im geteilten Deutschland und seine an den Nöten der Hauptfigur ablesbare Notwendigkeit zu dessen Überwindung, konzipiert noch vor dem Fall der Mauer, im Frühsommer 1988.[31] Walser verfährt aber darin mit einem so minutiösen Milieu- und Detailrealismus über das Dresden und Berlin der vierziger und fünfziger Jahre bis zur noch geteilten Realität des Jahres 1987, als der Protagonist sich mit Tabletten das Leben nimmt, daß sich vieles von der gegenwärtig deutlich zu Tage tretenden Ungleichzeitigkeit der beiden Deutschland, im Materiellen wie in der Mentalität (und bei gleichzeitiger Fortbewegung beider Teile, verbunden mit drastischem Identitätsverlust vieler Ostdeutscher), ebenfalls an der dargestellten Romanwelt ablesen läßt. Zunächst die Handlung:

„Der Roman *Die Verteidigung der Kindheit* (1991) setzt ein mit einem Abschied: Alfred Dorn, Jura-Student aus Dresden, ist beim Examen in Leipzig durchgefallen und reist nach West-Berlin, um sich dort an der Freien Universität einzuschreiben. Seine illegale Übersiedlung aus der DDR in den Westen ist nur zum Teil politisch motiviert; zugleich entflieht er einem familiären Konflikt: Der Vater hat die Mutter verlassen und betreibt die Scheidung. Nun stehen beide auf dem Bahnhof, und Dorn darf den väterlichen Händedruck nicht erwidern, dies wäre Verrat an der Mutter. Das Muttersöhnchen, nie recht erwachsen geworden, weicht den Forderungen des Alltags in Ersatzwelten aus: ins Kino, in die Musik, in seine akribisch betriebenen Studien sächsischer Geschichte als Vorarbeit für ein nicht einmal begonnenes literarisches Werk, in das zweckfreie, an Fetischismus grenzende Projekt einer Rekonstruktion der Vergangenheit. Denn in der Gegenwart kann (und will) Dorn sich nicht behaupten.

Ordnungsprinzip des vierteiligen Romans sind die Stationen des beruflichen Werdegangs: Der erste, umfangreichste Teil schildert die Studienjahre in West-Berlin und die schließlich doch bestandene Prüfung; der zweite die Referendarzeit, während der Dorn die hinfällige Mutter zu sich holt; es folgt seine erste Anstellung in der Verwaltung (in dieser Zeit betreibt er, nach dem Tod seiner Mutter, einen obskuren Mutterkult); schließlich seine bescheidene Karriere als Regierungsdirektor im ‚roten' Hessen, wo er nicht bloß wegen seiner politischen Einstellung (er nennt sich gern einen Reaktionär) als Sonderling gilt. Der Selbstmord Dorns, vielleicht auch nur ein Tabletten-Unfall, ist ein unspektakulär inszeniertes Ende: Der Tote wird auf dem Boden gefunden, den Körper so ‚gebogen, als habe er sich eine embryonische Form geben wollen'."[32]

Die Rezeption dieses – noch vor Monika Marons *Stille Zeile Sechs* (Herbst 1991) als dem anderen, wichtigen Deutschland- und DDR-Roman des Jahres – im Sommer 1991 erschienenen, ersten bedeutenden Zeitromans seit der Wende war intensiv und nahm Walsers ungeheuer detailreiche Biographie Alfred Dorns als eine gegen Ende zu spröde, insgesamt teilweise meisterliche Folie für die Geschichte beider Deutschland seit dem Dresdener Feuersturm im Februar 1945 mit viel Einfühlung auf. Die Umstände des frühen Todes, eine zunehmende Depression des „Jünglingskindes" (Anselm Feuerbach über Kaspar Hauser), nach dem Tod beider Eltern, Freitod oder Tablettenunfall, werden vom Autor so sorgfältig arrangiert, daß sie Aufschluß über den intendierten Tiefendiskurs bei aller dokumentarischen Authentizität im realistischen Zeitrequisit geben. Die mittels der fremden Fotos, Briefe und Aufzeichnungen nachgestellte Geschichte einer gescheiterten, verweigerten Initiation wird getragen von den Theorien Blochs und Freuds, also vertrauten geistigen Leitfiguren Walsers. Entstanden ist mit Alfred Dorn, ungeachtet der biographischen Materialien, der typische Walser-Held mit seinen für den Leser tragikomischen Leiden am Alltag. Zugleich gelingt Walser die erstaunliche *tour de force* eines über 520 Seiten durchgehaltenen Sitten- und Gesellschaftsromans rekonstruierter deutsch-deutscher Geschichte in vier Zeit- und Berufsabschnitten und vielen Rückblenden von den frühen fünfziger Jahren bis 1987. Walser läßt durchaus Einblicke in seine Werkstatt zu:

„Menschen, denen draußen schlimm mitgespielt wurde, kommen zum Schriftsteller, daß er das Schlimme durch Erzählen beantworte: aus der furchtbar gewöhnlichen Niederlage eine Art Sieg mache. [. . .] Die Alfred-Dorn-Geschichte wurde mir von zwei Frauen gebracht, die ein paar hundert Kilometer gefahren waren, um mir eine Handvoll Briefe und Karten zu geben. Der Empfänger sei tot. Es seien noch ein paar Kartons voll mit Briefen, Zeitungsartikeln, Photos da. Man müsse das verbrennen, falls sich nicht ein Schriftsteller dafür interessiere. Ich interessierte mich dafür. Arbeitete mich ein Jahr lang hinein in ein verletzungsreiches Leben, in die faszinierende Jurasprache, ins Sächsische, in sächsische Geschichte, das sächsische Wesen und in die deutsch-deutsche Groteske, die war ja noch dran. Alle Romanfiguren haben Vorbilder in der Wirklichkeit. Aber daß einem anderen etwas Schlimmes passiert ist, ist für mich noch kein Roman. Ein Schriftsteller kann sich nicht beliebig Stoffe aneignen. Es gehört eine Legitimität dazu. Eine Leidensverwandtschaft [. . .]. Nach einem Jahr der Einarbeitung hielt ich es nicht mehr aus, ich mußte schreiben. Inzwischen liebte ich meinen Helden. Er war jetzt mein Held. Adoption und Zeugung waren eins geworden. Ich probierte, ob sich das Schreiben verselbständigen würde. Es lief. Insgesamt drei Jahre lang. Ich hatte das Gefühl, ich dürfe die Figur in die Familie meiner einsilbigen Helden [Krott, Zürn, Horn, Halm, Buch, Kern, Dorn, d. V.] aufnehmen."[33]

Die Passage verrät bereits einiges über die künstlerische Überformung eines Materials mit eigenen Projektionen und Intentionen. Bei Proust, zu dessen deutscher Erstausgabe Walser einen wichtigen Aufsatz, *Leseerfahrungen mit Marcel Proust* (1958), schrieb, hatte er nicht nur gelernt, „banale" Alltagssituationen in ihrer sozialkritischen Enthüllungsmöglichkeit ebenso ernst zu nehmen, „wie irgendeine Festwoche voller Metaphysik". Bei Bloch, über dessen Hauptwerk *Das Prinzip Hoffnung* (1954–1956) Walser im selben Jahr „Mit Marx und Engelszungen" schrieb, und den er oft als seine Version von Marxverständnis zitierte, hatte er sein wohldifferenziertes Heimatverständnis aus den Schlußpassagen des Werks herausgelesen und gelernt, die Kunst als „Vor-Schein" einer utopischen, brüderlichen Übereinstimmung des Menschen mit sich aufzufassen:

„Das Morgen im Heute lebt, es wird immer nach ihm gefragt. Die Gesichter, die sich in die utopische Richtung wandten, waren zu jeder Zeit verschieden [. . .]. Die Richtung dagegen ist hier überall verwandt, ja in ihrem noch verdeckten Ziel die gleiche: sie erscheint als das einzig Unveränderliche in der Geschichte. Glück, Freiheit, Nicht-Entfremdung, Goldenes Zeitalter, Land, wo Milch und Honig fließt, das Ewig-Weibliche, Trompetensignal im Fidelio und das Christförmige des Auferstehungstages danach [. . .].

Die Wurzel der Geschichte aber ist der arbeitende, schaffende, die Gegebenheiten umbildende und überholende Mensch. Hat er sich erfaßt und das Seine ohne Entäußerung und Entfremdung in realer Demokratie begründet, so entsteht in der Welt etwas, das allen in die Kindheit scheint und worin noch niemand war: Heimat."[34]

Hier sind wichtige Stichworte für Walsers „Kindheits"-Roman versammelt, die auch den sprechenden Namen des schwachen Helden „Dorn" erklären helfen. Dorn ist ein ödipaler Narziß, der an einer extremen Mutterbindung leidet, und, seit dem Verlust der Jugendphotos und -gegenstände im Angriff der Alliierten auf Dresden am 13. 2. 1945 manisch alles mit Dresden und der Mutter Zusammenhängende bewahrt, ein „Selbstverhinderer", der zunehmend der Vergangenheit lebt. Auf anrührende Weise verliert er seine Startchancen nach Anläufen zu einem endlich geglückten Juraexamen in beiden Deutschland über der Pflege der sterbenden Mutter im Berliner Westen und kann nicht promovieren. Das geteilte Deutschland erschwerte bereits die juristischen Staatsprüfungen: Leipzig, wo man seine unideologische Einstellung mit Nichtbestanden quittiert, und West-Berlin, wo es zu einem „Vollbefriedigend" und damit immerhin einem „Prädikatsexamen" reicht. Die zweite Staatsprüfung gerät wegen der aufopfernden Pflege – die verarmte Alterssituation der Mutter ist den Umständen einer Ehescheidung und bürokratischen DDR-Maßnahmen geschuldet – nur zu einem „Ausreichend". Nach dem vielversprechenden Einserabitur und Anläufen zur Kunst – er hat das Zeug zum Pianisten – wird Dorn zu einer E.T.A.-Hoffmann-

114

Figur als wenig bewirkender Verwaltungsjurist für Wiedergutmachung und Denkmalpflege in Wiesbaden, plant aber mit seiner Familiensammlung ein eigenes Buch nach seiner Pensionierung und, in immer deutlicherem Narzißmus, ein „Alfred-Dorn-Museum". Beim Tode seiner Mutter entsteht der Plan zu diesem „Pergamon"-Projekt:

„Wenn man nach zweitausend Jahren den Pergamon-Altar wieder aufbauen konnte, kann man auch seine Kindheit wieder aufbauen! [...] Es ist soviel verbrannt, verschüttet, verloren, jetzt kommt es auf jedes Foto an, auf jedes Backrezept, jeden Bettvorleger." (V, S. 263)

Das Grabmonument, das er der Mutter errichtet, gewinnt symbolische und symptomatische Züge in der Nähe des Bloch-Zitats: Das Lamm mit Kreuzfahne neben der Aufschrift „Mutter", in symbolischer Nähe zum sprechenden „Dorn"-Namen, hebt das rechte Vorderbein analog einem Jugendfoto von Dorn und in der Bewegung der „sixtinischen Geste" aus dem berühmtesten Bild der Dresdener Sammlung, nämlich dem „Abhebenwollen". Die Geste ist besonders auffallend, „weil die Bewegung umgeben ist von einem weiten Dornenkranz" (S. 382). Alfred Dorn versteht es als „sein" Lamm: „Das Lamm, welches geopfert wurde, weil es selbst wollte", auf die „Selbstverhinderung" des frühen Lebensentwurfs durch exzessive Mutterbindung hinweisend und die Todesumstände des wie im Zölibat lebenden (wohl latent homosexuellen) Dorn präfigurierend. Daß Alfred nach den Kategorien von Freud zum Fall stilisiert erscheint, zeigt Walser in den großen Linien des Scheiterns seines Antihelden, indem er Dorn und die Mutter in allen Szenen als Hände haltendes Liebespaar darstellt, den Vater als im Laufe des Romans gewinnenden Erzieher, dessen etwas spartanische Ratschläge aufgrund des anderen, stärkeren „Über-Ichs" ungehört verhallen. Alle anderen Figuren im Roman bleiben Nebenrollen, ein reiches Arsenal von überheblichen West-Berliner Kommilitonen gegenüber dem Ich-schwachen Dresdener Studenten, von politisch-parteilichen Juristen-Kollegen und die starke Familienbindung der DDR-Nischenmentalität belegenden Verwandten, die es Dorn gut meinen. Einige wenige West-Gönner begleiten den Weg bis zur Position des Wiesbadener Regierungsdirektors Dorn. Ein junger Mann, der zu Verkehrsunfällen neigt, der in den Westen abgeschobene Nassauer mit dem an Wagner anklingenden, problematischen Namen „Richard Fasold", wird dem gutmütigen Dorn zum ausnützerischen Dauerproblem in der letzten Lebensphase. Der Tod kommt einem Skandal in dieser belastenden, einseitigen Beziehung zuvor, die Alfred Dorns totale Vereinsamung am Romanende, nach dem Tod beider Eltern, nicht mehr lindern kann.

Wieder gestaltet Walser das letzte Bild des auf „dunkelblauem" Kirman-Teppich hingelagerten Toten nach den Kategorien Freuds und Blochs. Er liegt in „leicht rechter Seitenlage": „Der Körper lag gebogen, als habe er sich eine embryonische Form geben wollen" (S. 518). Das „Jünglingskind" (nach Feuerbach auf Kaspar Hausers verhinderte Initiation gemünzt) hat dem übermächtigen und einseitigen Eltern-Ich Tribut gezollt und kein „Selbst" entwickelt. Auf dem Schreibtisch des Toten liegen noch Blätter, auf denen der begabte Unterschriften-Imitator die Signatur Franz Kafkas probte. Dies Ende erklärt sich aus der Werksgeschichte des Romans, als Walser entscheiden mußte, ob die Dokumente des Dorn-Modells „verbrannt" werden sollten, oder ob er darüber schreiben würde. Die Allusion zielt auf Kafkas Bitte an Max Brod, seine Schriften zu verbrennen, in der Kulisse zeigt sich der Autor Walser, der über Kafka promovierte und demgemäß, wie Brod, der Alternative des Verbrennens nicht folgte, sondern Dorns „Pergamon"-Projekt mühevoll vollendete.

Blochs „Heimat"-Verständnis, schon früh bei Walser in dem Aufsatz *Heimatbedingungen* (1972) aufgenommen als ein Stück Utopie ohne „Entäußerung und Entfremdung in realer Demokratie", prägt nicht nur die Vorstellungen Walsers in der Verbindung von Heimat und Nation, sondern in diesem Roman auch den Titel und das Verfahren der Suche nach jener utopischen „Welt", die wahrer Heimat verknüpft ist: „etwas, das allen in die Kindheit scheint und worin noch niemand war". Dorns Grabkult verbindet das „Ewig-Weibliche" der bilderreichen Bloch-Passage mit dem „Christförmigen des Auferstehungstags danach", unentfremdet und in Freiheit. So zeigt jene späte Stelle im Roman, die von Dorns künstlerischem Biographie-Projekt handelt und den Titel wieder aufnimmt, eine Nähe zum Hoffnungsbegriff Blochs, der von oberflächlichem Optimismus weit entfernt war, aber der Kunst verbunden: „Vielleicht war es ein Zeichen der Erschöpfung, daß er jetzt öfter die Hoffnung mobilisierte, die soviel Kraft beanspruchende Vorbereitung sei schon das, was sie vorbereiten sollte: die Verteidigung der Kindheit gegen das Leben" (S. 511). Der Schlußsatz des am Ende doch streng gerahmten Romans, dessen vier Teile Volker Hage mit der Struktur einer Sinfonie verglich und mit einem „Deutschen Requiem"[35], lautet:

„Wo dieser Tote jetzt hingehörte, wußten die Vertrauten, auch ohne daß ein Testament es befahl: Alfred Dorn mußte in Berlin beerdigt werden; in dem Grab, dem das Lamm fehlt." (S. 520)

Das Stichwort der zu Beginn der Roman-Niederschrift noch geteilten Stadt führt zur historischen Folie dieses sehr eigenwilligen Helden zurück. Wie ein Leitmotiv durchzieht viele Handlungsfügungen das Leiden des Protagonisten und seiner Familie an den Behörden- und Grenzschikanen, öfters in dem Ausruf gipfelnd: „Das deutsche Laster". Die menschenunwürdige Gründlichkeit bei der Betreibung der Grenz- und Trennungsprozeduren läßt den Autor immer wieder verzweifeln und macht das Buch zu einem wichtigen Beitrag zur Einheitsthematik. Der nach dem Fall der Mauer nicht mit „Abrechnen und Rechthaben"[36] beschäftigte Autor, sondern mit der geduldigen Arbeit an seinem spröden Stoff

116

und der nur scheinbar privaten Alltagsmisere Dorns, blickt zurück auf 1945, den Horror der Dresden-Vernichtung und die vierzig Jahre der Teilung, ohne das Holocaust-Thema auszusparen. Am überzeugendsten erinnert er an das Unmenschliche solcher Szenen an der deutsch-deutschen Grenze:

„Der Abschied war für beide, weil sie erlebt hatten, daß sie einander überhaupt nicht helfen konnten, gleich schmerzlich. Dazu paßte die Prozedur der Ein- und Ausreise, die die Ost-Behörde inzwischen für West-Besucher erfunden hatte. Ein System aus Schaltern und Gängen von überirdischer Scheußlichkeit. Als er droben auf dem Bahnsteig wartete, fuhr auf dem anderen Bahnsteig ein Zug ein. Sofort ging eine Reihe von Polizisten von hinten nach vorn an den Wagen entlang. Alle in der gleichen Entfernung von den Wagen und voneinander. Vollkommen regelmäßig knickten ihre Köpfe tief nach vorn und drehten sich dabei den Zugwagen zu. Sie schauten, ob DDR-Bürger auf den Radachsen steckten, um zu entkommen. Das deutsche Laster als Idiotenballet. Unter dem ersten Wagen kam ein Schäferhund hervor. Er hatte auch nichts gefunden. Eine Decke mit Riemen lag bereit. Die wurde dem Hund übergeschnallt. So gewappnet, verschwand er wieder und tauchte dann vor der Lokomotive wieder auf. Auch unter der Lokomotive, vor deren Exkrementen ihn die Decke schützen sollte, kein Flüchtling. Das deutsche Laster als Hundeschnulze. Alfred hatte den Eindruck, diese Kontroll- und Einschüchterungsgemeinheit solle bewirken, daß jeder sich das nur ein Mal gefallen lasse. Der Marxisten-Staat ertrug keine Zuschauer." (V, S. 392)

Das tiefenscharfe Bild der Misere an der innerdeutschen Grenze ist wirksamer als jeder zeitkritische Essay. Walser schrieb diesen Roman als Pergamon-Projekt zur Überwindung der Mauer in den Köpfen.

7. Monika Marons Verabschiedung der DDR-Ankunftsgeneration im Roman „Stille Zeile sechs"

Keiner ihrer Romane und gewichtigeren fiktionalen Texte konnte in der DDR erscheinen. Die als einzige Ausnahme in der Ostberliner „Morgenpost" erschienene literarische Reportage, *Die Moral der Frau Förster* (1974), bestätigt bereits in der dem sozialistischen Realismus entwachsenen Gattung die Regel solcher Ausgrenzung aller anspruchsvolleren, kompromißlos spätmodernen und in der Botschaft für das DDR-System unbequemen Erzählprosa Monika Marons.[1] Der als Journalistin zur Literatur gekommenen Autorin (für die Frauenzeitschrift „Für Dich" und die von ihr als „Oase" empfundene „Wochenpost" schreibend) gelang dagegen im Westen durch ihren Roman Flugasche (1981) über einen ungeschminkten Reportageversuch der empirisch die gesundheitsgefährdenden Arbeitsumstände aufdeckenden Protagonistin Josefa Nadler in der Industriestadt Bitterfeld als „schmutzigster Stadt Europas" ein sehr erfolgreiches Debüt.[2] Mit *Stille Zeile sechs* (1991) gelang ihr der vierte „Portalroman" (neben den Romanen von Martin Walser, Wolfgang Hilbig und Brigitte Burmeister) zur Analyse des nicht länger haltbaren Status quo und des gespaltenen Bewußtseins in der nicht mehr reformfähigen DDR der achtziger Jahre. Eine durch den Ostberliner Aufbau-Verlag in Aussicht gestellte Publikation von *Flugasche* wurde wieder zurückgezogen, als die mutige (seit 1976 aufgrund einer kleinen Erbschaft[3] das Reporterteam verlassende und zur Freien Schriftstellerin avancierte) Autorin den „Deutsch-deutschen Briefwechsel" *Trotzdem herzliche Grüße* (1988) mit Joseph von Westphalen im „Zeitmagazin" gewagt hatte. Ihre dort offenen Worte zur Gesinnungsschnüffelei nannte der damalige Aufbau-Verlagsleiter Elmar Faber auf der Leipziger Buchmesse (entgegen den 1986 noch vom DDR-Kulturminister Klaus Höpcke gemachten Publikationsversprechen) „unappetitlich".[4] Auch die vier Erzählungen in dem Band *Das Mißverstandnis* (1982) und das Theaterstück *Ada und Evald* (Ende 1983 in Wuppertal uraufgeführt), schließlich der Roman *Die Überläuferin* (1986) konnten nur im Westen, bei S. Fischer, erscheinen. Das kurze Tauwetter nach der Biermann-Ausbürgerung war bald vorübergegangen und Monika Maron wählte mit Ehemann und Sohn Mitte 1988, nach einer

Amerikareise und mit einem Dreijahresvisum abgesichert, den neuen Wohnsitz Hamburg, wo sie zu dieser Zeit bereits an *Stille Zeile sechs* schrieb: gegen die „Mächtigen, die Väter, die Herrscher an der Spitze". Sie befreite sich von der depressiven und ökonomisch wie ökologisch prekären DDR-Szene:

„Ich kann diese knarrenden, rechthaberischen Töne nicht mehr hören. [. . .] Ich hatte es unendlich satt, daß mir pausenlos jemand in mein Leben reinquatscht. [. . .] Und Hektik gibt es auch in der DDR, eine andere, völlig entnervte Hektik. Die Leute wirken hier viel entspannter. Es gibt Streß, aber der impliziert eine gewisse Lust. Es sind nicht diese Blödsinnigkeiten, bei denen kein Mensch begreift, warum das jetzt wieder eine Anstrengung sein soll. Was soll das für ein Gelingen sein, wenn man endlich seine Leberwurst und seine Salatgurke zum Abendbrot ergattert hat? [. . .] Die Lustlosigkeit. Was wirklich nervend ist: der Umgangston. Jeder gibt den mürrischen Satz, den er gerade empfangen hat, an den nächsten weiter. Von den großen Ideen ist viel mehr als rechthaberisches Preußentum nicht übriggeblieben – und selbst das funktioniert nicht."[5]

Die 1941 in West-Berlin geborene Autorin wechselte 1951 mit der Mutter nach Ost-Berlin, wo die ‚halbjüdische', aus Polen stammende Mutter, die vor dem Kriegsende zwölf Jahre lang mit „gepackten Koffern" gelebt hatte, nun den Chef der Volkspolizei und späteren DDR-Innenminister (von 1955 bis 1963) Karl Maron heiratete. Auch wenn die frühen Jahre mit dem ungeliebten Stiefvater in Interviews kein Thema sind, ganz verdrängen lassen solche privaten Erfahrungen mit einem Mächtigen sich nicht: „Die Gefühle geraten merkwürdig durcheinander, weil man das Private vom Gesellschaftlichen nicht mehr trennen kann."[6] Monika Marons Biographie färbt alle ihre Texte, in denen sie, wenn es keine surrealen Strukturen sind, oft eine der eigenen Situation nahe Ich-Erzählerin wählt.

Die beiden Romane *Die Überläuferin* und *Stille Zeile sechs* sind durch die gemeinsame Protagonistin Rosalind Polkowski verklammert, eine 42jährige Aussteigerin aus ihrem Beruf als Forscherin im historischen Institut in Berlin-Ost Mitte der achtziger Jahre. Doch darf man natürlich die Rollenprosa der erzählten Figuren nicht mit den biographischen Prägungen ineins interpretieren, nur deren thematischen Vorwurf: insbesondere die Ablösung der Hauptfigur Rosalind von der Ankunftsgeneration der DDR-Machthaber, darunter dem Antagonisten und vom Arbeiter zum Professor und Gesinnungsüberwacher der Ost-Berliner Universität aufgestiegenen Herbert Beerenbaum, und dem eigenen Vater, einem ideologisch streng die richtige „Perspektive" wahrenden Schuldirektor. Schon in *Flugasche* grenzt sich die empirisch wache Journalistin, die zerstörte Umwelt, die buchstäblich vergiftenden Arbeitsumstände und die alltägliche Misere des Systems im Auge, von den beschwichtigenden Einwänden einer älteren Kollegin und selbst zunehmend desengagierten Altsozialistin (Luise) mit kritischem Mißmut ab. Was Heiner Müller aus der Sicht der „Ankunfts"-Generation (Jg. 1929) über die Jüngeren sagt, die sich, wie Thomas Brasch (Jg. 1945) und Monika Maron, gerade weil sie mit dem Politestablishment vertraut waren, nicht mehr mit der relativierenden Tröstung über das im Vergleich zum Faschismus Erreichte zufrieden geben, hat Schlüsselcharakter für die drei Maron-Romane: ihre Generation habe den „Sozialismus nicht als Hoffnung auf das *Andere* erfahren", sondern lediglich als „deformierte Realität".[7] Ihre Romane richten sich durchgängig, im melancholischen Rückzug auf existentielle Einsamkeit und Freiheit in der privaten Enklave, allerdings auch mit Ansätzen zum engagierten Protest, gegen das Aufbau-Pathos der kommunistischen Gründergeneration. Bestimmte Denkansätze und Bilder Sartres und Camus' und die Absurditätserfahrung Kafkas, gefiltert durch alltagspsychologische Beobachtungen und Traumerfahrungen, die die Hauptfigur sich mithilfe der Freudschen Traumanalyse (und deren Verschiebungsfaktor) zu deuten versucht, lassen sich in der Erzählprosa der Maron wiederfinden. Das wird bereits in der *Überläuferin* deutlich:

„Einer jungen Frau, der ehrgeizigen Wissenschaftlerin Rosalind Polkowski, versagt (sich) eines Morgens der Körper; es ist, als reagiere er auf eine internalisierte Unterdrückung, auf eine innere Verkrüppelung mit einer äußeren (ähnlich vielleicht der Wandlung von Kafkas Gregor Samsa). Rosalinds Beine sind plötzlich gelähmt, begrenzen ihren Radius auf die wenigen Quadratmeter ihres Zimmers, das zur unentrinnbaren Zelle wird. Sie kapselt sich ab. So wenig, wie ihr das bislang vertraute Leben zu fehlen scheint, so wenig wird auch ihr Fehlen am Arbeitsplatz oder im Freundeskreis auffällig. Sie bleibt allein, unbehelligt; ausgesetzt nur ihrer Erinnerung, ihrer Phantasie, ihren Gedanken und den auftauchenden Wünschen, Vorstellungen, Obsessionen, Träumen, Bildern. Befreiung und Heimsuchung zugleich: Alles, was sie zuvor in sich selbst weggedrängt oder verloren hatte, taucht – bereichernd oder beklemmend – in ihrer neuen Einsamkeit (und Selbst-Konzentration) wieder auf. Verteilt auf Figuren der Erinnerung oder der Angst, der Projektionen und Hoffnungen, fiktive Gestalten, Hirngeburten, die ins Zimmer treten und sich mit ihr in ‚Dialog' und Handlung bringen. In Zwischenspielen, grotesk-komischen Tribunal-Szenen, bilden sich in der Vorstellungswelt der Heldin die inneren Konflikte mit sich selbst und mit der Gesellschaft ab."[8]

Das Thema rigoros eingeschränkter Meinungsfreiheit und Zensur wird nicht nur an der Publikationsgeschichte aller Maron-Romane deutlich, es geht auch in alle drei Romane thematisch ein, von der nicht erscheinenden Industrie-Reportage der Josefa Nadler, die dennoch etwas bewirkt zu haben scheint, weil man kurz darauf das Werk in „B." schließt, bis zu surrealen Tagträumen und Visionen der Rosalind Polkowski in *Die Überläuferin,* wo ihr *alter ego,* die Freundin Martha

120

Mantel, von einem für die Literatur zuständigen, ambivalenten Funktionär und Verführer (mit dem „Gesicht Robert Redfords") für ihre unbequemen Texte hingerichtet werden soll:

„Warum ich Sie töten soll, sagt er, haben Sie denn den schriftlichen Bescheid nicht erhalten. Er war jetzt sehr ernst. [. . .] Ihre Schreibversuche, ich bleibe höflich, gehören zu den schamlosesten und anmaßendsten Verletzungen, nicht nur gesicherter literarischer Werte, sondern des guten Geschmacks. In Ihrem mageren Opus lassen Sie keines von allen möglichen Vergehen aus. Wir haben Romantizismen, Lyrismen, Pathos, Selbstmitleid, Infantilismus und modisches Feministengeplapper nachweisen können. Worte wie Hoffnung, Sehnsucht, Schmerz, Leid [. . .] sind durchaus überrepräsentiert. [. . .] Ursprünglich, Sie werden sich erinnern, haben wir den Damen nur ein Schreibverbot ausgesprochen, aber zu viele haben sich nicht daran gehalten. Einige haben uns jahrelang getäuscht; [. . .] Die erhoffte Wirkung, eine zuverlässige literarische Abstinenz, haben wir nur dann erzielen können, wenn die betroffene Person selbst die Konsequenz aus unserer Beweisführung ziehen konnte und den Freitod gewählt hat. Das hat uns ermutigt, den übrigen die Entscheidung abzunehmen."[9]

Schließlich erfährt Rosalind, diesmal in einem Erzählverfahren des psychologischen Realismus, in *Stille Zeile sechs* nochmals schmerzhaft ihren Mangel an „Perspektive" am Schriftsteller mit dem sprechenden Namen „Sensmann", der Rosalinds Ansichten zum unmenschlichen Mauerbau (in der offiziellen Sprachlenkung „Antifaschistischer Schutzwall" genannt) mit Beerenbaum zusammen herablassend quittiert, als sei die Historikerin und Protokollantin von Beerenbaums Memoiren ein „uneinsichtiges Kind". Während Sensmann sich feige bedeckt hält – sein allegorischer Name weist auf das Ende echter Literatur –, kann sie sich nur noch in einem Protestschrei befreien, nachdem sie die Dinge beim Namen genannt hat:

„Das war eine aufregende Zeit, wie Sie sich denken können, so kurz nach dem Bau unseres Antifaschistischen Schutzwalls, sagte er. Allein die Zumutung, das Wort hinzuschreiben, als wäre es ein Wort wie Blume, Hund und Mauer, empörte mich. Ich notierte: B: Zeit nach Bau des Antifaschuwa war aufregend. [. . .]

Damals, sagte Beerenbaum, vor dem historischen August 61, habe er, wenn er morgens beim Betreten der Universität die Linden hinunterblickte, oft die Vision gehabt, Ströme des Lebenssaftes der jungen Republik, rot und pulsierend, durch das Brandenburger Tor geradewegs in den gierigen Körper des Feindes fließen zu sehen. [. . .] Ich meinte sogar, in Sensmanns Augen die Bitte um Hilfe erkannt zu haben. Sensmann durfte den offenen Widerspruch nicht wagen, ich sollte ihm helfen.

Da haben Sie das Blut lieber selbst zum Fließen gebracht und eine Mauer gebaut, an der Sie den Leuten die nötigen Öffnungen in die Körper schießen konnten, sagte ich.

Zwei oder drei Sekunden lang war es so still, als hielten wir alle drei den Atem an. Dann sagte Beerenbaum und lächelte dabei zu Victor Sensmann: Ja, Frau Polkowski, auch mit Ansichten wie der Ihren hatten wir damals an der Universität zu kämpfen. Und Sensmann sagte zu Beerenbaum in einem Ton, der klang, als verständigten sich vernünftige Erwachsene hinter dem Rücken eines uneinsichtigen Kindes: Ich glaube auch, daß es eine notwendige Entscheidung war. Ich schmiß meinen Bleistift zwischen das Meißener Geschirr mit dem Weinlaubdekor und schrie." (Zeile, S. 107–109)

Der Empörungs- und Befreiungsschrei und der Blick aufs „Weinlaubdekor" der Tassen gehören zusammen, denn der Name Beerenbaum wird am Ende des Romans in seiner Symbolik erkennbar: Die Ich-Erzählerin hat ihren freieren Lebensentwurf und ihr Recht auf Glück auf den Tag nach Beerenbaums Tod, ein imaginäres „Übermorgen", datiert. Ihr erinnerndes Aufschreiben der Geschichte vom Sterben Beerenbaums, an dem sie ihren Anteil hat, als sie ihn beharrlich mit dunklen Kapiteln in seinem Leben (eng verbunden mit der SED- und DDR-Geschichte) konfrontiert, wird mit der Erinnerung an ihre erste Auslandsreise mit einundzwanzig, an Prag und einen dichten Moment auf der Karlsbrücke in der Abendsonne, parallel gesehen. Sie ist zunächst von Prag enttäuscht, weil ihre „kleine" Seele damals auf ein „Wunder" in der Fremde wartete, „den schönen Rausch des Fremdseins", ein Befreiungserlebnis. Später jedoch erkennt sie, wie unauslöschlich sich diese Minuten auf der Karlsbrücke mit dem Blick von der Burg auf die Dächer der Stadt eingeprägt hatten, die „in der späten Abendsonne so golden glänzten, wie man es ihnen nachsagte" (S. 217), und verbindet mit dem „irritierenden Gefühl, nicht dazuzugehören", die ersehnte Ahnung von Freiheit. Die Legende von den Söhnen eines sterbenden Vaters fällt ihr ein, der ihnen einen Schatz versprach, wenn sie den Weinberg umgraben, und die Enttäuschung der Brüder, als sie „weder Gold noch Edelsteine" fanden und den Rat des Vaters für „Bosheit" hielten: „Im nächsten Sommer aber, [. . .] hing der prophezeite Schatz als überreiche Ernte an den Weinstöcken" (S. 218). Die Ich-Erzählerin erhält am Ende der Rahmenhandlung um das Begräbnis Beerenbaums von dessen Sohn Michael, einem Volksarmee-General und hohen Stasi-Funktionär, das eigene Protokoll von dessen Memoiren als Vermächtnis ausgehändigt. Dies Vermächtnis, die Geschichte des herbeigesehnten und mitherbeigeführten Todes eines Repräsentanten der „alten Garde" der DDR-„Ankunftsjahre"-Ideologen, erzählerisch in die Mitte der achtziger Jahre verlegt, wird die Schriftstellerin Maron „übermorgen", nach dem Fall der Mauer, einlösen und sich davon freischreiben. So legt es die Symbolik vom Weinberg, der Ernte nach dem Tod „Beerenbaums", im Roman immer mit dem Sterben des eigenen, autoritären und lieblosen Vaters

122

assoziativ verknüpft, nahe, analog dem Befreiungsschrei (im Blick aufs Weinlaubdekor) nach dem Gerede von der Mauer als Schutzwall.

Die Gesinnungsschnüffelei des alten Professors wird mit den anderen dunklen
Episoden in dessen Leben zu greifbarer Schuld verbunden, dem Aufenthalt als
Exilant im berüchtigten Moskauer „Hotel Lux", wo man nur um den Preis
gegenseitiger Denunziation überleben konnte, und dem konkreten Fall aus dem
Freundeskreis der Rosalind, wo der Wissenschaftler und Sinologe Baron durch
Beerenbaums Machenschaften zu mehrjähriger Gefängnisstrafe verurteilt wurde,
weil er einem nach dem Mauerbau in den Westen geflohenen Doktoranden
dessen Dissertation nachsandte. Der ohnehin kreislaufgeschwächte Greis erleidet
einen zum Tod führenden Anfall, als Rosalind ihm haßerfüllt nachweisen kann,
daß es ihm, dem aufgestiegenen Arbeiter und Autodidakten, auch aus Bildungsneid um die Verfolgung Barons ging. Es kommt zum letzten Höhepunkt der
Auseinandersetzung zwischen den Generationen. Rosalind muß erkennen, daß
auch sie durch diesen verbalen Schlagabtausch mit fatalen Folgen durch ihren Haß
zur Schuldigen wird, gemäß einer leitmotivisch wiederholten Frage Ernst Tollers:
„Muß der Handelnde schuldig werden, immer und immer? Oder, wenn er nicht
schuldig werden will, untergehen?" (Zeile, S 41).

Sie bleibt, als die Überlebende, eine Siegerin im Generationenkonflikt, und
setzt die Strategie ihrer einsamen und existentiellen Weigerung gegenüber dem
ideologisch einseitigen Forschungsberuf und ihr Streben nach der „größtmöglichen Freiheit aller" im Sinne Sartres dem Klischee-Kommunismus der DDR-
Gründerväter entgegen. Sie tut dies mit dem „Habitus" (in Bourdieus Terminolo-
gie) einer Rückkehr zum befreienden Bildungsbürgertum, lernt Klavierspielen
und versucht, die italienischen Rezitative aus Mozarts *Don Giovanni* zu überset-
zen. Die Textausschnitte der Donna Anna stellen die Täuschungsmanöver des
Verführers bloß und lassen so Rosalinds Feminismus anklingen, wie er sich in der
Abgrenzung vom Bildungssnob und Freund Bruno in der Kneipe, Gegenwelt
zum ideologischen System, ebenfalls zeigt. In allem lernt sie, ihren selbstbestimm-
ten Lebensentwurf und damit ihre innere Freiheit und Identität für die Zeit nach
dem Tod der Beerenbaums zurückzugewinnen. Monika Maron läßt ihre Heldin
Rosalind im entscheidenden Streit strukturell signifikant zwischen dem „Ich" der
einfühlsameren Erzählerin und der dritten Person Rosalind wechseln. Diese Gespaltenheit wird betont. Eine Repräsentantin der haßerfüllten Tochtergeneration,
die, um zu einem eigenen, freieren Leben zu kommen, die Väter des Systems
besiegen muß, und ein „Ich" der mitfühlenderen, psychologisch sensibleren und
auch antifaschistisch empfindenden Rosalind der Solidarität treffen aufeinander,
als Beerenbaum sein Vorgehen gegen den Wissenschaftler Baron damit rechtferti-
gen will, dieser habe als „Dieb" am Staat gehandelt und „Arbeitergroschen" ver-
schwendet:

„Während ich noch schwankte, ob die Gerechtigkeit mir Rache für den Grafen oder Rücksicht auf den kranken Beerenbaum gebot, sah ich, daß Rosalind sich schon entschieden hatte. [. . .] Anfangs noch ruhig, thronte sie wie eine Rachegöttin hinter der Schreibmaschine. Beerenbaum hatte sich ergeben. [. . .] Ich war selbst verfolgt, sagte er fast tonlos, Grete im Konzentrationslager. [. . .] Wir sind keine Unmenschen. Kommunisten haben gegen Unmenschen gekämpft. Wir durften nicht studieren. Wir haben bezahlt, daß andere studieren durften, immer, zuerst als Proleten mit unserem Schweiß, dann mit dem Geld unseres Staates. [. . .] Diese Bildung war unser Eigentum, wer damit weglief, ein Räuber, Ihr Sinologe ein Dieb, jawohl. Ein Dieb gehört ins Gefängnis.

Rosalind beugte sich vor, [. . .]. Bei jeder Silbe stieß sie den Kopf in die Luft wie ein bellender Hund. Hirne konfiszieren. Ihr habt Hirnmasse konfisziert, weil ihr selbst zuwenig davon hattet. Im nächsten Jahrhundert hättet ihr sie amputiert und an Drähte gehängt, um die Gefängniskosten zu sparen. [. . .] Können Sie vielleicht Latein? Sie können kein Latein, und darum haben Sie verboten, daß andere Latein lernen. Wer es schon konnte, mußte ins Gefängnis, damit alle vergessen, daß es das gibt: Latein. [. . .] Nichts wissen wir, schrie Rosalind mit einem Gesicht so verzerrt, daß ich selbst sie kaum erkannte, nichts, weil wir nicht leben durften. [. . .] Menschenfresser seid ihr, Sklavenhalter mit einem Heer von Folterknechten. Ich hörte Rosalind kreischen. [. . .] Langsam hob er den Kopf, und dann erkannte auch ich den Todesschrecken auf seinem Gesicht. Durch den halboffenen Mund sog er keuchend die Luft. [. . .] Rosalind sah die ihr entgegengestreckte Hand, sah den sterbenden Beerenbaum und wartete auf seinen Tod. Als ich endlich verstand, daß sie nichts tun würde, um ihn zu retten, fand ich meine Stimme wieder. [. . .] Ich rief den Notarzt. Man brachte Beerenbaum ins Krankenhaus. Danach habe ich ihn nur noch einmal gesehen." (Zeile, S. 206–209)

In diesem, im Vergleich zu Monika Marons anderer, oft surreal durchsetzter Erzählprosa betont klaren Roman, bei dem viele ihrer wiederkehrenden Symbole, Metaphern und Leitvorstellungen ganz hinter die szenischen Passagen und den psychologischen Realismus zurückgenommen erscheinen, bleiben keine der Fragen, auch Tollers Schuldfrage, der Deutung des Lesers überlassen. Rosalind geht zur Beerdigung Beerenbaums, erlebt diese mit halb triumphierender, halb in grotesken Bildern aus dem Requisitenschatz des allegorischen Totentanzes (Würmer aus dem Doppelkinn eines Sprechers heroischer Phrasen) entfremdeter Deutlichkeit und sagt sich am Ende, daß sie als Überlebende und Siegerin lieber auf Seiten der Schuldigen als auf Seiten der Opfer steht, hierin Beerenbaum ähnlich; weshalb sie die Nähe ihres Feindes, mit dem sie auch ihren Vater assoziiert, bis zum bitteren Ende aushält, fast als ob sie an den Tatort zurückkehrte:

„Warum ging ich nicht meine eigenen Wege, lernte [. . .] Klavier spielen, begann endlich mit der Übersetzung der ‚Don Giovanni‘ Rezitative. Warum fügte ich mich nicht der Antwort, die ich hinter der Tollerschen Frage längst vermutete: Ja, der Handelnde muß schuldig werden, immer und immer, oder, wenn er nicht schuldig werden will, untergehn. Als hätte ich nur das gesucht: meine Schuld. Alles, nur nicht Opfer sein. Das wußte auch Herbert Beerenbaum, der Arbeiter aus dem Ruhrgebiet: Alles, nur nicht noch einmal Opfer sein.“ (Zeile, S. 210)

Die Leser des Maron-Romans werden am Ende dazu provoziert, die Antwort nicht in einem einfachen Verrechnen der Generationen zu suchen. Die Autorin hat aber ein befriedigendes, unideologisches Gegengewicht im Ausziehen der Nebenfiguren und deren Entwicklung bis zu einem angedeuteten Happy End in ihrem psychologischen Erzählverfahren mitgeliefert und auch den Beginn des Mitleids für Beerenbaum und den Vater nach beider Tod schon beim Abschied vom Vater vorweggenommen. Als sie sich erinnert, wie ihr Vater sich als Schuldirektor, Lehrer und ehemaliger Arbeiter mit dreiundsechzig vor den „ungläubigen“, seine ideologischen Versatzstücke verlachenden Jugendlichen schwer tat – er lernte Lexika auswendig und witterte hinter jeder Frage „eine Bedrohung“ (S. 168) –, wiegt auch ihr Argument gegen Beerenbaums Bildungsneid weniger schwer: „Jetzt, da Beerenbaum tot ist und ich als Zeugin seiner Grablegung hinter seinem Sarg hergehe, fühle ich zum ersten Mal Mitleid mit meinem Vater“ (S. 169).

Über das moralische Urteil läßt die Autorin keinen Zweifel, wenn sie am Ende des Romans die Nebenfigur der Klavierlehrerin die wegen ihres Hasses schuldbewußte Rosalind entlasten läßt und den Grad der Verstrickung Beerenbaums als Schreibtischtäter auf eine einfache Formel bringt: „Wenn jemand in seinem Leben [. . .] so schreckliche Dinge tut, daß er stirbt, weil man ihn danach fragt, ist er selbst schuld“ (Zeile, S. 213).

Die Gegenutopie der Freiheit im Roman

Die Pianistin Thekla Fleischer darf ihre große späte Liebe ein Stück weit ausleben, obwohl der viel ältere Partner in einer lieblosen Ehe gebunden bleibt. Rosalind und ihr Freund Bruno richten beiden sogar eine heimliche Hochzeit, mit dichten Bildern quasi-utopischen Glücks und liebevoll ironischer Gewitterszene im Winter aus: „Es war ein Tag wie aus einem anderen Leben. Ich dachte nicht eine Minute an Beerenbaum“ (S. 191). Am Ende dieses kurzen Glücksmoments mit der Freundin scheint auch die Trennung vom Bildungssnob und Egozentriker

Bruno noch nicht endgültig: die Liebenden sitzen einander in dem „kleinen Zimmer mit der niedrigen Decke" gegenüber „wie früher", Rosalind ist mit Brunos einfühlsam schönen Worten zu Theklas größerem Glück nach soviel Entbehrung sehr einverstanden und fragt: „Vielleicht wollen auch wir heiraten [. . .]. Später, Rosa, sagte Bruno, wir sind noch zu jung, um so dankbar zu sein" (S. 192). Wird hier die private Glücksfrage im Alltag eines „Übermorgen" nach dem Tod der Gründergeneration und ihres Systems angedeutet, so gibt die Autorin mit dem Bild des vormaligen Friedensplatzes und des Niederschönhausener Parks aus der Zeit Friedrichs II. ein idyllisches Gegenbild zur DDR-Ideologie, die den Platz heuchlerisch in „Carl-von-Ossietzky"-Platz umbenannte, „um alle Welt glauben zu machen, Ossietzky sei ein guter Freund von Walter Ulbricht gewesen" (S. 195). Park und Schloß wurden 1949 durch die Bausünden für den neuen „Regierungssitz" gegen die ursprüngliche Konzeption und die Erholungsbedürfnisse der Bevölkerung brutal getrennt. Nur der Park strahlt noch den Frieden einer politikfreien Enklave aus, die von Rosalind und ihren Kneipenfreunden, darunter Baron, der jetzt ironisch „der Graf" heißt, als „Oase" aufgesucht wird. Er wird so zum Gegenort bürgerlichen Glücks ohne kaserniertes Lebensgefühl, wie in der späten und erstarrten DDR-Politiksphäre, zu der Monika Maron dies elegische, fast pastorale Bild zeichnet:

„Der Park war ein tröstlicher Gruß aus einer anderen Zeit. [. . .] Jedesmal, wenn wir unsere Spaziergänge dem Willkürakt der Schloßbesetzer unterwerfen mußten, fluchte er auf die verrückt gewordenen Machthaber und Straßenschänder [. . .]. Der Park war weitflächig angelegt, so daß man ihn nach allen Richtungen überschauen [. . .] konnte. Jetzt um die Mittagszeit, war er fast leer. Zwei alte Frauen standen auf der kleinen geschwungenen Brücke und warfen Brotwürfel zwischen die aufgeregten Enten, die sommers wie winters die Panke bevölkerten [. . .]. Drei Hunde tobten über die Wiese. Ihre Besitzer, weit voneinander entfernt, warteten geduldig.

Hier merkt man es nicht so – diesen Satz hatte der Graf vor einiger Zeit während eines Spaziergangs durch den Park wie einen Seufzer ausgestoßen. Seitdem zitierten wir ihn, wann immer wir eine halbwegs unverdorbene Oase entdeckten. Da merkt man es nicht so. Was das war, das man nicht so merkte, bedurfte keiner Erklärung, auch das ‚so' erschöpfte sich in der Andeutung: Nicht so schlimm wie anderswo. Seit jeher wunderte ich mich, daß sie dem Park nichts angetan hatten, seine Wege nicht betoniert, seine zweihundert oder sogar dreihundert Jahre alten Bäume mit den ausgemauerten Stämmen nicht gefällt. Sie hatten ihn nicht einmal eingezäunt wie das Schloß oder das ‚Städtchen' [der Politikerprominenz]. Wo wir hinkommen, welken die Blätter, soll Anna Seghers einmal gesagt haben. Auf wundersame Weise hatte das Seghersche Wir den Pankower Schloßpark verschont. An den Sträuchern suchte ich nach den ersten

Knospen; wie winzige harte Bäuche wölbten sie sich an den Zweigen." (Zeile, S. 194–197)

Geduldig wird hier ein Bild der jahreszeitlichen, zyklischen Natur heraufbeschworen, ein friedliches Miteinander von Tier und Mensch, von unbeobachteten, freien Bürgern. Auch die Exilgeneration bleibt von dem Politiküberdruß der Maron angesichts der Versäumnisse und des ausbeuterischen Umgangs mit der überkommenen Kultur und den Ressourcen eines Sozialismus von oben nicht verschont. Dem Diktat der alten Herren aus der Vätergeneration, die „Kafkas Bücher" (ihn „vermutlich" nie gelesen habend) mit der „Unfehlbarkeit" ihres „Klasseninstinkts" als „dekadente und schädliche Literatur" ablehnten (S. 58), sowie jener Frauen, die sich ihnen, wie die ältere Anna Seghers, im Literaturbetrieb in leitender Funktion zur Seite stellten, entflieht die Ich-Erzählerin in ihre Gegenwelten.

Da die Kneipe zwar die Politik draußen läßt, aber mit der problematischen Befreiung von gesellschaftlichen Pressionen im Alkohol nur eine andere Männerhierarchie der „Lateiner", Schachspieler und Ich-Darsteller präsentiert, sieht sich die dort von Bruno spöttisch als „Freiheitsstatue" (S. 76) apostrophierte Rosalind am liebsten als Katze. Auf die Katze projiziert sie, was sie als Philosophie eines existentiellen Humanismus in der Kneipe gegen Brunos Spitzfindigkeiten eines Snobs verkündet, nämlich daß die Freiheit ebenso ein Ort sein könne, wie „der Mensch ein Ort ist", und „daß im Konkretum Mensch das Abstraktum Freiheit existieren könne wie eine Luftblase im Bernstein, die ohne den Bernstein schließlich nichts sei als Luft" (S. 81). Auslöser dieses Gedankens waren die Jahre Barons in Haft, die ihn zur Einsicht brachten, die „wahre Freiheit ist ohne Gestalt und nirgends zu finden als hinter Kerkermauern" (S. 80). Für Rosalind ist die Erfahrung der fünfzehn Jahre im „Barabasschen Forschungsinstitut", in einem Raum von der Größe einer „Gefängniszelle" und mit einem ihr aufgenötigten Sachgebiet („die Entwicklung der proletarischen Bewegungen in Sachsen und Thüringen", S. 22) unter einem Chef-Typ des „despotischen Pedanten" so deprimierend und unfrei, daß sie sich immer mehr mit einer Katze identifiziert. Diese folgte ihr beim Heimweg vom Forschungsinstitut aus dem Gartengeviert des Häuserblocks hungrig ins Haus, um, kaum gefüttert, gleich wieder ins Freie zu wollen. Der Sog des Gedankens, „man müßte eine Katze sein", läßt sie bald nicht mehr los und läßt sie alle Vorteile eines freien Lebens bei dem Tier finden, bis sie beschließt, in einer für den Marxismusansatz doppelt provozierenden Formulierung, „nicht mehr für Geld [zu] denken" (S. 23). Wie das Naturbild einer „vom Regen naß" werdenden Rosalind am Ende von *Die Überläuferin* eine Wiedergeburt nach langer Lähmung signalisiert, so vermag hier die Identifizierung mit der Katze die Trennung vom Forschungsinstitut auszulösen:

„Am Morgen stand ich nicht auf. Ich blieb liegen, sah zu, wie die Sonne über unserer Straße aufstieg und sich durch das Laub der Bäume vor meinem Fenster drängte, bis auf mein Kissen. Ich schob meinen Kopf in den Sonnenfleck und schloß die Augen. Ich sah mein Blut in meinen Augenlidern, so rot wie Katzenblut. Langsam, wie zufällig, ordnete sich ein Satz in meinem Kopf: Ich werde nicht mehr für Geld denken. Den Rest des Tages verbrachte ich im Bett." (Zeile, S. 23 f.)

Während „Generationen von Menschen" für Rosalind im DDR-System zu Versuchstieren degradiert erscheinen, „damit Kommunisten ihre Ideale an ihnen erproben dürfen", hält sie Beerenbaum entgegen, ihr Ideal sei, „eine Katze zu sein, weil die weder den Kommunisten noch sonstwem unterstehe" (S. 162).

Werden die Katze und die zyklischen Bilder politikfreier Natur und alter Parklandschaften zu Lebenssymbolen, so fügen sich die drastisch und mit fast klinischer Präzision beschriebenen Sterbestadien Beerenbaums zu einer symbolischen Verweisebene für das lebensfeindliche, sterbende System.[10] Beerenbaums Portrait erscheint darin mit der gespenstischen Eindringlichkeit einer Inkarnation des Unterdrückungsapparats und seiner Zwangsmittel, eine wie bei Portraits von Francis Bacon verwischte, dennoch tödliche Drohung in den Zügen, unschwer zu lesen als eine Allegorie der Macht:

„Nur selten, wenn er seinen Kopf in den Nacken oder auf eine Schulter legte, glitt über sein Gesicht ein Lichtschein und befreite die Stirn oder eine Wange aus der Verborgenheit. Seine Augen sah ich nie, weil Beerenbaum sie, wenn er nachdachte, geschlossen hielt. Das flackernde Licht verzerrte das Gesicht für Sekunden zu grotesken Fratzen, in denen sich die Nase plötzlich verdoppelte oder das Kinn samt Unterlippe fehlte oder der Mund als der eines Totenschädels erschien. An manchen Nachmittagen gelang es mir nicht, Beerenbaums wirkliches Gesicht unter den Fratzen zu erinnern. Ich erfand dann eine andere Fratze gegen die, die ich sah. Je konzentrierter ich in den Konturen des Kopfes nach Beerenbaums wirklichem Gesicht suchte, um so gewaltiger wirkte der scherenschnittartige, von den hängenden Zweigen der Blutbuche umrankte Körper hinter dem Schreibtisch. Wie ein Schatten, der durch eine sich nähernde Lichtquelle bedrohliche Ausmaße annahm, weitete sich Beerenbaums Silhouette vor dem Fenster zu gigantischer Größe aus, was eine Täuschung sein mußte, weil ja die Lichtverhältnisse im Raum unverändert blieben." (Zeile, S. 63)

Die Literatur kann die prinzipiell unaufhebbare „Verhülltheit" und Vieldeutigkeit des Todes und seinen Tabucharakter in der Gegenwart, die zur „sozialen Verdrängung des Todes" neigt, im fiktionalen Text ästhetisch ambitioniert strukturieren.[11] In einer Zeit nicht mehr verbindlicher Wertsysteme kann die Fiktion das prinzipiell nicht Darstellbare des Todesphänomens symbolisch neu aufladen und nützen, bei der Maron etwa durch die Beschreibung der Sterbestadien als Symbol für den schwindenden Zustand der Macht in einer repressiven Gesell-

schaft, und dies Verfahren ergänzen durch Allegorien („Totenschädel", „Sensmann"), die das Abstrakte konkretisieren, Bilder und Metaphern. So ist die
Totenfeier für Beerenbaum symbolisch vielfältig aufgeladen und durch ihre Rah-
menfunktion im Roman – von Rückblenden durchbrochen – zusätzlich herausgehoben. Die besondere Symbolik der großen Totenkränze – jener der Staatssicherheit, „Ein letzter Gruß von den Soldaten an der unsichtbaren Front", erscheint der Erzählerin mit seinen „gelben und hellblauen Streublümchen" in
satirischer Zuspitzung „als Sommerwiese verkleidet" (S. 143) und damit stimmig
zur Camouflage-Manie des Dienstes selbst noch an der Schwelle des Todes. Die
rote Schleife assoziiert eine „Wolfsschnauze unter dem niedlichen Spitzenhäub-
chen von Rotkäppchens Großmutter". Der imaginierte „taubenblaue Anzug"
des erst im Sarg zum Frieden findenden Beerenbaums, die Gesichter, Gesten und
Phrasen werden sämtlich zu Requisiten des Systems stilisiert. „Weiße Leichen-
würmer", die die Ich-Erzählerin aus Erzählungen vom Begräbnis der Großmutter
kennt, scheinen ihr nun während der Totenfeier aus dem „aufgerissenen Doppelkinn" des Redners zu fallen, während sie die Phrasen vom „sicheren Klassenin-
stinkt" und dem Herzen, das „links sitzt", während der „Feind rechts steht"
(S. 92 f.) aus den Memoiren des Verstorbenen wiedererkennt, so daß „Beerenbaum nun seine eigene Grabrede" hält. So gewinnt in symbolischer Verdichtung
und Aufladung noch der tote Beerenbaum im Sarg eine bedrohliche, grotesk
verfremdete Präsenz.

Das Bedrohliche und Ekelerregende solcher Szenen, überhaupt das Signal-
wort „Ekel", das Beerenbaum in der Erzählerin wiederholt wachruft, verweisen
auf Sartres ersten Roman *La nausée* (1938), in dem der Held Roquentin einen
Bekannten in der Bibliothek so existentiell verfremdet erlebt, daß ihm dessen
Gesicht nur „mit Mühe" als solches erkennbar wird, und die Hand des anderen
„wie ein dicker weißer Wurm" in seiner Hand vorkommt, so daß er sie sofort
losläßt, und der Arm des anderen „schlaff" herabfällt. Die paralysierte rechte Hand
des Schreibtischtäters Beerenbaum wird uns anfangs ebenfalls ähnlich vorgestellt,
als er sie „aus der Verborgenheit" zieht und sie „willenlos am Handgelenk" zittert.
Das Kennwort „Ekel", begleitet von „Müdigkeit" und „Abwehr", erinnert Rosalind an das „letzte Gesicht" ihres Vaters, der ihr nie Liebe entgegenbrachte und
nur mit ihr redete, um sie zu erziehen. Als sie den vom Tod gezeichneten
Beerenbaum zum letzten Mal im Krankenhaus besucht, fügt es die Maron durch
den sexuellen Übergriff und das Bild der Schlange, daß sich auch hier statt der
Würde des Todes beim Leser und der Erzählerin Ekel und Entfremdung einstel-
len:

„Mein letztes Bild von Beerenbaum: der geöffnete, zahnlose Mund, darin die
dreckige, wie von Schimmel überzogene Zunge, die Iris seiner Augen fahl und
durchsichtig, zwei kleine runde Fenster in das Innere von Beerenbaums Kopf.

Dann Beerenbaums Hand; wie eine weißhäutige Echse schoß sie hervor unter der Decke und sprang mir mit aufgerissenem Maul an die Brust. Es war als hätte er mein nacktes Herz berührt. [. . .] ich konnte den halboffenen grinsenden Mund nicht vergessen und die hellen Augen, in denen sich die Pupillen zu einem winzigen Punkt zusammengezogen hatten." (Zeile, S. 164)

Anders als bei Sartre tendiert die Hauptfigur der Maron in diesem Roman allerdings aus ihrer Entfremdung gegenüber der DDR-Misere heraus eher zu einer Haltung des Desengagements und Rückzugs ins Private. Damit eine solche Disposition in ihrem ‚Habitus' (um mit Bourdieu zu sprechen) nicht aus orthodox sozialistischer Sicht als simpler Rückfall in den Standpunkt einer bourgeoisen Individualistin abgewertet werden kann, wird die Folie der beiden Bildungssnobs, des Freundes und „Genies" Bruno und des „Grafen" Karl-Heinz Baron, aus großbürgerlichem Milieu kontrastiv eingestaltet. Zu deren obsoletem Gerede von „Standesperson" und vom „demütigen Volk der Nichtlateiner" (S. 69, 73) steht in starkem Kontrast das neue Interesse der Heldin an Opernübersetzung und Klavierspiel als freiheitlich („etwas ähnliches wie der Park. Man merkt es dabei nicht so", S. 198). Ähnlich gehört ihr Wunsch nach Sprachenlernen und Lektüre der „gesamten Weltliteratur" zu ihrer Sehnsucht nach einer symbolischen Tat, bei der ihr wie eine Ich-Ikone das „Bild eines sich aufbäumenden weißen Pferdes" einfällt (S. 51). Opern interessieren sie nicht (S. 175) als Bildungsgut für Spezialisten, zu denen sich Bruno zählt, da ihr Interesse an den Don Giovanni-Rezitativen „ausschließlich spielerischer Natur war, unverdorben durch professionellen Ehrgeiz oder durch Zwang" (S. 38), ein freiheitliches Kontrastprogramm zu den Ideologiezwängen im Forschungsinstitut.

Das Thema des sterbenden DDR-Machthabers hat Monika Maron schon einmal, in der Erzählung *Herr Aurich* (in dem Band *Das Mißverständnis,* 1982) beschäftigt. Dort ging es um die ersten Symptome eines Infarkts beim 57jährigen Erich Aurich (die Namenskombination verweist auf den Staatsratsvorsitzenden und „Aura") in einem satirisch zugespitzen Realismus der Kurzgeschichte. Statt der erhofften Frischzellentherapie des sich zu Höherem berufen fühlenden Funktionärs erlebt er die krasse Enttäuschung eines Karriereknicks, und alle weiteren Krankenstadien führen ihm sein Vergessenwerden schon bei Lebzeiten vor. „Herr Aurich schrumpfte" und die Welt verändert sich zum „groben Schema eines blutigen Schachspiels, auf dem sich die großen Kämpfe der Menschheit vollzogen".[12] Er muß erleben, daß ihn seine frühere Dienststelle nicht mehr kennen will. Als er in einem Café mit dem Portrait des „Allerhöchsten" die schnoddrige Systemkritik der „werktätigen" Frauen nicht mehr toleriert und in dem Streit hohnvolle Verachtung erfährt, ereilt ihn der endgültige Infarkt, während er sie mit obrigkeitlichen und frauenfeindlichen Phrasen beschimpft. In grotesker Zuspitzung der zunehmend absurdistischen Satire stirbt er, von allen ausgelacht:

„Hirnlose Weiber [. . .] Staatsfeinde, Attentäter. [. . .] Halten Sie den Mund. Oben ist oben und unten ist unten. Ruhe jetzt. [. . .] Aurichs Stimme klang verzerrt. Ich habe die Verantwortung. Ich bin ein Oberer.

Die Frauen lachten, das junge Paar lachte, alle lachten. [. . .] Die schwarzen Schatten vor Aurichs Augen türmten sich zu einer schwarzen Wand. Aurich sah nichts, hörte nur das Tobende um ihn. Aurich schrie: Feinde, Verräter, Umstürzler. [. . .] Ich bin auserwählt. Ruhe. Einsperren, alle einsperren. [. . .] einen Augenblick sah Aurich klar und scharf die vielen Gesichter mit den stummen lachenden Mündern. Dann fühlte Aurich den grausamen Schmerz in seiner Brust. Er griff sich ans Herz und starb."[13]

Der Vergleich von Erzählung und Roman gleichen Themas macht den erzählerischen Zugewinn mit einer Außensicht auf den sterbenden Repräsentanten der Macht und einer sorgfältigeren Charakterisierung der Antagonisten deutlich, wie sie nur der längere Roman erlaubt. In *Die Überläuferin* spricht die Ich-Erzählerin bereits von ihrem „angeborenen Interesse für den Tod", das Gefühl der jungen Rosalind, über den verstorbenen Vater „gesiegt" zu haben (Ü, S. 22). Sieht man sich die Traummotive und -funktionen in den ersten beiden Romanen an, so erscheint vieles dort bereits vorgeformt, was in *Stille Zeile sechs* im Medium des psychologischen Realismus in unauffälliger Montage an erzählerischen Leitmotiven vorkommt: die melancholische Sicht auf Liebe und Glück, in der Hoffnung auf ein „Übermorgen" aufgehoben, weil in der Liebe immer der begehrt wird, der sich entzieht. Auch in den frühen Erzählungen, etwa *Das Mißverständnis und Annaeva* geht es in surrealen Visionen um das sich Verfehlen der Geschlechter in einer als „Grönland" empfundenen DDR. Annaeva flieht aus einer vorwiegend als bedrohlich gezeichneten Stadt mit einer Schutthalde für die „weggeworfene Zeit der Selbstmörder" in eine ebenso lebensfeindliche „Dürre" steiniger Felder, fühlt sich als „Erbe von nichts", will „gelernte Begriffe vergessen" und wird auch dort von niemandem erwartet, wo sie vielleicht hingelangt, erfährt aber auf der Flucht durch die Steinwüste Hoffnungsmomente und das Gefühl temporärer Freiheit. Die ersten Träume in *Flugasche* lassen dies Fluchtmotiv wiederkehren, in den Träumen erfährt die äußere Handlung eine Deutung und Spiegelung, die auch den Leser zur Deutung herausfordert, die Flucht in eine anachronistische Ruinenstadt ist an den Sisyphusmythos angelehnt (worin sich die Nähe zu den Existentialisten erneut bestätigt), die Sehnsucht nach einer Utopie erscheint vergeblich:

„Aber jedesmal, wenn ich oben angelangt bin und mich umdrehe, zerspringt das Bild oder schrumpft zusammen, und ich finde mich wieder auf einer Treppe, die auf halber Höhe des Hügels liegt, und ich beginne meinen Aufstieg von neuem."[14]

Im Verlauf des Romans, nach Abgabe der Reportage und Streit mit dem Freund, spiegeln die Träume ihre immer passiver werdende Zuschauerrolle und –

mit dem Zweifel an den konventionellen Geschlechterrollen – auch eine Ich-Spaltung und Radikalisierung. Am Ende weisen die Träume auf den Tod der Protagonistin in einer einseitig sexuellen Beziehung, und damit auf die Trennung vom Freund im wirklichen Leben voraus, wenngleich, durch den letzten Traum signalisiert, der Haß versiegt und die isolierte Situation als Vorstufe neuen Handelns akzeptiert wird; als einzige Möglichkeit der Freiheit eignet ihr allerdings ein resignatives Fazit.

In *Die Überläuferin* ist dieser Rückzug aus Gesellschaft und Beruf auch an den Träumen ablesbar, eine Ich-Spaltung zwischen der sozialen Rollenfunktion und dem nur im „nüchternen Delirium, vernünftigen Wahnsinn, Traum ohne Schlaf" auslebbaren Bedürfnis nach Phantasie und Freiheit.[15] In den Oxymora findet sich implizit die Unmöglichkeit des Freiheitserlebnisses im DDR-Alltag, dem die Protagonistin der Maron in imaginäre Welten entflieht. Über die tatsächliche Situation in der DDR schrieb Monika Maron in ihrem Briefwechsel mit Joseph von Westphalen (am 10. 7. 1987): „Die Gesetze sind das Schlimmste, sie kriminalisieren schon die Träume."[16]

Solche kompensatorische Funktion der Träume[17] hat sich mit dem Verlassen der DDR für Monika Maron und mit dem Fall der Mauer als nicht mehr strukturnotwendig für ihr Erzählen erwiesen. Der Roman *Stille Zeile sechs* enthält zwar noch Hinweise auf das Traumbedürfnis der Ich-Erzählerin in Berlin-Pankow Mitte der achtziger Jahre, aber keine extensiven Traumprotokolle mehr. Daß man die aus der zensurfreien Situation erwachsene neue Klarheit der Maron, ihren auch genauer Analyse standhaltenden, ethisch sensiblen Erzählentwurf auch als „politischen Unterhaltungroman" und „neurotische Inszenierung"[18] abwerten kann, zeigt (entgegen dem einfühlsamen und anerkennenden Urteil der überwiegenden Mehrheit der Feuilletonkritiken) das gelegentliche politische Primat über ein faires ästhetisches Urteil und die anhaltende Aktualität des Stoffes.

Angesichts der in der DDR konsequent unterdrückten Erzählprosa der Maron, mittlerweile mit dem Kleist-Preis und der Roswitha-Medaille geehrt, sei ein Seitenblick auf die sich noch weit später öffnenden KGB-Archive Moskaus zur Affäre des Druckverbots von *Doktor Schiwago* und dem erzwungenen Verzicht Boris Pasternaks auf den Nobelpreis gestattet. Der Kulturabteilungs-Vorsitzende Polikarpow schrieb 1956 in einer Beilage zum Brief des Außenministers an das Präsidium des Zentralkomitees, die Geschichte der Sowjetunion werde in Pasternaks Roman „voller Gram vom Standpunkt eines bourgeoisen Individualisten dargestellt", die Revolution als „absurde und barbarische Meuterei", die Lehre von der „strahlenden Zukunft der Menschheit als Unsinn, Lüge und Heuchelei" abgetan. Pasternak mußte 1958, auf dem Höhepunkt des Kalten Krieges, in der „Pravda" Selbstkritik üben und aus der Schriftstellervereinigung austreten. In seiner Bitte an Chruschtschow, ihn nicht aus dem Land zu verweisen, und

gegenüber Freunden versprach er, sich am Tage der Nobelpreisverleihung totzu-
stellen. Er lebte nur eineinhalb Jahre länger.[19] So gesehen, ist die Publikationsgeschichte und Biographie der Maron mit dem Ende des Kalten Krieges glücklicher
verlaufen. Ihre oft an den eigenen Landsleuten von einst sich reibenden Kritiken,
etwa in *Zonophobie* (1992) aus dem Band *Nach Maßgabe meiner Begreifungskraft*
(1993), können nun auch in den neuen Bundesländern gelesen werden, enthalten
aber auch versöhnliche neue Erfahrungen mit der Entwicklung dort: als sie in
Pankow bei einem Besuch ihren ehemaligen, blaß und scheu wirkenden Briefträ-
ger wiedererkannte, war er zu einem hoffnungsfroheren Menschen mutiert, der
Altphilologie studierte, die Verwirklichung eines „alten Traums":

„Ich weiß nicht, ob der leise Triumph, den ich zu hören glaubte, in seiner
Stimme lag, oder von mir dazugegeben war. Einer von denen, die in diesem
Osten verkümmert wären, weil sie den Dienst mit der Waffe verweigerten oder
sich der FDJ fernhielten, die schlimmstenfalls an der Mauer erschossen wurden
und bestenfalls eines Tages Gedichte schrieben, deren Träume sich aber nie
erfüllten. Jetzt besichtige er den Schauplatz seines unfreiwilligen Briefträgerlebens
als der, der er schon immer hatte sein wollen. Er sei froh, sagte er, nur
froh."[20]

Der Kreis schließt sich: die im Roman mehrfach thematisierte Unterdrückung
von Bildungschancen der Nachgeborenen im Arbeiter- und Bauernstaat weicht
der ersehnten Freiheit zur Selbstverwirklichung.

8. Wächst zusammen, was zusammen gehört?
Die sich rasch wandelnden Vereinigungsprobleme als
Zeithintergrund in Essay, Erzählprosa und Lyrik. Kurt Drawert,
Fritz Rudolf Fries, Helga Königsdorf, Irene Dische und Günter
Grass.

Der zu selbstkritischer Wandlung fähige Förderer der jungen DDR-Literatur, gerade da, wo sie sich an den Verhältnissen rieb, der späte Franz Fühmann, in dessen Briefe man jetzt einen ersten Einblick erhält,[1] litt an der Vertreibung so vieler namhafter Schriftsteller aus der DDR nach der Biermann-Ausbürgerung. Er beklagte „ästhetische Verelendung", ständige Bevormundung, die Borniertheit und Ignoranz der Machthaber und schrieb 1977, die Schriftsteller existierten „nur als Glühbirnen, die man nach Bedarf an- und abknipst, nicht aber als schöpferisches Potential der Gesellschaft, nur als Ausführer von Beschlüssen".[2] Vergebens war er bei Kurt Hager und Klaus Höpcke gegen den Biermann-Beschluß und die verhängnisvolle Literaturpolitik der DDR angegangen, bis er mit der prophetischen Einsicht (in einem ungedruckt gebliebenen, „Offenen Brief" an Höpcke vom November 1977) resignierte:

„Ich habe Angst nicht vor der Wahrheit, wie quälend sie auch immer sein mag, wohl aber vor der Möglichkeit einer Entwicklung, die im Namen von Wahrheit Wahrheit zurückdrängt und letztlich: allseits ungewollte irreversible Entscheidungen erzwingt. Man wird dann vielleicht als Sieg etwas feiern, was unser aller Niederlage ist."[3]

Das große Kompliment der Staatssicherheit, die ihn in einem Operativen Vorgang „Filou" erfaßt hatte, lautete am Ende (1989) über den Verstorbenen, er habe eine „verfestigte feindlich-negative Grundhaltung" gezeigt, während Fühmann selbst seiner Rostocker Lektorin 1983 (kurz vor seinem Tod) die hellsichtige Diagnose schrieb: „Ich weiß nichts mehr, [. . .]. Ich weiß nur, daß es rasend schnell auf einen Punkt zutreibt, wo was umschlagen muß."[4]

Das Erbe solcher selbstkritisch engagierten Literaturauffassung von einem, hierin Sarte folgenden, sekundären „Handeln durch Enthüllen" und Aufdecken gesellschaftlicher Widersprüche „aus der Sicht ihrer zukünftigen Überwindung" trat – nach Wolfgang Hilbig unter den jüngeren DDR-Autoren Kurt Drawert an. Sein kurzer Roman d'Essay, *Spiegelland. Ein deutscher Monolog,* zeigt eine wütende moralische Emphase des Abrechnens bei hohem stilistischem Niveau, bekennt sich zu den frühen Prägungen durch „Freud, Sartre, Dostojewski, Nietzsche [Zarathustra], Hermann Hesses Steppenwolf", nicht gerade der Lektürekanon der offiziell verschriebenen, antimodernen „Erbe"-Literatur, und beschreibt eine an Brechts *Baal* erinnernde, jedoch eher spätmoderne als anarchische Protesthaltung gegen die Politikphrasen und den bürgerlichen Habitus der Vätergeneration schon während der Pubertät:

„wir saßen in einem provisorisch hergerichteten Keller als die verkommenen Söhne hochbeamteter Väter, dieses ganze Dresdener Innenviertel bestand fast ausschließlich aus hochbeamteten Vätern mit verkommenen, zumeist einzelnen Söhnen und Töchtern, die es mit vierzehn schon machten in einem provisorisch eingerichteten Keller wie diesem, wir waren die zu bummeln und zu trinken beginnenden und verzweifelten Söhne ohne Herkunft und Ziel ‚Macht aus dem Staat Gemüsesalat', ‚Wir wollen alles und jetzt'. Vater und Mutter waren gestorben im Alkohol, den wir tranken, in der Musik, die wir hörten, in den Zeilen, die wir lasen, das Ende einer Übereinkunft mit den Begriffen, über die wir an der Leine gehalten wurden."[5]

Als man Drawert in einem Interview[6] über seine unnachsichtige Haltung gegenüber angepaßten Intellektuellen und Autoren, besonders jenen als „IM" geworbenen Denunzianten unter ihnen, und nach dem durch sie angerichteten „Schaden" fragte, und warum er sie mit einem so sensiblen Ethos verurteile, berief sich Drawert auf seine Erfahrung, daß auch potentielles Spitzelmaterial immer eine Bedrohung ist, der Verrat durch „Verwandte, Nachbarn, Freunde, Geliebte" jedes Vertrauen zerstöre und die eigentlichen „Verletzungen" mit sich bringe. Er berief sich auf sein Gewissen und eine Literaturauffassung, die niemals pure „Beliebigkeit" im „wertfreien Raum" sein dürfe, denn Literatur habe ihre moralische Funktion als öffentliche „Instanz" und ein bloßes ästhetisches Spiel sei „das Destruktivste überhaupt". Indirekt meint er die Postmoderne, sicher auch die Lyrik des Prenzlauer Berg:

„Und ich habe einfach auch keinen Spaß, wenn ich weiß, daß einer im Grunde einen großen Jux mit allen treibt. Ich will das nicht zur Kenntnis nehmen und lesen. Was soll ich mich um Texte bemühen, die zynisch sind, wo die Buchhallen aus allen Nähten platzen."[7]

In subtilen Analysen der in einer Spirale der Ungleichzeitigkeit aneinander vorbeiredenden politischen Kulturen in den alten und neuen Bundesländern kommen Martin und Sylvia Greiffenhagen[8] zu einer plausiblen Erklärung, warum es den ostdeutschen Autoren verständlicher Weise schwer fällt, spätkulturelle Lebensauffassungen „mit den Vorsilben ‚plural' ‚multi' und ‚post'" zu überneh-men: man könne im Osten den langen Weg der westdeutschen Gesellschaft aus „schlimmer Rigidität und materialistischer Engherzigkeit" heraus zu einem neuen postmaterialistischen Hedonismus aus der eigenen „Nische" heraus nicht nachempfinden und einschätzen.

In der ehemaligen DDR verglich man sich immer mit dem Westen (im TV-Bild), aber heute beträgt das Durchschnittseinkommen erst um 60 % der Westdeutschen bei doppelt so hoher Arbeitslosigkeit. Die Werte des „sozialistischen Ständestaats" bedeuteten einen Rückzug vor dem harten Zugriff von Partei und Staat in die „innerlichen Reiche" der problematischen, weil wenig demokratischen „Gemeinschaft", zugleich ein ausgeprägtes Ordnungsbedürfnis, ein Leben ohne spektakuläre Erfolgschancen, dafür aber sozial sicher und in „geregelten Bahnen", bei starker Fürsorge durch den Staat; schließlich besteht in den neuen Bundesländern eine Vorliebe für die politische Kultur der runden Tische fort, statt einer freiheitlichen „Streitkultur". Eine Wandlung zu spätkulturellem Hedonismus und kultureller Posthistoire setzt einen stark verbesserten Lebensstandard und eine lange Zeitspanne der Anpassung voraus. Kein Wunder also, daß selbst die junge Generation von Kurt Drawert (geb. 1956) oder Kerstin Hensel (geb. 1961) sich schwer tut, bei aller Kontrafaktur soziokultureller Normen der mittleren DDR-Generation sich zu einem Verständnis für Multikulturalismus und verspielteren Formen der Postmoderne hingezogen zu fühlen. Drawert zeichnet eine bundesdeutsche Gegenwart in *Spiegelland*, die nicht weniger fremd erlebt wird wie die DDR-Vergangenheit und erklärt sich dies so:

„Man kann natürlich schlecht mit dem Hinweis auf eine Gegenwart die Vergangenheit begraben. Und natürlich beginnt das Sprechen dort, wo eine Welt ins Schweigen versunken ist, [. . .]. Das Leichengift, das uns unsere Herkunft vermacht hat, ist ja in unser aller Blut – es nützt ja nichts. Und natürlich ist das verlorene Objekt immer das reizvollere, weil es Distanz zuläßt und seine Wiedergeburt erwartet. Die Geliebte, die weggegangen ist, ist ja meistens begehrter als die, die einem am Frühstückstisch gegenübersitzt. [. . .] ich kann die Gegenwart nur aus der Vergangenheit heraus sehen, das heißt, ich schaue auf die Bundesrepublik wie aus dem Fenster einer Zelle. Und mit diesem Blick und mit allem, was mein Leben in der DDR war, bin ich so beschäftigt, daß mich das gegenwärtige Deutschland nur in seiner Verweisung, in seiner Differenz zu meinen Erfahrungen interessiert."[9]

Von entscheidender Bedeutung ist die Einsicht des in der dichten Bildlichkeit des Essayisten und Lyrikers formulierenden Drawert, er sehe die Bundesrepublik 1994 (zu der er ja nun gehört) immer noch „wie aus dem Fenster einer Zelle" der Vergangenheitsaufarbeitung. So kann er zu dem verblüffenden Lektüretip kommen, Mitscherlichs *Die Unfähigkeit zu trauern* (1967, überarb. 1977) sei für ihn „das aktuellste Buch, das es derzeit wahrscheinlich gibt".[10] Seine Essays in *Haus ohne Menschen. Zeitmitschriften* (1993) widmen sich der ethisch unbestechlichen Erinnerung seiner Sozialisation, bevor die „Mémoire collective" sie entstellt und verschleift, also der Stasi, der „Machtmaschine Sprache" und dem IM Rainer

Schedlinski, dem er einen „Offenen Brief" mit dem symptomatischen Titel schreibt: „Es gibt keine Entschuldigung."

Einen ähnlich fremden Blick auf den Westen, aufs „eigene Land, das mir freilich auch nie gehörte", wirft der Dresdener Thomas Rosenlöcher (geb. 1947) in seiner poetischen Wiederaufnahme der ironischen Reiseprosa Heinrich Heines, darin auch Kunert nahe, *Die Wiederentdeckung des Gehens beim Wandern. Harzreise* (1991):

„Es war der 1. Juli des Jahres 1990. Die deutsche Mark war eingeführt worden und stand, von den Bewohnern Dresdens mit Freudenfeuerwerk empfangen, tatsächlich in Form eines riesigen Mondes über den Häuserblocks. Seit Wochen hatte ich davon gesprochen, einmal für ein paar Tage in den Harz wandern zu gehn, um wenigstens andeutungsweise wieder Gedichte schreiben zu können. Natürlich mußte es der Harz sein, nun, da Deutschland wieder eines werden sollte. [. . .] Was einem die Weltgeschichte aber auch abverlangte! Ausgerechnet die neue Zeit war plötzlich die alte geworden. Während die alte Zeit, die längst überwunden war, plötzlich als neue Zeit neue Anfangsschwierigkeiten machte. Auch in den Auslagen herrschte das Signum der Sieger längst vor, und der Chrom ihrer Brotröstmaschinen leuchtete bis zum Ural. Nur hier und da hielt sich im Schaufenster noch ein sozialistischer Hilfspullover, oder eine Planerfüllungslampe brütete gebeugt vor sich hin. [. . .] Sämtliche Hundertschaften waren schon vor mir da, so daß ich das Brockenplateau erst mit der restlichen Menschheit erreichte: entlang an den Betonplatten, hinter denen aus Sicherheitsgründen die kleinen Hexenfichten eingemauert waren. [. . .] Und ein Akkordeon spielte dazu, und der Brocken war zugeschüttet, und über uns rauschten die Apparaturen der Macht. Ein deutsches Vielvölkertreffen auf streng militärischem Gelände. [. . .] Und hinter dem Drahtzaun waren die Russen soeben dabei, ihr Weltreich abzureißen. Klägliche Ziegelbaracken, [. . .] Doch draußen standen die Deutschen und fotografierten heimlich und schienen gerade jetzt, vor diesem Russenzaun, so etwas wie eine Nation."[11]

Rosenlöchers verfremdendes Westportrait fällt höchst lesenswert aus, weil auch die kritische Eklektik seines kontrastierenden Blicks das im Westen Vertraute entautomatisieren und neu sehen lehrt und zugleich Einblicke in die Befindlichkeit des Dresdener Wanderers im unvertrauten Land gewährt. Rosenlöchers Selbstironie und originelle Bildlichkeit münden am Ende der Wanderung in eine Hermann-Hesse-Allusion *(Knulp),* die bei aller Sprachkraft auch die Ungleichzeitigkeit des Schreibens in beiden Deutschland impliziert:

„Doch meine tiefversunknen Augen schauten/ mich im Versinken seltsam bittend an./ Und auf stieg eines Waldschrats blasses Bild./ Die Stirn in lächerlichem Ernst gefältelt./ Das Aug verlötet von Zufriedenheit./ Die Brille Nickel. Und die Nase Knulp./ Bis sich das Wasser gnädig kräuselte./ Nicht weiß die

Unschuld, welches Rohr sie schluckt. / Drei Tage war ich bis hierher gewandert, / und fünf Minuten von hier fuhr ein Bus."[12]

Ein postmodernes Verfahren, wie es die Gattung des Schelmenromans vielleicht am ehesten nahe legen würde, will auch den Jüngeren aus der ehemaligen DDR noch nicht recht gelingen; das ließ sich auch an dem auf halbem Wege stehen gebliebenen Ansatz zum Schelmenroman bei Kerstin Hensel (*Tanz am Kanal*, 1994) ablesen. Umso überraschender ist das Gelingen eines postmodernen Schelmenromans des seit 1966 in der DDR durch den im Westen veröffentlichten Roman *Der Weg nach Oobliadooh* bekannt gewordenen Fritz Rudolf Fries (geb. 1935 in Bilbao, Studium in Leipzig). Der neue Pikaro-Roman *Die Nonnen von Bratislava* (1994), im Untertitel auch als „Staats- und Kriminalroman" intendiert, handelt auf zwei Zeitebenen und mit kunstvollen Verknüpfungen zwischen der Zeit um 1600 in Sevilla und dem Ost-Berlin von 1991 zur Zeit des russischen Militär-Putsches gegen Gorbatschow. Zwei Hauptfiguren bespiegeln und bespitzeln einander: der Ich-Erzähler ist eine Reinkarnation des Romanautors Mateo Alemán (ab und an auch als „Matthäus Teutsch" auf Grimmelshausen verweisend), der den gattungsbegründenden Pikaro-Roman *Guzman de Alfarache* (1599–1604) schrieb. Eine überzeitliche, ominöse Spionageinstanz, „Big Brother" – CIA, KGB, Stasi oder Inquisition, die sich am Ende als russisch-jüdischer, korrupter Verleger-Kapitalist Dimitri Lifschitz entpuppt, hinter dem die neurussische, internationale Wolfsszene der Mafia vermutet werden darf, – hat Mateo durch ein implantiertes Programm geworben, um den „abgewickelten" Ostberliner Literaturwissenschaftler Dr. Alexander Retard zu beschatten. Retard alias „Rodolfo Frais" ist den Lesern von Fries bereits aus dem früheren Roman *Alexanders neue Welten* (1983) vertraut. Diesmal ist in dem handlungsdichten Schelmenroman auch das postmoderne Element gelungen. Es koexistiert neben dem dominanten Gefüge des Reise- und Spionageromans mit dem Höhepunkt des Putschversuchs zur Reinstallierung des Kommunismus im Berliner Palast der Republik 1991 ein sozialkritischer, heterogener „Untertext" aus der Sicht des davongelaufenen Lehrers Mateo Alemán, der sich für die Armen, Obdachlosen und rassisch Verfolgten auf beiden Zeitebenen engagiert und bei dem Thomas Pynchon Pate gestanden haben könnte. Denn wie Pynchon in *Die Versteigerung von No. 49* (1966) die Heldin Oedipa Maas das Kalifornien des Vietnamkriegs als zerrissen zwischen einer Unterschicht der Armen und Entrechteten (organisiert in einer ominösen „WASTE"-Verschwörung) und einer Ebene des steinreichen Freundes Pierce Inverarity entdecken läßt, dessen Fäden und Interessen überall hinreichen, so gibt es auch hier eine internationale Verschwörung des Kapitals, eine zunehmende Verelendung, die überzeitliche Pikaro-Perspektive „von unten" und den, als groteske Theaterszene des Scheiterns eingefügten, sozialistischen Putsch-Versuch im „Palazzo Prozzi".

Die spielerisch und vielschichtig gelungene Erzählmaschine endet im Rückzug des Pikaro Mateo auf ein pastorales Idyll, „einem Dorf in den Weiten vor Moskau" mit einem Bauernhof gleichberechtigter Tiere (anders als die Kontrastfolie von Orwells *Animal Farm*) mit einer erotisch reizvollen Domina, unter Verzicht auf eine Reprogrammierung als Spion. Retard verabschiedet sich in einem Brief vom „13. November 1991" (wohl eine Anspielung auf das Datum der Installierung von Modrows Rundem Tisch 1989) mit dem Plan, sich der Max-Planck-Gesellschaft anzudienen. Sein Projekt heißt, stimmig zu all den Reisestationen von Sevilla über Montpellier, Bratislava, Ost-Berlin bis nach Mexiko, Miami, Warschau und Moskau, „Das Motiv Reisen als ein Stammbegriff der Aufklärung". Die schwindelerregende Vielschichtigkeit dieses postmodernen Schelmenromans führte zur Fragmentierung und Entropie (wie bei Pynchon), wäre da nicht bei allen Spiegelungen und Relativierungen des Erzählverfahrens der rote Faden einer sozialkritischen Gegenwartskritik, der durch hohe Arbeitslosigkeit gefährdeten Ost-Berliner Stadtszene und der Bewältigung des Nach-Wende-Lebens.[13] Die postmoderne Anlage des Ganzen läßt sich auch daran erkennen, daß der Roman im Roman, ein nur fragmentarisch existenter Erzähltext mit dem Titel „Der 13. November" von einem Ukrainer Kusmin Korolenko, sich am Ende durch den schillernden Verleger und Promoter Lifschitz als Projekt herausstellt, an dem alle Interessierten weiterschreiben können, wobei das Endprodukt preisgekrönt wird. Präziser lassen sich Derridas dekonstruktive Konzepte von „Schrift", „Differenz" und „Abwesenheit"[14] in einem Spielkonzept erzählerisch kaum umsetzen.

„Der historische Mateo Alemán war ein ziemlich armer Tropf, der Philosophie und Medizin studiert und sich erfolglos in diversen Berufen versucht hatte. Durch Ränkespiele zwang man ihn, der auch Mitglied der Bruderschaft der Nazarener war, in den Dienst der Heiligen Inquisition, die vermeintliche Ketzer mit Folter und Scheiterhaufen verfolgte. Als Verwaltungsbeamter arbeitete er dann am Königshof Philipps II. und leistete Spitzeldienste für die mächtige katholische Kirche, indem er ‚Conversos' wie Cervantes aushorchte und diese Informationen weitergab, bevor er nach Mexiko abgeschoben wurde. Ein IM der Gegenreformation also.

Fries vollzieht erzählerische Wechselsprünge und Parallelschaltungen, indem er die Situation um 1600 mit der von 1989 in Beziehung setzt und zudem Mateo als Marionette einer ‚Big-Brother'-Holding auf Retard ansetzt, um ihn zu observieren. Retard, wie der Name schon suggeriert, schmiedet als Vorsitzender einer konspirativen Gruppe restaurative Pläne ‚in den Regionen des Klassenfeindes'. Von der SED verstoßen, Bautzenhäftling, als Intellektueller den Idealen der Aufklärung verpflichtet und gleichzeitig romantischen Figuren wie Oberman und Werther verbunden, ist er eine ambivalente und daher für die anonyme Macht suspekte Persönlichkeit, die der per Gehirnimplantation ferngesteuerte Mateo aushorchen soll. [. . .]

Wie Ahasver umhergetrieben, irren sie durch eine völlig aus den Fugen geratene Wirklichkeit. Fries erzählt auch von Gewalttaten und der neuen Armut in Deutschland. Während Brutalität und Haß zunehmen, sorgen sich die Politiker nur um ihre Machtbefugnisse, heute wie damals: ‚Gemeinsam beschuldigten sie den Bücherminister, die Schriftsteller nicht besser in Schach gehalten zu haben, aus der Zensur nicht das Autodafé einer Inquisition gemacht zu haben.‘[15]

Gerade die Doppelbödigkeit der Konstruktion und die keineswegs eindeutig auflösbare „Botschaft“ des Schelmenromans ist dem Mangel an Distanz in diesen ersten fünf Jahren nach der Wende vorzüglich angemessen. Fries schafft sich Distanz durch den fast vierhundertjährigen Zeitsprung und vermag es, auch in dem eingeschobenen, dramatischen und mit Elementen der Pop-Kunst grell überzeichneten Putschgeschehen im und um den Palast der Republik Situationskomik und ironische Brechungen zu gestalten. Am eindrucksvollsten sind die Ost-Berlin Szenen der Gewalt, Prostitution und Obdachlosigkeit:

„Ich fuhr am Vormittag mit der S-Bahn in die Mitte der Stadt. Die Abteile der in großer Geschwindigkeit von Station zu Station hastenden Bahn waren überfüllt. Jeder schien den gleichen Geruch nach einer billigen Seife auszuströmen, [. . .]. Niemand sah aus den Fenstern, so daß ich, wären die Leute neugieriger gewesen, mit meiner Neugier aufgefallen wäre. Die weiten Felder zwischen den ersten Stationen waren von Müll übersät, verziert mit eingedrückten Autokarosserien, die wie Signale auf einer Fahrt waren, deren drohendem Schrecken nur mit größerer Geschwindigkeit zu entkommen war. Und so schienen Züge und Autos um die Wette zu fahren.

Da ich zu früh ausstieg, weil ich vergessen hatte, welche Station mir Retard empfohlen hatte, wurde ich von Baustellen aufgehalten, von aufgerissenen Straßen auf andere Straßen verwiesen, in jeder Sekunde gewärtig, daß die Häuser vor meinen Augen ins Knie brechen würden, mit Hohngelächter über den erschrockenen Fremden, dem eine Stadt bislang etwas Zuverlässiges gewesen war, etwas planvoll Entwickeltes, in ihren Schichten und Ablagerungen Stein gewordene Zeit, eine Mauer, auf die man sein bißchen Lebenszeit einkratzte. Nichts von alledem hier. Über meinem Kopf und dem der anderen [. . .] Passanten, donnerten die Hochzüge, als machten sie uns klar, daß wir Zurückgebliebene seien, und gleichfalls höhnisch schien der Autoverkehr zu sein, der sich immer wieder vor den Ampeln staute, so daß man von Block zu Block die gleichen Gesichter der Fahrer sah, eingeklemmt wie wir zwischen den Gebäuden der Gründerzeit und denen der Nachkriegszeit, die alle aussahen wie eine Fehlleistung, die unbedingt über Nacht zu korrigieren war, als könnte man mit dem weggesprengten Stein auch die Vergangenheit wegsprengen. [. . .]

Ich war in eine Gegend geraten, deren Fassaden abblätterten und große, in sich zerrissene schwarze Buchstaben freigaben. Überhaupt war die Stadt von Schrift überzogen, als wäre Schrift das einzige, das ihre Stadtteile verband und zusammenhielt. Es waren schwarze Parolen, mit auslaufender Farbe an Wände und Türen gemalt. Scheinbar arabische Schriftzeichen, die ich dennoch nicht entziffern konnte. Kürzel einer geheimen Stenographie. [. . .] Welcher Dämon, welcher Moloch herrschte über dieser Stadt, der seine Warnungen beizeiten bekanntgab? Es war als würde die Werbung mit ihren einschmeichelnden Parolen, ihren steilen Schriftzeichen die Antwort auf die Bedrohung des Molochs sein. Freude schöner Götterfunken, sagte die Schrift, und die andere antwortete, Freiheit schöner Götterfunke. Und wie immer wußte man nicht, was mit dieser Freiheit im einzelnen gemeint sein konnte."[16]

Daß sich an diese Freiheitscharakteristik die desillusionierende Szene einer Armenküche der Obdachlosen anschließt, impliziert eine wiederkehrende Kritik an der sozialen Marktwirtschaft. Auch die Allusion auf Leonard Bernsteins Umgestaltung der Schillerschen Ode *An die Freude* bei der Weihnachtsaufführung 1989 von Beethovens *Neunter Sinfonie* am Gendarmenmarkt, damals auf begeisterte Resonanz treffend, läuft hier eher auf Skepsis und Unbestimmtheit hinaus. Fries' konnotatreiche Stadtpanorama-Passagen erreichen streckenweise die Prosaqualität Wolfgang Koeppens in dessen München-Roman aus der Nachkriegszeit, *Tauben im Gras* (1951).

Helga Königsdorf (geb. 1938), die bis 1990 als Mathematikprofessorin an der Ost-Berliner Akademie der Wissenschaften tätig war und seit 1978 frauenspezifische Erzählprosa veröffentlichte, hat den Fall der Mauer (wie ihre autobiographisch gefärbte Ich-Erzählerin in *Gleich neben Afrika*) eher als „Überwachungsentzugssyndrom"[17] erlebt, weil die verdeckte Schreibweise nun nicht mehr interessierte. Die bekennende einstige SED-Genossin, als Kreisleitungsmitglied aktiv, weil sie „etwas verändern wollte", war vor der Wende immerhin vorsichtig regimekritisch, 1989 für einen kurzen *Moment der Schönheit* (so der Buchtitel im Aufbau-Verlag 1989) revolutionsbegeistert, dann, 1990, PDS-Kandidatin im Bundestagswahlkampf. Die lange Erzählung *Gleich neben Afrika* (1992) und der kurze Roman *Im Schatten des Regenbogens* (1993) spiegeln Trauer und Ratlosigkeit. Die zwischen „Realität und Parodie der Realität" angesiedelte *Afrika*-Satire spielt im Titel auf Kolonie und eine kleine kanarische Insel an, wo sich zwei ostdeutsche Frauen auf der Flucht vor der Polizei befinden. Die Ich-Erzählerin und ihre Geliebte Maria sind nach einer Reise in die eigene DDR-Vergangenheit auf dem Dorf am Ende in das Tal einer Bananenplantage geraten und Maria wird von einer Spinne, einer „Schwarzen Witwe" gebissen; ob sie es überleben wird, läßt die Erzählerin offen. Die beiden Frauen essen gierig von den Bananenstauden, weil Maria solche Früchte „noch nie gesehen" hat, eine kaum verhüllte Parodie auf die neuen Segnungen des undialektischen Materialismus der „Besserwessis":

„Die Selbstinspektion wird zum Anlaß einer Reise ins heimatliche Dorf, wo die Ereignisse bald gleichnishafte Konturen annehmen.

Während Maria, die Realistin und zugleich die Konsumanfällige, sich am Nordseestrand erholt – nur ein reger Briefwechsel nährt das Verhältnis –, setzt sich die Erzählerin ihrer Familiengeschichte aus, die zugleich die Geschichte eines Anwesens ist, das eine merkwürdige Erbfolge erlebte. Konnte doch der Vater, da jüdischer Herkunft, das Gehöft mit ertragreicher Schiefergrube nicht erben, obwohl er als streng nationaler Deutscher sogar Mitglied des ‚Stahlhelms‘ war. So durfte denn ein ‚reinrassiger‘ Onkel die Erbschaft übernehmen, eine Freude, die nur kurze Zeit dauerte. Denn nach dem Einzug der Russen wurde das Objekt schon bald entprivatisiert, und der Onkel setzte sich nach dem Westen ab. Doch nach der Vereinigung ging die Sonne wieder im Westen auf, und der Sohn des Onkels klagte die Erbschaft seines Vaters ein. Nun soll es unter den neuen, importierten Richtern auch gerechte geben, aber ‚am Aufrollen mancher alten Geschichte ist niemand mehr interessiert‘, so meint es wenigstens der Lehrer des Dorfes. [. . .] Dieser Streit um Haus und Grund [. . .] dient zugleich als Parabel für das eigene Unbehaustsein, denn der politischen Heimatlosigkeit entspricht eine private. Bei aller hautnahen Liebe zu Maria bleibt der Erzählerin Marias Wesen fremd, ihre erstaunliche Anpassungsfreudigkeit, ihre Naivität. Und so geschieht es, daß ihr Blick wieder auf Männer fällt, auf einen geheimnisvollen Alexander, der aber keine Konturen zu gewinnen vermag, auf einen erdnahen Brigardier, der ihr Heim und Familie versprechen könnte. Doch auch dieser Traum löst sich auf, als Maria unerwartet im Dorf erscheint. [. . .] Szenenwechsel zurück in die Stadt, wo alte und neue Freunde auftauchen, [. . .]. Die Realität wird zur Parodie ihrer selbst."[18]

Das Unentschlossene dieser zwischen Satire und Bekenntnis schwankenden Erzählung[19] hat durch die abrupten Sprünge und den provokativen Reiz der zur Deutung herausfordernden Parabelstruktur insgesamt mehr erzählerische Dichte und Modernität als der folgende, in einen konventionellen Realismus und die wenig gelungene „Regenbogen"-Symbolik des Titels zurückfallende Roman. Eher ist es eine Novelle mit einem überschaubaren Personenensemble aus lauter „abgewickelten" Existenzen in einer Ost-Berliner Wohngemeinschaft, drei davon aus dem „Zahlographischen Institut" der wissenschaftlich profilierten Hauptfigur Alice. Ihr „Wunderland" enthüllt sich nach der Wende als ein Land der Chancenlosigkeit und nur eine Opportunistin und „Der Alte", der frühere Institutsdirektor, können sich am Ende mit den neuen Gegebenheiten der Abwicklung früher parteinaher Wissenschaftler abfinden und ihr Wissen erfolgreich der Industrie anbieten. Die Klischeehaftigkeit einer Konfrontation von Zwillingsbrüdern aus West und Ost im Führungswechsel des Instituts kann nicht überzeugen,

142

ebenso wenig das „unerhörte Ereignis" mit dem Regenbogen, wo ein einst gefürchteter Ideologe, Computer-Spezialist und Mediziner, der „Generationen von Medizinstudenten" mit „Marxismus-Leninismus gequält" hatte und kurze Zeit der Wohngemeinschaft angehörte, vor den Augen der anderen in einem Wintergewitter vom Blitz erschlagen wird. Der nun sichtbare Regenbogen „mitten auf dem ehemaligen Grenzstreifen [. . .] hatte einen Schatten geworfen" (S. 140). Das widersprüchliche Symbol mag darauf hindeuten, daß einer der bedauernswerten Nebenfiguren der Wohngemeinschaft im Wandel zwischen den alten und neuen Bundesländern an der Nahtstelle des Grenzstreifens umkam, um die Schattenseite des Hoffnungssymbols neuer Freiheit und „Blühender Länder" durch das bizarre Geschehen zu unterstreichen: die im Dunkeln sieht man nicht.[20]

„Da können allein die Elementargewalten noch für Spannung sorgen, auf die Meteorologie ist in diesem Stadttext Verlaß. Nach einer Kulmination mit Blitz und Regenbogen, die für einen bedauernswerten Mieter des Durchgangszimmers tödlich endet, strebt die Notgemeinschaft auseinander. Die Statistikerin Alice verliert ihr Zeitgefühl und geht selbst verloren; Alice lebt hier nicht mehr. Die anderen suchen eigene Auswege. Dabei spielt, letztes Aufwallen von Depression und Düsternis, eine Handgranate eine tragende Rolle. Daß sie aus Beständen der historischen Nationalen Volksarmee stammt – das erscheint konsequent."[21]

Der Roman *Ein fremdes Gefühl* (1993) der in Berlin lebenden Amerikanerin Irene Dische aus einer New Yorker Familie deutschstämmiger jüdischer Emigranten präsentiert einen kühl distanzierten Blick auf die Vereinigungsprobleme in einem überkonstruierten, nach Beethovens 33 Diabelli-Variationen komponierten, „schwarzen Schelmenroman".[22] Entstanden ist ein merkwürdig flach wirkendes, geschlossenes Kunstwerk, das wenig repräsentative Figuren nicht recht zum Leben erweckt. In einigen Passagen ästhetisch gelungen, bleibt der Versuch, mit den Mitteln der karikierenden Zuschreibung, dem bösen Blick, und einigem didaktischen Manierismus „einen ‚großen' Gegenwartsroman" über die deutsche Befindlichkeit nach dem Fall der Mauer zu schreiben, jedoch ein gescheitertes Experiment, ein toter „Romanbaukasten".[23] Der englisch geschriebene Roman trägt einen ungenau übersetzten Titel, denn *A Violent Chord* hätte eher mit „Ein gewaltsamer Akkord" und nicht so psychologisierend übersetzt werden sollen.

Die Autorin Kerstin Hensel hat sich aus der ostdeutschen Sicht der Dinge dieses ehrgeizigen Projekts angenommen, und es mag symptomatisch sein, daß ihr eigener fremder Blick auf den Westen ihrer Lektüre des Romans mehr Zustimmung für die starre Konstruktion mit aufgesetztem gutem Ausgang nahelegt.

„Benedikt Waller von Wallerstein, Sprößling alten deutschen Adels, ist der ‚Letzte seines Geschlechts' – nicht nur die letzte Knospe des Stammbaumes, sondern sozusagen auch wirklich der Letzte im übertragenen Sinne. Die Autorin, geboren 1952 in New York, Tochter deutschstämmiger jüdischer Emigranten, schafft eine Figur, die aus grauenvoller Leere besteht. Um diese Leere geht es, sie ist Metapher des Ganzen, ein Zeichen (West-)Deutschlands. Irene Dische beschreibt mit Witz und Wärme, was da kalt und konturlos auftritt: ein dünner, blutleerer Mann, dem seit der Kindheit jede Beziehungsfähigkeit, jedes wirkliche Gefühl abgeht: Gerade mal, daß er, im pubertierenden Alter, eine Neigung zu seiner Schwester Dolly verspürt, ein winziges tierisches Gefühl. Benedikt studiert Mathematik und Physik, und uns erreicht die Mitteilung, daß er unheilbar krank ist. Er wohnt in Westberlin als apathischer Junggeselle im mechanischen Kreislauf lebenserhaltender Tätigkeiten und erforscht, als Doktor in einem Physikalischen Institut, Solitronen, Teilchen, die immer bei sich – also allein – bleiben. Diese Teilchen existieren nur in der Theorie, der Kollaps solcher Forschungen ist vorgezeichnet. [. . .] Beginn einer traurigen Neurose. [. . .] In der Psychoselbstfindungsgruppe scheitert er aus Angst vor dem ‚Selbst‘ – auch das ist logisch. [. . .] Irgendwann, als er die Vierzig bereits überschritten hat, regt sich in ihm für Minuten der Geschlechtstrieb. Der junge Wissenschaftler [. . .] Schmidt, Verehrer Dr. Wallers, bietet sich zur Kopulation: [. . .] ‚Daß er dabei außer Atem geriet, gefiel ihm nicht‘. Waller wirft Schmidt hinaus, [. . .] gibt eine Kleinanzeige auf: ‚Unverheirateter Mann mit unheilbarer Krankheit sucht Kind, bevorzugt Kleinkind, zwecks Adoption‘. [. . .]

Dann geschieht das Unglaubliche: Die Russin Marja und ihr Sohn Valerij kommen zu Waller in die Wohnung, nisten sich ein. Sie bringen die ganze Palette fremden Lebens mit sich: Dreck, Armut, den Gestank von Existenz. Waller überkommt zum ersten Mal ‚ein fremdes Gefühl‘.“[24]

Auf Schloß Biederstein wird dann geheiratet, obwohl die klavierspielende, jedoch streng riechende Russin den Grafen nicht liebt, denn alle Natur sperrt sich dem Wissenschaftler, auch Valerij, den er liebt – eine Verbeugung vor dem „Echo“-Motiv in Thomas Manns *Doktor Faustus*. Als Marjas Mann Golub in Berlin auftaucht und Marja wie selbstverständlich mit ihm schläft, wendet sich Valerij lieber dem Grafen als dem Vater zu, und Marja kehrt, nach Golubs Fortgang, nun mit einer neuen Zärtlichkeit zum wahrscheinlich an Aids erkrankten Benedikt zurück. Die Dische läßt ihn just im Augenblick des Falls der Mauer erkranken. Kerstin Hensel sieht in dieser Verknüpfung und in der „gesellschaftlichen Katastrophe“ eine ästhetische Travestie trivialer Elemente, die dennoch die „in jeder Beziehung gestörte Gesellschaft“ adäquat porträtiere.[25] Der Roman zeige die „Gegenposition zur Vorstellung der totalen mathematisch-wissenschaftlichen Erkennbarkeit der Welt“ und „die Abgründe (nicht nur deutscher) Verderbtheit“. In einem Interview[26] insistiert Irene Dische zwar auf die Rollenprosa beim Empfinden der „Wiedervereinigung als etwas Bedrohlichem“, sogar als ein „Hungerödem“, durch den Grafen. Liest man jedoch ihre kurzen „Spiegel“-

Glossen, die ihr atmosphärisch weit mehr gelingen, etwa über die Verabschiedung der Alliierten in Berlin, „Zapfenstreich mit Sandwich"[27], so läßt sich der satirisch befremdete Blick auf die deutsche Szene wiederfinden:

„Drei Regierungschefs sind in der Stadt: ein kleiner, ein mittelgroßer und ein ganz großer, dicker. In Gegenwart ihrer Politiker wird die Bevölkerung zum Sicherheitsrisiko. Überall sind Sperren errichtet. [. . .] Die ganztägige Feier strapaziert selbst abgehärtete Veteranen, und wahrscheinlich würden sie jeden Satz mit Beifall begrüßen, der wie ein Schlußwort klingt. [. . .] Die Stimmung ist durch und durch nostalgisch. Die guten Zeiten der multikulturellen Besatzung sind vorbei. Als die Sandwiches verzehrt sind, begeben sich die Gäste hinaus in die Kälte. Während sie sich die Mäntel überziehen, murmeln sie etwas von Geschichte. [. . .] Warum bleiben meine Landsleute nicht einfach da? [. . .] Jetzt ist es zu spät. ‚Wir schließen ein glorreiches Kapitel der deutschen Geschichte!' verkündet Mitterand.

Auf dem Flughafen Tegel winke ich mit meinem weißen Taschentuch den startenden Maschinen nach, aber niemand winkt zurück. In mir steigt jene eigenartige Wehmut auf, die einen befällt, wenn man zurückgelassen wird."

Solche entspannte Ironie jenseits von Pomp und Nation ist ein Glücksfall für die deutsche Befindlichkeit, der zurückkehrende Humor und Alltag ein gutes Zeichen; man kann Irene Dische und Jurek Becker (in seinem *Wir sind auch nur ein Volk,* 1994/95) nur dankbar sein, daß sie ihre genaue, spottlustige Beobachtungsgabe, zuweilen auch einen ätzenden Heine-Ton, den Kommentaren zur deutschen Entwicklung seit der Vereinigung beimischen.

Günter Grass wird nicht müde, uns die Kehrseite der Vereinigung seit der Wende vor Augen zu führen, und hat daher seine Trauerklage über das verwüstete Deuschland in die bewußt strenge Sonettenform, spröde und kantig im Ton und gegen den Strich falscher Poetisierung gebracht. Der Zyklus von dreizehn Sonetten mit dem Titel *Novemberland* (1993) registriert die trübe Befindlichkeit der abgewickelten DDR-Geschichte, aber auch der Industriegesellschaft im Westen, an den Symptomen der Umwelt und Arbeitslosigkeit:

Breit liegt das Land, in dessen Lied wie in Prospekten
sich Schönheit weit gehügelt austrägt, gegen Norden flach,
besiedelt, eng (in dieser Zeit) bis unters Dach.
[. . .]
Wo wir uns finden, hat verkehrte Konjunktur
uns fett gemacht. Dank Leid und Kummer satt,
schlug mästend Elend an als freien Marktes Kur;
Und selbst auf unsre Sünden gab's Rabatt.
Still liegt Novemberland, verflucht zum tugendhaften Fleiß,
in Angst vorm Jüngstgericht, dem überhöhten Preis."[28]

Günter Grass läßt nichts aus, was an deutscher Geschichte sich mit dem 9. November verbindet, streift die Asylanten-Aversion, den Neofaschismus, die Gewalt, den „unversorgten Müll", die Skins und Mölln und läßt spöttisch in „Sturmwarnung" (Sonett 5) die Sorge anklingen, daß wir „aus dem Club der Reichen" ausgeschlossen wären, „denn selbst die D-Mark ließe sich erweichen": „Schon wieder, angekündigt, ein Orkan zuviel, / der keine Grenzen kennt, klopft an und fordert laut Asyl." Den Intellektuellen und dem westdeutschen Feuilleton, auch der Debatte um die „Stunde Null", einem „Abschied von den Kriegsteilnehmern", schreibt er ins Stammbuch (Sonett 7):

> „Außer Plan
>
> Auf alte Zeitung, die im Garten treibt, unstetig
> und sich an Dornen reißt, auf Suche nach Ästhetik,
> schlägt wütig Gegenwart, ein rüder Hagelschauer;
> November spottet aller Schönschrift Dauer.
>
> Schaut nur, die blassen stilgerechten Knaben,
> die sich, auf Wunsch, der Stunde Null verschrieben haben.
> Jetzt jammern sie, weil selbst auf Stasispitzel
> Verlaß nicht ist, um Zeilenschwund und momentanen Kitzel.
> [. . .]
> da kommt Gewalt dem fixen Wortfluß in die Quere
> und brüllt aufs neue überlieferten Jargon:
> verschreckt (ganz außer Plan) wacht auf das Feuilleton."

Grass wurde für diese Gedichte wegen ihrer Nähe zum Gryphius-Ton und ihrer aufgerauhten Provokationskraft von der Kritik anerkannt.[29] Grass wäre aber auch nicht Grass, wenn der Politiker in ihm nicht auch, zum Schaden seiner Erzählkraft und poetischen Umsetzung im Gedicht, zuweilen beide Ebenen bis zur Ununterscheidbarkeit vermengen würde; etwas, das dem späten Brecht zum Beispiel nicht passierte. Und so präsentiert sich dem verdutzten Leser im vorletzten Sonett, „Bei klarer Sicht", ein wenig verdeckt, aber auf den zweiten Blick unübersehbar, eine Bundestagswahlprognose. Aus dem konjunkturellen Tal der Jahreswende 1992/ 93 heraus, und mit einem Seitenhieb gegen den „treuherzigen [. . .] Minister Blüm", sieht Grass dessen Partei 1994 verlieren: „doch jemand, der (ein Gott?) am Nebelvorhang zieht, / verriet schon jetzt die Zahlen nächster Wahlen". Die Vermengung der Ebenen rächt sich zuweilen.

9. Epilog: Theater und Klamauk um die deutsche Einheit. Bühnenversuche von Rolf Hochhuth, Franz Xaver Kroetz, Christoph Hein, Botho Strauß und eine Fernsehserie von Jurek Becker

Der in trockenem Humor von Jurek Becker beschriebene, bundesdeutsche Erwartungsdruck in den Medien, die Schriftsteller mögen sich endlich des wichtigsten zeitgeschichtlichen Gegenwartsthemas annehmen, hat neorealistisch (mit dokumentarischen und naturalistischen Elementen) arbeitende Dramatiker wie Rolf Hochhuth und Franz Xaver Kroetz, oder, im alltagsnahen Medium des Fersehspiels, Jurek Becker, animiert, sich dem Thema zu nähern. Hochhuth und Kroetz, sind, weil sie allzu plakativ Aktualität suchten und provokativ politisch herangingen, an der Aufgabe (nicht nur am Spiegel der Kritik, vor allem an der mangelnden ästhetischen Textqualität ablesbar) größtenteils gescheitert, während es die mit symbolischer Verweisebene und Allegorese verdichtenden, ästhetisch verschlüsselnden Dramatiker wie Christoph Hein in *Die Ritter der Tafelrunde* (1989) und *Randow* (1994) sowie Botho Strauß mit *Schlußchor* (1991) vermochten, in ihren sensiblen poetischen Dialogen ein Stück der Deutung dem Zuschauer zuzuweisen und sich der auf der Hand liegenden Gefahr mangelnder Distanz durch das Einbringen von Unbestimmtheitsstellen zu entziehen. Becker erkennt die Gefahr: „[Heute] herrscht ein gewaltiger Erwartungsdruck. Seit drei Jahren sehe ich in Deutschland die Kritiker mit den Fingern auf den Tisch trommeln: Wo ist der deutsche Einheitsroman? Das kann den armen Hund, der sich hinsetzt vor ein leeres Blatt Papier, schon lähmen. In vielen Schriftstellerzimmern schwebt die Erwartung wie eine fürchterliche giftige Wolke."[1]

Ungeachtet dieses Einspruchs gelang Becker dennoch eine dramatisierende Bearbeitung des Einheitsthemas im Modus subtil differenzierender Alltagsszenen zwischen Ost- und Westberlinern. Seine Allergie und Vorsicht gegenüber „großen Themen" und tagespolitischer Relevanz in der deutschen Gegenwartsliteratur teilten Hochhuth und Kroetz keineswegs, im Gegenteil: Sie schrieben sich erst einmal ihre Wut über, wie sie es sahen, verfehlte Entwicklungen nach der Wende 1989 vom Leibe, in zwei Stücken, die zu provozieren, jedoch in kaum einer Kritik oder bei genauerem Blick auf die Machart der Texte zu überzeugen vermochten.

Botho Strauß: „Schlußchor"

Hatte Christoph Hein, in einer hellsichtigen Vorwegnahme des DDR-Endes Anfang 1989, in *Die Ritter der Tafelrunde* die Verbrauchtheit aller ideologischen Impulse des Aufbruchs der Gründerjahre in einer Allegorie der Artusrunde auf die Bühne gebracht, vermochte es nach der Wende Botho Strauß als erster, in einem teils surrealen, teils in symbolischen Salon- und Café-Szenen psychologisierenden und in der Schlußszene mythisch-absurdistischen Dreiakte-Stück *Schlußchor* (1991) in bewußt deutungsoffenen Bildern den historischen Paradigmawechsel zu signalisieren. Im letzten Akt spielen ein Historiker und eine vom Vaterbild nicht loskommende Tochter aus Widerstandskreisen des 20. Juli 1944 den Historiker-streit in einem Café in Westberlin am Abend des Mauerfalls nach, bis sich der jüngere Wissenschaftler im Bewußtsein der historischen Dimension des Abends aus der Diskussion mit den Worten löst: „Aber, mein Gott, wen interessiert das jetzt?", während laut Regieanweisung „Fetzen aus Beethovens Schlußchor von der Straße her" dem festlichen Charakter dieser friedlichen Revolution – „Wild-fremde Menschen liegen sich in den Armen, die Vopos tanzen in den Wachtür-men, die Stadt ist ein einziges Fest!"[2] – die entsprechende Klangkulisse unterle-gen, und die Szene sich zu einer Allegorie des Prometheusmythos mit Allusionen auf das „grau und machtlos" gewordene Emblem des Deutschen Adlers verwan-delt und damit doppeldeutig bleibt:

„Zoo. Voliere mit Steinadler. [. . .] ein weißer Rundhorizont, auf dem Schat-ten von Feuerwerk und Adlerflug erscheinen. [. . .].
Anita: [. . .] aus deinem Urzornauge einen Liebesblick. . . Schon vergessen? Du siehst ja täglich viele Menschen gaffen. Sie stehen in Freiheit rum und schlabbern mit dem Mund. [. . .] Sie nimmt ein Messer aus der Handtasche und schneidet ein großes Loch in den Draht der Voliere. [. . .] So. Nun hol dir, was du brauchst. Hol dir alles, was ein Greif herausschlägt aus den Weichen eines [. . .] Menschen. Gedärm und Drüsen, Häute, Sehnen, Fette, warmes Blut. [. . .] Du scheinst mir reichlich abgemattet, verglichen mit dem liebesbösen Auge von heute morgen! [. . .] Er rührt sich nicht. [. . .] Dunkel im Vordergrund. Auf dem Rundhorizont der Schatten des Adlers, der in langem Gleitflug niedergeht. Wenn es wieder hell wird, hockt der Vogel auf Anitas Arm, den sie über ihre Schulter hebt [. . .]. Kastrierte Chimäre! Wo ist dein Doppelbild? Schlappes Wappen [. . .] Aber. . . hörst du es? In der Luft: das Dröhnen und das Flattern? [. . .] die Kleider, in denen kein Bein, kein Überleib mehr steckt? Sieh nur: wie der Himmel schwarz von brausenden Kleidern wird! Du fluggewordenes Erz. Alt und grau und machtlos. [. . .] Lichtwechsel. Niederstürzen des Adlerschattens auf der Leinwand. Wenn es hell wird, steht Anita bis zu den Waden in den Federn, mit blutendem Gesicht, den abgeschnittenen Fang des Vogels in der herabhängenden Hand. Anita: Wald

... Wald ... Wald ... Wald ..."[3]

In diesem „symbolgeladenen Liebeskampf der Anita mit einem Adler"[4] wird – vielfach gebrochen – die Zeitkritik des Autors im Modus einer Nebenfigur deutlich. In allen drei Akten weist der „Rufer" auf „Deutschland!" und den Mauerfall hin; für ihn sind die Zeitgenossen „weder zu historischer noch zu poetischer Größe fähig".[5] Allerdings meint der aus prometheischen Dimensionen so kläglich herabgeholte Adler als „Doppelbild" auch die nicht auf die Monarchistin und wahnhaft aristokratische Tochter eines konservativen Verschwörers des 20. Juli eingehende Natur des nationalen Emblems. Die surreale Schlußvision vom mehrfach iterierten „Wald" und dem einstigen „Urzornauge" des nun kläglichen Adlers läßt sich auf einen romantischen Mythos zurückbeziehen, mit Prometheus auch auf einen zentralen Mythos des deutschen Sturm und Drang, der mit dem Geniekult der Selbsthelfer auch die frühbürgerlichen Ideale der Französischen Revolution inspirierte, jetzt die Montagsmärsche. Anders der Bild-komplex: „In der Luft: das Dröhnen und das Flattern" der beinlosen, leeren Gewänder eines davon schwarzen Himmels; er bezieht sich intertextuell – vor dem Hintergrund des Historikergesprächs im Café über die „NS-Chargen" (S. 93) – auf Bilder der Gedichte (aus den Jahren 1944 bis 1956) der Nelly Sachs und Paul Celans über die Judenvernichtung, auf *In der Flucht* etwa, oder *O die Schornsteine* und *Todesfuge*, schließlich auf die von Anita heraufbeschworenen vielen Toten der Flüchtlingstrecks. Denn für Strauß war das Theater zwar immer schon der Ort, „wo die Gegenwart am durchlässigsten wird" (Büchnerpreisrede 1989), jedoch meint der Autor damit keinesfalls die „Nachahmung des Straßengeschehens auf der Bühne", sondern in einer Ästhetik der Verweigerung gegenüber dem Gerede der Medien- und Kommunikationsgesellschaft sowie einer das Numinose vollends vertreibenden Spätaufklärung die Rückkehr zu dem Mythen durch eine zunehmend hermetische Poetisierung. Dem totalen „Medienverbund" setzt er ein antipolitisches Theater entgegen:

„Ein solcher Verbund läßt sich nicht stören oder umwerten, er kann nur mit spirituellen Brüchen beantwortet werden. Er provoziert einen neuen Typus des Außenseiters: den Esoteriker, den Eingeweihten des verborgenen Wissens – und des geschonten Lebens. Gegen den allesüberstrahlenden Scheinwerfer wird sich der Illuminat herausbilden. Gegen das unkenntliche Allgemeine die versprengten Geheimzirkel [. . .]. Der Gescheitheitsvertrag der Informationsgesellschaft wird von der Ketzerbewegung des ‚verbotenen Geists' gebrochen. Diese, als eine neognostische, ist nur wenigen zugänglich und verwahrt sich gegen jede gesellschaftliche Brauchbarkeit. [. . .] Sie sagt sich entschieden los von der zutiefst satirischen Intelligenz, die in diesem Land ein nicht enden wollendes, zwanghaftes und längst erschöpftes Nachspiel gab zu einer blutigen, miserablen Tragödie; einer Intelligenz, deren tiefe Überzeugungsleere im übrigen am allerwenigsten dazu geeignet ist, die Nachfolgenden gegen neue Dämonie und ungute Dunkelheit zu feien."[6]

Botho Strauß, für den Erinnerung an den Mythos, „Anamnesis" und Poesie Schlüsselworte geworden sind, obwohl er sich zu Adorno, zu Foucaults Diskurstheorie und Derridas „Ecriture"-Verständnis, also zu Negativität im poetischen Text und gegen elitäres Autorsubjekt bekennt, muß sich schon lange, noch einmal zunehmend seit seinem Essay *Anschwellender Bocksgesang* (1993)[7], gegen eine Gesinnungskritik wehren, die ein Überhang des Nach-68er Dualimus' von kritisch-wahrem und systemstabilierend-falschem Denken ist.[8]

Bereits in dem langen elegischen Gedicht *Diese Erinnerung an einen, der nur einen Tag zu Gast war* (1985) zeigte Strauß sein Bedauern über die deutsche Teilung gegenüber dem eigenen utopischen Ideal von Geschichte als „historischer" Erfahrung zwischen der „privaten" Erinnerung des einzelnen und der „poetischen" Erinnerung der Menschheit: „Soviel Geschichte, um so zu enden./ Man spüre einmal: das Herz eines Kleist / und die Teilung des Landes". Da der Autor erst Seiten später von einer vagen „frühen Schuld" sprach, die solchem Kleistschen Nationalismus die Berechtigung nimmt, mußte er sich auf eine Frage im Gedicht, „Wer aber [. . .]/ brächte dir Lindenbaum und Dorfbrunnen zurück?", die Replik eines Kritikers gefallen lassen, Lindenbaum sei mit seiner Frau nicht aus Majdanek zurückgekommen.[9] Sieht man sich allerdings das Drama *Das Gleichgewicht* (1993, aus demselben Jahr wie der umstrittene Essay) des Autors als Prüfstein auf seine Einstellung zur Deutschen Einheit an, so finden sich dort betont individuelle und psychologische Portraits der Isolation im wiedervereinten Berlin, Beziehungslosigkeit und Leere zwischen einem Wirtschaftsprofessor und dessen Frau, die einen alternden Rocksänger zu lieben glaubt. Problematische Nebenfiguren wie der rechtsradikale Sohn des Professors, Penner und andere Typen der Berliner Gegenwart deuten eher auf kritische Symptome im Blick des Dramatikers, der für den aktuellen Diskurs hellhörig bleibt, und keinesfalls auf Euphorie oder ein Unterschlagen der deutschen Vergangenheit. So spricht die verschlüsselte und absurdistische Handlung von *Schlußchor* auch neben den sporadischen Hinweisen auf den historischen Augenblick des Mauerfalls und eine vorsichtige These von Neubeginn und Paradigmawechsel in der deutschen Szene („Wir stehen in den Startlöchern", S. 31, Beethovens Neunte als Freude über einen Neuanfang und die Titelsymbolik, dagegen der „Deutschland"-Rufer selbst: „Ab nun verfällt die Republik. Es ist später denn je, sage ich Ihnen", S. 50) für manche Kontinuität bestimmter psychologischer und mythischer Obessionen im Werkkorpus:

„Im ersten, potentiell dramatisch interessanteren Teil unter dem Titel ‚Sehen und Gesehenwerden' stehen fünfzehn Frauen und Männer, ein Querschnitt der Nachkriegsgesellschaft, zum Gruppenfoto bereit. Sie nennen sich ‚ein Betriebsjubiläum', ,ein Ausflug des historischen Seminars', ,ein Klassentreffen' und steigern sich zum Ausspruch: „Wir sind der Chor", worin ein Echo des Ausrufs „Wir sind das Volk" vernehmbar ist. Zu Beginn hört man vereinzelte unzusammenhängende Gesprächsfetzen. Allmählich bildet sich aus den versammelten Individuen eine Gruppe, aus der schließlich eine aggressive Meute wird, die über den unbeholfenen Fotografen herfällt. Dieser hat zwar den richtigen Augenblick für die Aufnahme versäumt, doch ist er zugleich der einzige, der die Gruppe als Gruppe sieht und so das erkennende und sinngebende Subjekt repräsentiert. Das unterstreicht er selbst mit dem anthropozentrischen Hinweis: „Selbst Gott der Allmächtige konnte nicht darauf verzichten, sich zu offenbaren. Das ganze große Universum konnte nicht darauf verzichten, ein Wesen hervorzubringen, das es beobachtet." Ab und zu kommt einer aus dem Saal und ruft beziehungslos „Deutschland".

Derselbe Deutschlandrufer verkündet im letzten Akt in einem Restaurant die Öffnung der Mauer. Kurz darauf erscheinen zwei ,Blousonmenschen' frisch aus dem Osten, die im Fernsehinterviewstil einfältige Antworten auf einfallslose Fragen geben. Dann gehen die meisten Gäste als Schaulustige auf die Straße, um dem Zirkus Weltgeschichte beizuwohnen. Nur zwei bleiben zurück, ein liberaler Historiker und Anita, die aristokratische Tochter eines Verschwörers von 1944. Sie sind zu sehr verstrickt in ihren ,Historikerstreit', um den Augenblick wahrzunehmen. Anitas Monarchismus, die alten Symbole und Gesinnungen, gehören einer anderen Zeit an, die es vielleicht, wie der Historiker zugibt: „Zu ihrer Zeit, vor der Zeit" gegeben hat.

So verweist Strauß die Mythen der Geschichte in dieselbe poetische Welt, in der auch die literarischen Mythen aufgehoben sind. Ob das Anlaß zu Freude oder Bedauern ist, bleibt bei Strauß zum Verdruß seiner Kritiker letztlich unklar.[10]

Wehrt sich dieser, bei allem Poststrukturalismus in manchem neoromantische Dramatiker gegen die „Totalherrschaft der Gegenwart" mit ihrem „Mangel an Passion" und dem Werteverfall (zu dessen Folgen Strauß auch den Fremdenhaß zählt), für den er der 68er Generation im „Bocksgesang"-Essay ein Stück Mitverantwortung zuweist, so nimmt Franz Xaver Kroetz in der Tradition des kritischen Volksstücks und der Nachfolge Horváths und Fleißers mit einem betont kunstlosen und kruden Bilderbogen, *Ich bin das Volk. Volkstümliche Szenen aus dem neuen Deutschland* (25. 9. 1994 in Wuppertal uraufgeführt) wütend Partei „aus aktuellem Anlaß" gegen „Ausländerhaß, Neonazitum, Not und Feigheit". Dieser Schreibimpetus verdankt sich auch der in einem Interview[11] geäußerten Einsicht, dem Autor sei angesichts der Feierlichkeiten zur deutschen Einheit im Herbst 1990 mit Helmut Kohl und Willy Brandt in Berlin klar geworden, „daß man diese Art von Wiedervereinigung nicht ohne weiter wachsenden, höher sich entzündenden Neofaschismus bekommen kann".[12]

Franz Xaver Kroetz: „Ich bin das Volk"

Die im Skript nach den 24 Szenentiteln aufgeführte „Anmerkung", – „Die Reihenfolge der Szenen folgt ihrer Fertigstellung. Änderungen werden deshalb nötig und nützlich sein", mag eine Herausforderung für die Regisseure Holk Freytag und Peter Zadek gewesen sein (in Wuppertal mit viel Wagner-Musik im Hintergrund, Rheinpanorama und Loreley, im Berliner Ensemble im Dezember 1994 mit „blitzlichtkurzen Sprech- und Spruchmosaikteilen" vor einem Berliner Großstadtprospekt[13]). Sie zeigt aber auch das Hastige und Unfertige des Textes, der laut dem Frankfurter Suhrkamp-Verleger Siegfried Unseld nicht „der von seinem Haus verlangten Qualität" entsprach und wie das Stück *Der Drang* (1994) unpubliziert blieb.[14]

Im Grunde setzte Kroetz nur die Mittel der Provokation fort, die er – nach langer Pause –, bereits 1984 in *Furcht und Hoffnung der BRD* und 1985 in *Bauern sterben* oder 1986 in *Der Nusser* gezielt im Hinblick auf ein bürgerliches Theaterpublikum anwendete. Wenn in einer zentralen Szene, „Dachau Fantasie", sich erst ein Asylant in der Kirche der KZ-Gedenkstätte, die durch die Polizei von Schutz suchenden Ausländern geräumt wird, ans leere Kruzifix am Altar flüchtet, und am Ende in der leeren Kirche dem betenden Prälaten, der hier von einer „Todsünde" spricht, Jesus selbst erscheint und ihn anspuckt, so begleiten bereits in den zehn Jahre früher entstandenen Stücken Schockeffekte und surreal-expressionistische Christusszenen die naturalistischen Mundart-Dialoge („Jüngstes Gericht", „Osterlamm", „Der Weihnachtstod" in *Furcht und Hoffnung der BRD*). In *Bauern sterben* hat sich der Dramatiker, der seine Vorbilder anfangs bei der Klassischen Moderne und Spätmoderne von Joyce bis Beckett, Mauricio Kagel und John Cage suchte, längst von dem Kleinbürgernaturalismus der mittleren Werkphase und den signifikanten Sprechpausen unartikulierter Dumpfheit gelöst und verwendet auch surreale und absurdistische Elemente oder Effekte aus Artauds Theater des Grausamen. In *Bauern sterben* fällt die unbemerkt verstorbene Großmutter, in der Hand die TV-Fernbedienung, von der Bank, gestoßen von der Tochter, die kurz darauf einen Abortus hat und den Fötus zwischen ihren Beinen auf den Boden fallen läßt, bevor sie ihn der Großmutter in die „wurmzerfressene Bauchhöhle" stopft. Begleiteten dementsprechend Buhrufe und Stinkbomben schon die ersten Theaterpremieren, so legte es Kroetz in der Regiebemerkung eingangs von *Der Nusser* (1986) noch immer auf diese bürgerschrecknahen Effekte an. Das Stück nach Tollers Kriegsdrama führt auf ein Schlachtfeld des Ersten Weltkriegs, wo ein bauchschußverwundeter Soldat „mindestens drei Minuten" schreit und der Autor anmerkt: „Das ist lang auf der Bühne. [. . .] Die ersten Zuschauer verlassen das Theater" (I. Akt, 1. Szene). Ähnlich ist die Reaktion bei der Uraufführung von *Ich bin das Volk:* „Am Ende ging ein kräftiger Buhruf dem

Beifall voraus",[15] und das FAZ-Feuilleton vermerkt zur Berliner Zadek-Inszenierung bei einigem Lob für die Regie, die Kroetz' Kurzszenen „überscharf" fokussiere, so daß sie nicht zum „sauren Kitsch" in dieser „schnellen Gebrauchsrevue' würden, doch insgesamt negativ zur Ästhetik des Textes:

„ ‚Ich bin das Volk' von Franz Xaver Kroetz ist kein Kunstwerk. Man darf die Revue in einem Jahr hoffentlich vergessen, will sie gewiß kein drittes Mal sehen. Aber für jetzt und schnell ist sie ein Report aus einem Land, in dem offenbar niemand für das, was er sagt, verantwortlich gemacht werden kann. Deutschland – eine Leerstelle. Es treten nicht Menschen auf, es springen Wort-Ungetüme auf die Szene, die den Leuten über die Köpfe wachsen. [. . .]

Der Dramatiker erfindet seine Figuren nicht, er findet sie auf Straßen und Plätzen, in Pißecken, vor Buden und in Gerichts- und Parlamentssälen [. . .] Vierundzwanzig Schrecksekunden: Das Volk nämlich redet frisch von der Leber weg. Und die Leber liegt rechts. Der Junge mit der Glatze und dem grünen Kampfanzug über den weißgeschnürten Springerstiefeln schreit von Deutschland als einer ‚Religion', von ‚Blut', von ‚Rasse' und ‚Krieg', und er schreit natürlich ‚Heil Hitler' und will der Mickey Mouse in Disneyland ein Hakenkreuz auf die Stirn malen. [. . .] Die gute Fee erfüllt ihm drei Wünsche. Der Junge: „A Hundata!, A Fünfhundata! A Tausanda, a neien!" Er hat Geld und Deutschland, Konsum und dröhnendes Wortmaterial im Kopf, er wirkt hier weder monströs noch harmlos. Er steht da in seiner rührenden, widerwärtigen Nacktheit, die zum Lachen ist. [. . .] Auch der Volksvertreter im dunklen blauen Anzug zur roten Krawatte, der gerne Deutschland ausländerfrei haben möchte, redet von ‚dem Volk' und von ‚Zigeunern' und ‚anatolischen Dörfern' und ‚Mölln' und ‚Solingen' wie von Dingen, die er nicht sagt, auch gar nicht versteht oder verarbeitet, vielmehr wie von Dingen, die wie ferngesteuert aus ihm reden: Deutschland, ein Spuk, der die Köpfe befällt."[16]

Wie wenig präzise und zugleich in politisch voreingenommener Schwarz-Weiß-Zeichnung Kroetz in diesem schwarzen Satire-Bilderbogen verfährt, läßt sich überprüfen, wenn er seinen Schriftsteller-Kollegen Martin Walser in der Szene 17, „Ritter der Ausgewogenheit", aufs Korn nimmt. „Im Konferenzraum einer Rundfunkanstalt" versucht der Leiter der Programmkonferenz (Kroetz sieht ihn nicht sachlich als Berufsvertreter, sondern klassenspezifisch „von unten" mit der ressentimentgeladenen Regiebemerkung: „Einer der was zu sagen hat, sagt es und die andern müssen zuhören"), auf durchsichtigste Weise zum Thema Brandstiftungen die Straftaten gegen Ausländer mit einer Reihe unzusammenhängender Aktivitäten rund um den Mythos vom Feuer als heroischer Prometheus-Tat zu verquicken und zu verharmlosen: als „innertürkische Probleme", Unachtsamkeiten, dumme Zufälle: „In Deutschland brennt viel und da wir einen hohen Anteil an Ausländern haben, ist klar, daß es hin und wieder auch einen solchen erwischt". Nicht zufällig fallen dem Programmleiter in einer eklektischen Reihung vom Kartoffelfeuer im Herbst, Laubverbrennen, „Würstl rösten" am Grill („Des Deutschen liebstes Spielzeug"), bis zum „Brandopfer, nicht nur bei den Israeliten", auch das „Sonnwendfeuer" (der hier nicht erwähnten NS-Kultfeiern) ein. Vom Schulfunk verlangt er „positive" Beispiele zum Feuerkult, und um nicht Pfarrer, Landesregierung oder Rundfunkrat als von Berufs wegen konstruktive Instanzen zu nennen, kommt er auf den „bekannten Dichter Martin Walser", der „wörtlich im Stern" gesagt habe:

„Wenn Rostock durch die Medien anders behandelt worden wäre wäre Mölln vielleicht gar nicht dazugekommen dieses Anzünden von Leuten das liegt nicht in der Natur sondern das ist vorgemacht sagt der große Dichter und ich bitte Sie auch darauf zu achten er spricht nur von Mölln er spricht nicht von Solingen obwohl das Zitat aus einem Stern vom Juli ist und Solingen knapp zwei Monate vorher war nein er bescheidet sich auf Mölln weil er sich denkt das genügt bei Mölln wissen die Leute was ich meine und ich muß nicht auch noch Solingen erwähnen also meine Herrn dieses Zitat ist zum Beispiel das was ich mir vorstelle wie wir in Zukunft mit Bränden umzugehen haben [. . .]. Also meine Herrn nicht mehr kopfscheu sein in Zukunft grad die Herrn von der Nachrichtenredaktion sondern Ruhe Rückgrat Umsicht Einsicht und Ausgewogenheit wie der Dichter im Stern Also dann guten Morgen meine Damen und Herrn" (Skript, S. 16).[17]

Der Aufsatz, auf den Kroetz anspielt, ist in Martin Walsers *Vormittag eines Schriftstellers* (1994) als „Deutsche Sorgen" gut zugänglich abgedruckt, eine „Spiegel"-Erstveröffentlichung vom 28. 6. 1993.[18] Walser fragt sich darin, „wie es kam, daß eine so extremistische Bewegung, wie die Skinheads in so kurzer Zeit und ohne Organisation soviel Zulauf finden konnte. Ich halte das auch für einen Fernseh-Effekt." Wo Walser die Verherrlichung von Gewalt-Beispielen verurteilt, die diesen Gruppen besondere Medien- und damit Protestwirkung verschafft, vergißt er nicht, auch das Ausgrenzen dieser Randgruppe zu kritisieren, man müsse auf die neuesten Protestierer zugehen: „Nicht bekennerisch, nicht besserwisserisch, [. . .] interessiert an den momentan Verrufensten. Ein einziger Pfarrer hat bis jetzt, nach meinem Kenntnisstand, Skinheads zu sich ins Pfarrhaus geladen":

„Man kann sich alles erklären, aber den nächsten 16jährigen, der drei Frauen und zwei Kinder verbrennt, diesen ganz sinnlosen Täter, der damit auch sein eigenes Leben zerstört, den kann man nicht begreifen. Und man kann ihn nicht dem nächstbesten Politiker, den man nicht mag, aufs Konto schreiben. Wir müssen das Klima ändern, in dem diese Taten möglich werden. [. . .] da ist eine ganze Gruppe Jugendlicher ins Abseits geraten, nur weil ihr Diskurs (der nach rechts tendierende) überhaupt nicht zugelassen wurde."[19]

Kroetz, der einen anderen, eher klassenspezifischen und von der Arbeitslosigkeit ausgehenden Erklärungsansatz hat, wirft Walser also grob verzerrend eine Verharmlosung und Unterschlagung der Qualität der Taten an Ausländern vor, die so in keiner Weise von jenem formuliert war, während er sich selbst in „Theater heute" mit milder Sympathie gegen die Ausgrenzung äußert, „daß die jungen Neonazis [. . .] Verbrecher" seien, weil er verstehen kann, daß jene lieber „ein gefürchteter Nazi" sein wollen als ein „absolutes Nichts". In seinem Stück sagt am Ende (in der Szene 24, „Frontwechsel") ein 16jähriger, bei dem die Eltern Waffen und eine NS-Fahne finden, nachdem er seinen Vater, einen Sozialdemokraten, terrorisiert hat: „Ich bin 16 – Gib mir ein Leben [. . .] Gib mir fünf Riesen und behalte deinen Sinn." Am Ende erschießt der provozierte Vater den Sohn, als dieser ihn mit sich steigernder Fäkalsprache schließlich „Sozisau", „Judensau" und „Kommunistenschleimer" schimpft, die Mutter erschießt darauf den Vater, der gegen das „Nazipack" mit deren Mitteln vorgehen wollte, weil aus frauenspezifischer Sicht „Männermünder [. . .] Bombentrichter" sind:

„Ich hasse Männer [. . .] Das Stück haben Männer gemacht. Auch diese Rolle haben Männer ausgedacht. Ich bin ein Männermund. [. . .] (Sie versucht sich zu erschiessen, keine Patrone mehr) [. . .] Es ist nur ein Spiel – geht schon, geht. (Die Männer erheben sich, als wäre ihnen nie etwas passiert; sie grinsen verlegen)."[20]

Stimmig zu solcher Gebrauchsrevue für den Tag wünschte sich Kroetz für die Umbaupausen „eine aggressive volkstümliche, multikulturelle Musik; zum Beispiel Trommel und Oboe mit Hackbrett und Mundharmonika". Will man dem FAZ-Feuilleton glauben, so gelang es Peter Zadek in Berlin, ungeachtet dieser hastig und aus dem Affekt geschriebenen Textgrundlage, in der eine Reihe von Szenen in Pissoirs und mit der entsprechenden Gestik spielen, und wo ein rüdes Bayerisch, von Fäkalsprache durchsetzt, zusätzliche verfremdende Wirkung erzielen soll, ihr den „staubigen, knochigen Furor" zu nehmen. Durch „blitzlichtkurze" Fragmentierung und überscharfe Ausleuchtung fügt er den „Horrorfilm auf Zeitungspapier" zu einer Aufführung, die „eine geradezu herzliche, zynische Vernunft und Gelassenheit" ausstrahle: „Die dunklen deutschen Gespenster haben Geistersprechstunde im Berliner Ensemble. Aber man kann hell über sie lachen."[21]

Rolf Hochhuth: „Wessis in Weimar"

Hochhuths konventionell naturalistisch konzipiertes Lesedrama mit dem kritisch engagierten Untertitel „Szenen aus einem besetzten Land" nimmt in der Buchausgabe[22] fast dreihundert Seiten ein und würde auf der Bühne etwa acht Stunden Spieldauer erfordern. Ähnlich wie Kroetz (inklusive seiner spektakulären Reaktion auf Suhrkamps Überarbeitungswunsch durch Bruch mit dem Verlag) setzt Hochhuth dreißig Jahre nach seinem Riesenerfolg mit *Der Stellvertreter* (1963) auf die im Thema, dem Angriff auf die Ungerechtigkeiten der Treuhand, verknüpft mit der Ermordung Rohwedders, angelegte Provokation und sein bewährtes Verfahren, humanitäre Moral gegen politische Staatsräson im Gefolge des Schillerschen Geschichts- und Gewissensdramas zu setzen. Prompt reagierte die Bonner Politik schon im Vorfeld auf ein Interview des Autors 1992,[23] und der Kanzler selbst nahm empört zu solcher Verknüpfung Stellung, ohne allerdings den vollen Text zu kennen. Hochhuth schwächte ab und verwies auf die „Art des Vorgehens der Treuhand", die „in der Bevölkerung eine gar nicht mehr zu kontrollierende Energie des Widerstands entwickeln mußte".[24] Die zweite Beachtung in den Medien fand das Stück durch den Streit zwischen dem von Heiner Müller für die Regie des Berliner Ensembles beauftragten Einar Schleef, der das Stück rigoros gegen den Strich inszenierte, kürzte und für chorisches Sprechen einrichtete, noch dazu aporetisch die Deutung vertiefende Schiller-Szenen dazublendete, und dem Autor, der auf ein Minimum an Werktreue bestand. Die Uraufführung (im Februar 1993) erntete aber auch künstlerische Beachtung über das Spektakel hinaus, daß der Dramatiker das Verteilen seines Textes an alle Premierenbesucher juristisch durchgesetzt hatte.

Bald darauf kam es in Hamburg (ebenfalls noch im Februar 1993) durch den Schweizer Regisseur Ives Janssen zu einer zweiten, „eigentlichen" Uraufführung mit Kürzungen und zugleich textnah. Diese Inszenierung des von zehn auf acht Szenen gekürzten Stationendramas unzusammenhängender Episoden und kaum entwickelter Charaktere nahm in einem Regieeinfall bereits die Kontroverse im Vorfeld auf und ließ vor jeder Szene „in einer Art Mongolfiere" einen „massiven Helmut Kohl" am Publikum „vorüber" gleiten: „Mit plakativen Werbesprüchen für die Gemeinsamkeiten in Ost und West liefern die groteske Gestalt und ihr Stimmenimitator [. . .] das passende Feindbild".[25] Nach einer dritten Inszenierung[26] weiß man nun endgültig, daß nur die Schleef-Inszenierung mit ihrer visionären Gewalt den sperrigen Text mit seinem dokumentarischen Ballast zu einigem Leben zu erwecken vermochte. Die zentrale These selbst, in einem endlosen Prolog und neun Szenen illustriert, über die grausame Abwicklung der DDR durch die Treuhand und die Folgen dieser Vereinnahmung im einzelnen, läßt sich mit dem Ende der Treuhand zum Jahresende 1994 auch außerliterarisch beurteilen und kritisch zurückweisen: Die seriösen Medien (von „Die Zeit" bis zum „Rheinischen Merkur" und der „Süddeutschen Zeitung"[27)]) stimmten bei aller Differenzierung darüber ein, daß „das negative Image des Plattmachers" sich in der Gesamtbilanz nicht halten ließ. Seit 1993 hat in Ostdeutschland ein kräftiger Wachstumsprozeß eingesetzt; das wirtschaftliche Vor-Wende-Niveau ist bereits in Sicht:

„In unzähligen hochkarätig besetzten Diskussionsrunden versuchen derzeit Kritiker und Fürsprecher, den Beitrag der Anstalt zum Aufschwung Ost herauszuarbeiten. Doch die Experten geben der Öffentlichkeit meist ebensowenig Orientierung wie der Untersuchungsausschuß des Bundestages in Bonn. Der brachte es auch nach 115 Zeugenvernehmungen und 227 Sitzungsstunden nicht fertig, sich ein fundiertes Urteil über die Leistung der Breuel-Behörde zu bilden. [. . .] Strittig ist zum Beispiel das Urteil über die Arbeitsplatzbilanz der Privatisierer. Von vier Millionen Stellen in den Treuhand-Unternehmen sind allenfalls anderthalb Millionen übriggeblieben. [. . .] ‚Vielfach wurde die Treuhandanstalt Zielscheibe heftiger Kritik, die eigentlich den gesetzten Rahmenbedingungen oder der Einigungspolitik der Bundesregierung hätten gelten müssen‘, konstatierte der Berliner Wirtschaftswissenschaftler Jan Priewe. [. . .] Die vorläufige Verkaufsbilanz beeindruckt dennoch. [. . .] Wissenschaftler wie die Fünf Weisen urteilen trotzdem eindeutig positiv über die Treuhand.“[28]

Eine solche, außerliterarische Bewertung der Hochhuth-Thesen, denen die ganze Entwicklung zu schnell ging und die sich ganz auf die Ungerechtigkeiten und die Opfer konzentrieren, wird dennoch durch das ästhetisch verfehlte Verfahren der Dokumente- und Leitartikelklitterung herausgefordert. Dem Autor wurde selbst in der vielleicht noch gelungensten Szene, „Philemon und Baucis“, dem Selbstmord eines alten, von seinem Hof verdrängten Paares, die über einen Gerhart-Hauptmann-Verschnitt ästhetisch nicht hinausgelangene Milieu-Schilderung von der Kritik zurecht vorgehalten. Und mit dem Naturalismus teilt das Ganze auch den Mangel an Vision, an aufgezeigten Alternativen, an Utopie.

Auch wenn Hochhuth hätte wissen müssen, was sein dokumenteüberladenes Thesendrama unter dem kompromißlosen Einar Schleef wiederfahren würde, bürgte die Vita des 1944 in Sangershausen (später DDR) geborenen Autors, der 1976 in den Westen ging und in Dramen wie *Ein Kessel Buntes* (1978) oder der dreibändigen, biographischen Prosa *Gertrud* (über die eigene Mutter und ihr opferreiches Leben in drei Systemen) durch die DDR-Umstände beschädigte Kleinbürger vorführte, für eine offene, ideologiekritische Perspektive. Die Wiedergabe einer sensiblen Würdigung der Uraufführung macht daher noch am ehesten nachvollziehbar, was an *Wessis in Weimar* beeindruckte:

„Bisher herrschte Bruderkrieg zwischen den beiden Gattungen, fühlten sich die Regisseure immer als die eigentlichen Dramatiker. [. . .] die wahre Vernichtung des Autors. Hochhuth kann nicht Dramen schreiben – Schleef formuliert für ihn. Hochhuth erfindet auf 259 Druckseiten keinen einzigen Menschen. Schleef stampft gleich in der ersten Uraufführungsminute ein Dutzend Frauen und ein Dutzend Männer für Hochhuth aus dem Boden. Hochhuth hat kein Drama verfaßt, sondern elf unzusammenhängende, durch Zeitungsartikel, Leitartikel und Regieanweisungsessays auch nicht weiter zusammenwachsende ‚Szenen aus einem besetzten Land' zusammengestoppelt. Schleef spielt trotzdem das Drama. [. . .] Als werde die böse Wirklichkeit von soviel wutschnaubendem Papier berührt. Also läßt Schleef die vernichteten deutschen Indianerstämme, die Hochhuth in den armen Ossis sieht, mit ihren Irokesenhaarschnitten nackt und bloß viertelstundenlang marschieren und exerzieren und robben, und zwar West- und Ost-Indianer. [. . .] Hochhuth findet es folgerichtig, daß der Treuhandchef Rohwedder erschossen wird, denn dieser habe die DDR ausgeplündert, eine Pfarrerstochter namens Hildegard hält ihm das vor. Hochhuth macht daraus eine wütende Managervernichtung, bei der er vor lauter Schaum vor dem Mund übersieht, daß es nicht die ausgeplünderten Ossis waren, die Rohwedder erschossen haben. Schleef streicht den Schuß und macht aus Rohwedder einen Wehrmachtsgeneral, aus der Pfarrerstochter Fausts Gretchen im Wehrmachtsmantel; beide habe eine fingerküssende Liebesszene, bevor sie in den Orkus unter dem Bühnenboden verschwinden. So bekommen sie unglaubliche Tiefe, wo Hochhuth sie nur an der Oberfläche läßt.

Der Autor läßt ein Weimarer Hotel an miese Westspekulanten verscherbeln, die mittels alter Stasi-Wanzen gerne die Liebespaare in den Hotelzimmern abhören wollen. Aus Hochhuths unausgelüfteter Erotik macht Schleef eine heilige Kommunion. Der nackte Westmensch verteilt mit heiliger Gebärde an nackte Ostmenschen aus einem Karton heilige Speisen. [. . .] Rolf Hochhuth vermengt das dunkel Geahnte, das richtig Gesehene und das kapierte Brisante mit dem Unsäglichen und der Hysterie. Der ‚größte Raubzug der Geschichte‘, den Hochhuth in der Privatisierung des DDR-‚Vermögens‘ sieht, kommt ganz ohne die Erkenntnis aus, daß die Treuhand den deutschen Steuerzahler mehr kostet, als sie dem deutschen Staat einbringt, daß das sogenannte Volksvermögen der DDR vor allem aus Schulden bestand, daß die DDR bankrott war. Wären die Verhältnisse noch so schlimm, auf der Bühne interessieren sie uns erst als Verhältnisse zwischen Menschen. Insofern hat Einar Schleef dem Rolf Hochhuth doppelt geholfen. Denn Schleef zeigt das ganze als Verhältnis zwischen Chören, die aus der Tiefe des Raumes und aus der Tiefe der Literaturgeschichte kommen. Franz und Karl Moor zeigen ihre nackten Bruderhinterteile; Maria Stuart und Elisabeth giften sich an; Brecht und die kommunistische Partei bitten sich: ‚Bleib bei uns!‘ Lauter komplizierte Feind-Freundschaften [. . .]. Einar Schleef geht an die Wurzel, wo Hochhuth nur Baumkronen rauschen hört.“[29]

Die Freude an einer so offenbar vom Hochhuth-Text wegführenden, sehr freien Inszenierung macht indirekt noch einmal deutlich, daß die werktreue Variante nicht auf der Bühne bestehen kann. Provokation kann ein Gradmesser des Kunstcharakters sein, wenn das Werk seiner Zeit voraus ist, wie die Rezeptionsästhetik zu zeigen vermochte. Die werktreue Hamburger Inszenierung vermochte jedoch nur zu langweilen.[30]

Christoph Hein: „Randow. Eine Komödie"

Da bereits *Die Ritter der Tafelrunde* die Gattungsbezeichnung „Komödie" trugen, haben Rezensionen auf die Komik der dort massiv gehäuften Anachronismen bei der Gralsuche im Artuskreis und dem thematisierten Generationenkonflikt hingewiesen und auf die Tschechow-Nachfolge bei Hein.[31] Denn wenn es inmitten von Werteverfall in diesem leisen Stück eine Komik gab, so ist sie in dem neuen Stück, bei aller Vielschichtigkeit eigentlich kaum mehr zu finden, es sei denn, Hein meine die dort vielfach bloßgestellten menschlichen Schwächen vor einem melancholischen, eher schwarzen als zukunftsfrohen Geschichtshintergrund nach der Wende, also ein eher bitter ironisches Verständnis von „Komödie".[32]

Das Implikat dieser sichtlich in beiden Stücken anderswertigen und doch jedesmal mehrdeutigen Gattungsbezeichnung gewinnt vor der Frage Bedeutung, ob hier der „Beaumarchais der DDR" nach dem Endspiel der alten das Anfangsspiel einer neuen Zeit geschrieben" habe.[33] So gesehen wäre *Randow* eine erste eher melancholische Bestandsaufnahme (die sich durch Äußerungen Heins in den Jahren nach der Wende stützen läßt), denn die Hauptfigur, Anna Andress, muß ihren Kampf um das eigene Haus nahe der polnischen Grenze in der noch heilen Landschaft der Randow aufgeben und am Ende vor der problematischen und „unheiligen Allianz" von „Peter und Paul", dem Anwalt einer undurchsichtigen, politisch rechtslastigen westdeutschen Holding Gesellschaft weichen. Fred P. Paul und ein von ihm geworbener Mitarbeiter, der im Osten vor Ort wirkende Peter Stadel, ein junger, ehemaliger Stasi-Funktionär und dessen Skinhead-Gruppe „Die Glatzen" (einst eine „mobile und zivile Eingreiftruppe" der „Sicherheit", S. 37[34]) bilden den Nebenhandlungsstrang. In der Randow arbeitet der neue, alte Bürgermeister Voß zusammen mit dem rabiaten Jäger Kowalski, der zwei über die Grenze kommende Rumänen erschoß und dies Verbrechen durch Brandstiftung tarnte, schließlich wohl Annas Hund vergiftet hat, der sie einzig noch in der einsamen Gegend gegen solche sie einkreisende Allianzen schützen konnte. Der Haupthandlungsstrang um Anna, ihre Tochter Susanne, und den willensschwachen Alkoholiker und Nassauer Krappmann, ihren zweiten Ehemann, von dem sie nichts mehr wissen will, wird durch den interpolierten zweiten Handlungsstrang in den Szenen 4, 8 und 13 (von insgesamt 14) so mitbestimmt, daß die undurchsichtigen und kriminellen Machenschaften auf der ganzen Linie gegen die nur noch resignativ die eigenen Erinnerungsstücke aus Randow mitnehmende, isoliert bleibende Anna und ihr emanzipiertes Künstlerdasein siegen. Eine Resignation gegenüber der ökologischen Entwicklung, wie sie bereits in *Die Ritter der Tafelrunde* am Waldthema und den verbleibenden vierzig Jahren seines Bestehens (mit Implikationen für die Menschheit) ablesbar wurde, bestimmt dies neue Stück von Hein, aber auch das Thema der ominösen, nach rechts tendierenden politischen Gefahren im Zuge der Wiedervereinigung:

„Die Malerin Anna ist der Welt entflohen in eine Idylle, wo sich Fuchs und Hund guten Tag sagen. Im Tal der Randow, nördlich von Schwedt, nahe der polnischen Grenze, hat sie in einem Landschaftsschutzgebiet, wo früher ein Truppenübungsplatz war, mit ihrem Mann ein halbverfallenes Haus renoviert, ihn dann aber davongejagt, weil er mehr und mehr dem Alkohol verfiel. Anna lebt jetzt völlig allein mit ihrem Hund in einer ihr feindlichen Umwelt. Das Haus steht in einem Jagdrevier, wo nicht nur Rotwild und Rebhühner, sondern auch illegale Einwanderer gejagt werden. Alle haben ein Auge auf ihr Haus geworfen, vor allem Robert Kowalski, ein aus Lüneburg hierher verschlagener Mann des Bundesgrenzschutzes und leidenschaftlicher Nimrod. Mit seinem Freund, dem Bürgermeister, setzt er alles daran, das Haus zu bekommen.

Zwar hat Anna schreckliche Angst, besonders nachdem auf sie geschossen wurde, aber sie will sich behaupten, dieses wunderschöne Refugium nicht aufgeben. Erst als eines Tages ihr Hund vergiftet wird, resigniert sie. Aber nicht Kowalski erhält das Haus, sondern ein Westberliner, der sofort einen Zaun um das Revier zieht. [. . .]

Die Menschen des Stücks haben ihr Bezugssystem verloren – die Ossis wie die Wessis. [. . .] Die gewaltigen Veränderungen und die Forderungen des Tages absorbieren das Denken, in dem kein Platz mehr ist für Visionen. [. . .] Der Bürgermeister ist der gleiche wie vor der Wende – er hat einfach das Parteibuch gewechselt: ‚Ein Bürgermeister ist immer in der Partei, und immer in der wichtigsten.'"[35]

Es ist aufschlußreich, wie die Rezension eines mit der Ost-Sicht der Dinge vertrauteren Kritikers der Uraufführung in Dresden, des Autors und Freundes Heins, Friedrich Dieckmann (dem Hein 1983 eine Laudatio hielt), und die Kritik aus der West-Sicht (W. Schulze-Reimpells) den Handlungsstrang um die rechtslastige, das Tal aufkaufende und mit der NS-Ärzteschaft in der Tradition verknüpfte Holding diametral verschieden beurteilen. Dieckmann nennt die Einführung einer solchen unheiligen Allianz und die Verknüpfung mit den NS-Verbrechen den „Kunstgriff des neuen Stückes von Christoph Hein", der „diese beiden Ebenen, die der ganz großen und die der kleinen Gier, erst ganz am Ende" zusammenführt:

„Die Spannung, die die Handlung vorwärtsbewegt, wird von dem kleinen Zugriff erzeugt, den lokalen Ambitionen; gegen den Bund des neuen Grenzkommandeurs mit dem alten [. . .] ewigen Bürgermeister [. . .] scheint kein Kraut gewachsen [. . .] und steht die einzig von einer alten Bulldogge geschützte Frau Anna auf verlorenem Posten. [. . .] Die Liaison der alten und der neuen Mächte, die schon auf der Dorfebene sich nicht harmlos zeigte (es hat zwei Tote gegeben, balkanische Grenzverletzer, und die Spuren laufen ins Dunkel), hat hier eine anders beißkräftige Gestalt; der Rechtsanwalt, der ungenannte Interessen vertritt [. . .] heuert einen alerten jungen Mann an und verpflichtet ihn auf zwei Tugenden, in denen dieser sich auskennt: Verschwiegenheit und Gefolgschaftstreue. [. . .] für die Dreckarbeit an Ort und Stelle [. . .], auf einem Gelände, das es in sich hat (unter der Ägide des Hartmannsbunds hat es in NS-Zeiten als Ärzteschule der SS gedient und ist nun von dieser Vereinigung mit Erfolg ‚restituiert‘ worden), das gibt den dramatischen Kern des Stücks ab: die Neukonditionierung eines hochtrainierten Mannes, der für neue, vage umrissene Ziele umgepolt wird.“[36]

Werner Schulze-Reimpell urteilt hier entschieden anders, wiewohl auch er das Stück sehr anerkennt, und vermerkt, wie Hein in Dresden „gefeiert“ wurde: „Schwach ist die kaum verbundene Parallelhandlung, in der ein Kölner Anwalt deutsche Patrioten um sich versammelt und für einen solchen auch den Führer einer geheimen Stasi-Kampfgruppe hält.“ Dieser Einwand hat einiges für sich, wenn man die Gesamtentwicklung der letzten fünf Jahre betrachtet: es erscheint nach der Offenlegung der Stasi-Akten und der dahinter liegenden Intention, diesmal, anders als nach 1945, deutsche Vergangenheit transparenter und ethisch vertretbarer aufzuarbeiten, nicht sehr plausibel, daß die hier umrissenen Gruppen sich verbünden. Vielmehr klingt es, jedenfalls als eine in der semantischen Tiefenschicht von Hein angelegte, zeitgeschichtliche Deutung, allzusehr nach einer Verschwörungstheorie finsterer Vereinnahmung letzter Reservoirs der heilen Natur (Randow) und des Ästhetischen (verkörpert durch die Malerin Anna). Die Wirklichkeit sieht doch wohl eher so aus, daß für die Ästhetik die Zensur fortfiel, derzufolge auch Christoph Heins Dramen in der letzten Dekade der DDR entweder totgeschwiegen oder erst am Ende, und unter Widerständen, aufgeführt wurde;[37] und über die ökologische Ausbeutung nicht nur in Bitterfeld muß eigentlich nichts gesagt werden. Anna steht für die psychologische Befindlichkeit einer intellektuellen Situation verlorener sozialer Perspektiven, weshalb ihre künstlerische Sensibilität im neuen Umfeld hochgefährdet erscheint; aber auch verlorener Zwänge, weshalb ihre Bilder nun „heller“ und „freier“ (nachts bei Mondschein im Freien gemalt) sind, vielleicht ein prekärer Traum:

Susanna: „Was machst du hier draußen? Warum, zum Teufel, hast du dich in dieser Einöde versteckt? Mit wem redest du den ganzen Tag? Mit den Vögeln? [. . .] Redest du tatsächlich mit dem Hund? Oder fängst du schon an, Selbstgespräche zu führen? Ich weiß nicht, wie du es schaffst, das ganze Jahr in dieser Einöde zu leben. Ich würde nach einer Woche wahnsinnig werden. Wirklich, ich weiß nicht, wie du das aushältst ohne Menschen, ohne Cafés, ohne Geschäfte. [. . .] Du hast auch wunderbar gemalt, als du noch jeden Tag in der Kastanienstraße gearbeitet hast.“

Anna: „Nein, das waren ganz andere Bilder damals. Ist dir nichts aufgefallen an meinen neuen Arbeiten? [. . .] Sie sind viel heller." [. . .] Das sind Mondscheinbilder, Susan. Ich habe sie nachts gemalt, bei Vollmond." [. . .]

Susanne: „Bei Mondschein? Schlafwandelst du?"

Anna: „Ach, Susan. Red keinen Unsinn. Hier lebe ich doch ein Stück näher an der Polarzone, das merkt man im Juni besonders. Die Mondnächte sind viel heller als in Berlin. So hell, daß ich draußen malen kann. Du kannst nachts keine Farben erkennen, man nimmt nur die Werte wahr, die Farbwerte. Das ist sehr eigenartig beim Arbeiten. Du siehst ein anderes Bild als am nächsten Morgen. Man wählt bei Mondlicht immer hellere Farben." (S. 58–60)

Christoph Hein hat sich in den Jahren nach der Wende mehrfach zu seinem Sozialismusverständnis so geäußert, daß man überrascht seiner Rolle als der eloquenteste Stalinismus-Kritiker in einem bisher ausgeklammerten Thema der DDR-Intellektuellen die Variante hinzufügen muß, auch ihn interessiere weder die radikale Abschaffung des offensichtlich bankrotten Gesellschaftssystems noch die freie Wahlmöglichkeit einer solchen Ordnung oder in der deutschen Frage.[38] Am 4. November 1989 spricht er auf dem Berliner Alexanderplatz bei nur verhaltenem Beifall vom „sozialistischen Traum" und im Dezember desselben Jahres angesichts der „Unlust" bei einem „großen Teil der Bevölkerung" von der „großen Chance", sich „noch einmal aufzuraffen für ein solches Experiment [. . .]. Unser Hauptproblem sehe ich darin, daß der Konsens für eine sozialistische Gesellschaft auf dem Spiel steht und daß er bald schon verloren sein könnte. Wir haben jetzt die letzte Chance."[39] Die Formulierung im Gestus einer abgehobenen Intellektuellen-Gruppe impliziert, die DDR-Bevölkerung habe sich schon einmal zu solch einem Experiment aufgerafft, eine sozialistische Lebenslüge.[40]

Die „enormen psychischen Probleme für die DDR-Bevölkerung", von denen Hein 1991 in der Umbruchssituation spricht,[41] sind ein Anliegen auch in diesem leisen, scheinbar realistischen, jedoch doppelbödig symbolhaften und in der Botschaft resignativen Stück bedrohlicher Vereinnahmungen. Das Drama ist sicher auch als Warnung und ex negativo vorgehaltener Spiegel im Blick auf die neofaschistischen Ausschreitungen gegenüber Ausländern (am Beispiel der heimtückischen Jagdlust des aus dem Westen an die polnische Grenze gelangten Kowalski, ergänzt durch die Figur des Ex-Stasi-Gruppenleiters) zu verstehen. Dieckmann summiert denn auch seinen Premiereneindruck: „Es ist des Dichters Beruf, sein Material zu verdichten und auf Gefahren hin zu spannen, die unter dem Horizont lauern."

Jurek Becker: „Wir sind auch nur ein Volk"

Als die neun Folgen seiner Drehbücher bereits als Texte für Suhrkamp vorlagen (August/September 1994 waren die Druckfahnen fertig), unterhielt sich Jurek Becker mit den „Spiegel"-Redakteuren Volker Hage und Martin Doerry über seine Doppelrolle als „seriöser" Fernsehautor und Romancier. Er wollte mit seiner neuen Serie, die er auch im Handlungsgefüge zum Thema macht (weil dort ein namhafter Schriftsteller durch eben diese Serie zum West-Ost-Verständnis beitragen soll, aber scheitert), etwas bewirken und forderte neben mehr gegenseitigem Verständnis – mehr Geduld im Osten, weniger Arroganz im Westen – ein Herunterstimmen des Einheitsthemas von der Zeitgeschichte auf den Alltag, in einer, auch für seine Biographie, fortbestehenden „Übergangszeit":

„Wenn ich einen Außenstehenden beschreiben will, dann muß ich versuchen, die Welt mit seinen Augen zu sehen. [. . .] Natürlich betrachte ich alles, was in der DDR geschah und geschieht, heute anders als früher [Auch die Literatur]. Vieles davon, was mir früher aufregend vorkam, interessiert mich heute kaum mehr. Die Erwartungen an diese Literatur waren eher politische als ästhetische. [. . .] Und ich sehne mich nicht danach zurück, weil ich bezweifle, daß Literatur die Erwartungen erfüllen kann, die damals an sie gestellt wurden [wie zu Zeiten der Gruppe 47]. In Deutschland leiden Autoren häufiger als anderswo unter dem Zwang, daß ihre Bücher den letzten, ungeheuerlichsten Geheimnissen des Lebens nachspüren sollen. Man will zu selten ein Buch schreiben und zu oft das Buch der Bücher. Es fehlt, so scheint mir, der Mut, alltäglicher zu sein."[42]

Die ersten Rezensionen[43] zeigen, daß sich die Anstrengung der sechshundert Seiten Drehbücher gelohnt hat. Lobend hervorgehoben wird das hohe „professionelle Niveau" der „Unterhaltungs"-Serie, die mit „satirischen Pointen reichlich gewürzt", den „faden Pseudo-Naturalismus deutscher Familienserien" unterläuft, weil sich der Autor auf Klischees „allenfalls als Spielmaterial" einläßt:

„Der Plot klingt etwas konstruiert, erlaubt aber, die ganze Sache zielgerichtet anzugehen. Die ARD-Programmkonferenz beschließt, eine Serie aufzulegen, die den Menschen im Westen des Landes die Menschen im Osten mit ihren speziellen Problemen näherbringen soll. Dafür wird nun kein Spezialist als Autor engagiert, nein, der Produzent Eugen Meister (Hans Korte) will die Gelegenheit nutzen, den hochgeschätzten Literaten Anton Steinheim (Dietrich Mattausch) für dieses Projekt zu gewinnen. Die Sache hat nun der Haken zwei: Steinheim hat erstens noch nie fürs Fernsehen gearbeitet und kennt zweitens keinen Ossi persönlich. Er akzeptiert das Angebot – das ihn, ehrlich gesagt, vor allem wegen des happigen Honorars interessiert – nur unter der Bedingung, daß er vor Ort in Ostberlin eine typische Ossi-Familie hautnah und über Wochen studieren kann. Die Wahl fällt auf Familie Grimm: Vater Benno (Manfred Krug) ist ein arbeitsloser Dispatcher, der zuhaus an Steinbaukästen bastelt und sich mit Großvater Karl herumärgert, der sich keine eigene Wohnung mehr leisten kann. Der Sohn hat sein Philosophiestudium abgebrochen und möchte einen Bioladen eröffnen, die Hausfrau hat als Lehrerin noch eine Stelle, um die sie aber bangen muß [. . .]. Am Ende steht die Erkenntnis, daß man so verschieden im Osten und Westen gar nicht ist – schließlich, so Becker, sei man mit denselben Serien aufgewachsen. . ."[44]

Die ungewöhnliche Qualität der Serie verdankt sich einem durch die Arbeit an einer anderen Berlin-Serie, *Liebling Kreuzberg* (1986/87), bereits eingespielten und von Publikum wie Kritik honorierten Team, der Zusammenarbeit des Regisseurs Werner Masten mit Becker und Krug. Ganz anders verhält es sich im Fersehspiel: Beckers eingestandene innere Fremdheit gegenüber einem Westautor verdankt sich die Plot-Entwicklung, daß Steinheim sehr langsam, zu spät für die Fernsehauftraggeber, zu einem Konzept findet, dann, als das Projekt zu scheitern droht, vorschnell das bereits Geschriebene aus dem Textprogramm seines Personal Computers löscht, und nun nur noch, durch Benno Grimm aufgestachelt, seine Protesthaltung gegenüber den Fernsehmachern in einer letzten, turbulenten Konferenz zur Schau stellt. Ein solches Scheitern des im Medium ungeübten Steinheim und einer borniertem Fernseh-Programmkonferenz, deren Mitglieder auf bewährte Kost und auf von Hochliteratur möglichst unbeleckten, also unproblematisch unterhaltsamen Themen insistiert und daher keine Geduld fürs Heranreifen eines Konzepts und eines Skripts aufbringen, gehört zu den selbstironischen Charakterisierungsstärken Jurek Beckers, der sehr wohl West- und Ostverhalten zur Schau stellen kann.

Sicher verdankt sich auch hier der Erfolg der langen Freundschaft Beckers mit dem Darsteller seiner Hauptfigur, Manfred Krug, die bis in die 50er Jahre zurückreicht, als der Philosophiestudent Becker mit dem Schauspiel-Eleven Manfred Krug die Wohnung in einer stillgelegten Drogerie teilte.[45] Motive dieser Erfahrung projiziert Becker nun auf den Sohn der Grimms, Theo, mit seinem abgebrochenen Philosophiestudium und seinen Bio-Plänen. Becker und Krug verließen beide die DDR nach der Biermann-Ausbürgerung, gegen die sie protestierten, und nach der Erfahrung von Repressionen durch die DDR-Oberen. Auch Manfred Krug teilt die Einschätzung des Autors, daß es eines langen Übergangsprozesses im Abbau der Mauer in den Köpfen bedarf: „Es war eine 40jährige Lähmung, von der sich die Leute erst jetzt befreien können", beschreibt er dies Lebensgefühl.[46]

Subtil macht Becker auf die unterschiedlichen deutschen Lebensverhältnisse aufmerksam, die für ihn, ohne verengendes Überbau-Denken, doch die verschiedenen Ansichten und Verhaltensweisen bedingen. Er zeigt Frau Grimm (Christine Schorn) in der Situation einer Überprüfung ihrer pädagogischen Fähigkeiten, ironischerweise durch just jenen Schulrat, der bereits vorher eine hohe Schulfunktion innehatte. Das Lebensgefühl Ost bleibt für Becker präsent,

„solange ich lebe. Der Laden um die Ecke mag jetzt einen neuen Namen haben. Aber dort riecht es nach HO, es schmeckt noch danach, das ist etwas Sinnliches. Oder: Sie werden im Westen kaum unter Ihren Bekannten einen zweiten Parteisekretär haben, einen ersten Dispatcher oder einen Kampfgruppenleiter."[47]

Sieht man sich die Figurencharakterisierung näher an, so bewegen sich die parallel geführten Familien, Lusie und Anton Steinheim und Trude und Benno Grimm, bei aller Differenzierung ihrer Ausgangspositionen und einiger vorgeführten – vorwiegend westlichen – Gedankenlosigkeit, dennoch aufeinander zu. Benno Grimm verkauft am Ende seine Hobby-Baukästen wie ein gewiefter Profiteur und zeigt Mut und aufrechten Gang bei der moralischen Unterstützung Steinheims gegen die Programmkonferenz und gegenüber einer arroganten Agenturvertreterin aus dem Westen. Theo Grimm durchläuft eine Serie frustrierender Gelegenheitsjobs in einem darniederliegenden Markt im Umbruch: Die anfängliche Gefährdung (durch die Perspektive, aus dem Studium ins soziale Nichts zu fallen,) in einen Geldbotendiebstahl hineingezogen und kriminell zu werden, kann er gerade noch vermeiden, dann folgen Erfahrungen als Touristenführer in West-Berlin, die ihm unmoralische Anträge bringen, bis er lieber verzichtet; Frau Steinheim wiederum, die mit dem erhofften Großhonorar für die Serie ihres Mannes die Gelegenheit gekommen sieht, die ihr langweilig gewordene Verlagsarbeit aufzugeben, muß erleben, daß Steinheim mit dem neuen Blick für die Kostbarkeit der Arbeitsplätze darüber sehr ungehalten ist. Am Ende sind beide Familien fast befreundet, auch wenn man sich dies nur indirekt eingesteht.

Jurek Becker, der bereits in dem Roman *Amanda herzlos* (1992) Strategien anspruchsvoller Unterhaltung in einer deutsch-deutschen, mehrstufigen Dreieckssituation einbrachte (auch hier die Ironie, daß Amandas zehnjähriger Sohn die Novelle des DDR-Autors über seine Beziehung zu ihr aus dem Computer löscht, ob Zufall oder Racheakt, bleibt offen, der Roman Beckers jedoch gelingt), muß am Ende für die breite Wirkung seiner Hauptintention, die Deutschen füreinander zu sensibilisieren, nicht fürchten. In den Alltagsszenen mit der darin plausiblen, wachsenden Nivellierung der Unterschiede gelingt es, wachsende Nähe zu erreichen. Beckers Anliegen zielt aber auch mit ein paar Seitenhieben auf die abgehobenen (auf den Literaturmarkt und -betrieb nicht achtenden) ethischen Urteile der Intellektuellen:

„Grimm: ‚Ihr im Westen habt auch nich viel von der DDR verstanden – aber wenn dort'n Buch oder 'n Film verboten wurde, habt ihr auch verlangt, daß die Schriftsteller sich wehren? Wie hätten die das tun sollen?... Mit der Drohung, sich eigene Verlage zu gründen? Oder eigene Sender?‘
Steinheim: ‚Das war ja wohl etwas anderes.‘

Grimm: ‚Wieso?‘
Steinheim: ‚In der DDR ging es um politische Zensur. In unserem Fall geht es, wie Sie gehört haben, um Geld‘“[48]

Becker macht auch hier im weiteren Disput die Doppelstandards transparenter. Was er nicht dulden will, ist, „daß so viele Westdeutsche überzeugt davon sind, die DDR wäre mit ihnen nicht zu machen gewesen. Daß sie charakterlich so gefestigt und rückgratmäßig so beschaffen sind, daß man sie nie so hätte verbiegen können wie die Leute in der DDR.“[49]

10. Anmerkungen

1. Kapitel

1. Jens Reich: „Altweibersommer. Erlebnissplitter und Gedankenfetzen, Deutschland im Jahre '93". In: „Lettre International" 5 (1993), H. 22, S. 6.
2. Ralf Schnell: *Geschichte der deutschsprachigen Literatur seit 1945*. Stuttgart, Weimar 1993, S. 226 f.
3. Wolfgang Emmerich: „Zwischenbilanz 1992. Einheit und Vielfalt der deutschen Literatur". In: Beutin u. a.: *Deutsche Literaturgeschichte*. Stuttgart 4. Aufl. 1993, S. 606-612.
4. Vgl. Bourdieus These zum literarischen Feld, in dem solche unterschiedlichen literaturpolitischen und poetologischen Konzeptionen zu *einem* Feld gehören, die nicht mehr als autonome gedacht werden können, weil die Oppositionen aufeinander bezogen sind. In: Pierre Bourdieu: „Le champ littéraire. Préalables critiques et principes de méthode". In: „lendemains" 36, (1984), S. 5-20.
5. Günter de Bruyn: „So viele Länder, Ströme, Sitten. Gedanken über die deutsche Kulturnation". In: *Jubelschreie, Trauergesänge*. Frankfurt a. M. 1991, S. 21, 25.
6. Günter de Bruyn: „Deutsche Befindlichkeiten". In: *Jubelschreie*, S. 37.
7. Günter Kunert: *Fremd daheim. Gedichte*. München. 1990, S. 117.
8. Vgl. Günter Kunert: *Vor der Sintflut. Das Gedicht als Arche Noah. Frankfurter Vorlesungen*. München 1985, S. 53. Der Atlantis-Bezug zu Berlin wird dort deutlich: „Dieses Vineta unserer Tage, untergegangen durch Krieg, Teilung, Wiederaufbau, Sanierung, ist für mich, der dort geboren wurde, mehr und mehr versunken."
9. Volker Braun: „Das Eigentum". In: *Luftfracht. Internationale Poesie 1940 bis 1990*. Hg. H. Hartung. Frankfurt a. M. 1991, S. 377.
10. „Ideale in der Kolonie. Die Rede des Schillerpreisträgers Volker Braun". In: „Stuttgarter Zeitung", 11. 9. 1992.
11. In: „Die Zeit" 51, 17. 12. 1993, S. 49.

2. Kapitel

1. Kunert, *Sintflut*, S. 46.
2. Ebd., S. 47 f.
3. Günter Kunert: *Verkündigung des Wetters. Gedichte*. München 1966, S. 25-28.

4. Christa Wolf: *Nachdenken über Christa T.* [1968]. Neuwied u. Berlin 1971 (= SL 31), S. 231.

5. Zitiert nach Thorsten Becker: *Die Bürgschaft. Erzählung.* Köln 1987 (= KiWi 135), S. 166.

6. Martin Walser: *Dorle und Wolf. Eine Novelle.* Frankfurt 1987, S. 147–149.

7. Volker Braun: *Unvollendete Geschichte* [1977]. Frankfurt 1989 (= st 1660), S. 95–97.

8. Ebd., S. 30 f.

9. Christoph Hein: *Drachenblut* [1982]. Darmstadt u. Neuwied 1985 (= SL 616), S. 172.

10. Monika Maron: *Die Überläuferin. Roman* [1986]. Frankfurt 1988 (= Fischer TB 9197), S. 220 f.

11. Volker Hage: „Alles zu wenig, alles zu spät. Steht die Kulturpolitik der DDR vor einer Wende?". „Die Zeit", 17. 5. 1988.

12. Fritz Rudolf Fries: „Von Rosa und Herbert". „Stuttgarter Zeitung", 29. 2. 1992.

13. Vgl. etwa Manfred Durzak: „Die Widerstandskraft der Literatur. Zu der Kurzgeschichte, ‚Bericht des Zensors über die Begegnung mit einem gewissen G.' von Günter Kunert". In: *Günter Kunert. Beiträge zu seinem Werk,* hg. M. Durzak, H. Steinecke. München 1992, S. 190 ff., mit acht Seiten Dokumentation zu Kunert, Kunze und der Zensur. – Erich Loest: *Die Stasi war mein Eckermann oder: mein Leben mit der Wanze.* Göttingen 1990. – Jurek Becker: *Warnung vor dem Schriftsteller. Drei Vorlesungen in Frankfurt.* Frankfurt 1990.

14. Monika Maron: *Stille Zeile Sechs.* Frankfurt 1991, S. 107 f.

15. Vgl. die Überblicksdarstellungen: Uwe Wittstock: *Von der Stalinallee zum Prenzlauer Berg. Wege der DDR-Literatur 1949–1989.* München 1989. – Wolfgang Emmerich: *Kleine Literaturgeschichte der DDR.* Erw. Ausg. Frankfurt 1990. – Volker Hage: *Schriftproben. Zur deutschen Literatur der achtziger Jahre.* Reinbek 1990. – Günter Rühle: „Das zerrissene Theater. 1991: Rückblick auf die Szene des Jahrhunderts". „Neue Rundschau" 103 (1992), H. 1, S. 154–169.

3. Kapitel

1. Vgl. Wolfgang Hilbig: „Selbstvorstellung. Anläßlich der „Aufnahme in die Deutsche Akademie für Sprache und Dichtung". In: Uwe Wittstock (Hg.): *Wolfgang Hilbig. Materialien zu Leben und Werk.* Frankfurt a. M.1994, S. 12.

2. Ebd.; Hilbig führt aus, daß der Großvater, bei dem der Halbwaise aufwuchs, „aus einem winzigen Dorf der polnischen Ukraine" stammte, ohne Schulbesuch Analphabet blieb und Büchern daher mißtraute. „Als ich einmal, mit zwölf oder dreizehn Jahren, eine Biographie über Edgar Allan Poe las, glaubte ich die Worte des Großvaters bestätigt, und ich hörte mit dem Schreiben wieder auf: für ein Jahr ungefähr, bis ich [. . .] noch einmal von vorn begann."

3. Vgl. Erk Grimm: „Im Abraum der Städte. Wolfgang Hilbigs topographische ‚Ich'-Erkundung". In: *Wolfgang Hilbig.* „Text + Kritik". H. 123 (1994), S. 71. Erk Grimm spricht von literarischen Einflüssen einer bewußt „geborgten Sprache", um aus dem soz. Realismus und DDR-Milieu herauszukommen, einer „Schwellenzeit zwischen Realismus und Romantik", nennt Klingemann, Poe, Hoffmann, Chamisso, Büchner, sowie fürs 20. Jh. „die paradoxe Erzählform Franz Kafkas" und „Topographien und Zitattexte Helmut Heißenbüttels".

4. Etwa im Gedicht „episode".

5. Franz Fühmann: „Praxis und Dialektik der Abwesenheit. Eine imaginäre Rede". In: Wittstock (Hg.): *Wolfgang Hilbig*, S. 43.

6. Vgl. das Gedicht *die ruhe auf der flucht* von 1985 mit diesem Eingang: „warten – / oh noch einmal einen abend ausruhn vor der unendlichkeit der nacht/ die uns mit allem vieh zu paaren treibt/ und sich schon sammelt vor den abgestreiften schuhn . . .// reglos/ im angesicht der flut die bald erwacht/ noch eine stunde sitzen auf dem mauerrand/ stille im schädel und den fuß im sand/ dem atem nachsehn der uns aus den lungen schwindet/ dem zorn [. . .]". Das mit dem bei Hilbig häufigen Motivkomplex „Viehwaggon" (Emigration- oder Holocaust-Allusionen) „Flut" und „Mauer" prophetisch im Blick auf die verlassene DDR arbeitende Gedicht benennt mit „Zorn" auch das Erlittene der Unterdrückung deutlich.

7. Wolfgang Hilbig: „Selbstvorstellung", S. 13.

8. Adolf Endler, zit. nach Erk Grimm: „Im Abraum der Städte", S. 62;

9. Erk Grimm, S. 63.

10. Wolfgang Hilbig: „Beschreibung II". In: *Der Brief. Drei Erzählungen*. Frankfurt a. M. 1985, S. 7.

11. Vgl. Karl Corino: „Brüder-Grimm-Preis für Wolfgang Hilbig. Laudatio". In: Uwe Wittstock (Hg.): *Wolfgang Hilbig*, S. 124.

12. Wolfgang Ignée: „Die Angst der Stasi vor dem Dichter. Ein Sittenbild aus der ehemaligen DDR". In: „Stuttgarter Zeitung", 26. 2. 1994.

13. Ebd.

14. Ebd.

15. Helmut Böttiger: „Monströse Sinnlichkeiten, negative Utopie. Wolfgang Hilbigs DDR-Moderne". In: *Wolfgang Hilbig*. „Text + Kritik" 123, S. 54.

16. Wolfgang Hilbig: *Alte Abdeckerei. Erzählung*. Frankfurt a. M. 1991, S. 86 f.

17. Wolfgang Hilbig: *Der Brief. Drei Erzählungen*. Frankfurt a. M. 1985, S. 107

18. Vgl. auch Wolfgang Hilbig: „Die Arbeiter, Ein Essai". In: *zwischen den paradiesen*. Leipzig 1992, S. 17–29.

19. Vgl. Sibylle Cramer: „Kein Ort. Nirgends. Ein Ort. Irgendwo. Wolfgang Hilbig versus Christa Wolf". In: *Wolfgang Hilbig*. „Text + Kritik" 123, S. 85; und Erk Grimm: „Im Abraum der Städte", S. 71

20. Wolfgang Hilbig in Harro Zimmermann: „Sprache war für mich eine zwingende Suchbewegung. Ein Gespräch". In: „Frankfurter Rundschau", 20. 6. 1990.

21. Wolfgang Hilbig: *Eine Übertragung. Roman*. Frankfurt a. M. [1989] 1992, S. 220.

22. Wolfgang Emmerich: *Kleine Literaturgeschichte der DDR*. 3. korr. Aufl. Darmstadt und Neuwied 1985. Vgl. neuerdings auch: *Machtspiele. Literatur und Staatssicherheit im Fokus Prenzlauer Berg*. Hg. Peter Böthig/Klaus Michael. Leipzig 1993.

23. Wolfgang Hilbig: „Wenn ich gelitten habe, dann ebenso wie die anderen. Gespräch". In: „Freitag", 31. 5. 1991.

24. Vgl. besonders: Thomas Beckermann: „Eigenwillige Ankunft. Einige Anmerkungen zu Wolfgang Hilbig (vor seiner ersten Buchveröffentlichung)". In: Uwe Wittstock (Hg.): *Wolfgang Hilbig*, S. 93–113, zum teilweise erschütternden Briefwechsel Hilbigs über seine Arbeits- und Veröffentlichungsschwierigkeiten.

25. Karl Corino: „Brüder-Grimm-Preis für Wolfgang Hilbig. Laudatio". In: Uwe Wittstock (Hg.): *Wolfgang Hilbig*, S. 136.

26. Thomas Rosenlöcher: „Der Text von unten. 11 Kapitel zu Wolfgang Hilbig. Anläßlich seiner Erzählung *Alte Abdeckerei*". In: Uwe Wittstock (Hg.): *Wolfgang Hilbig*,

S. 84. In *Die Kunde von den Bäumen,* Fa. M. 1994, S. 119, stellt Hilbig aber selbst klar, daß er ungeachtet „zeitbedingter Unklarheiten" 1991 im späteren Text sehr wohl das „offizielle Ende des Gesellschaftssystems" meinte.

27. Ebd., S. 84 f.
28. Wolfgang Hilbig: ‚*Ich*' S. 133 u. ö.
29. Martin Hielscher: „Landschaft der toten Seelen. Vergangenheit als Apokalypse – eine neue Erzählung von Wolfgang Hilbig". In: „Deutsches Allgemeines Sonntagsblatt", 29. 3. 1991.
30. James Joyce: *Ein Porträt des Künstlers als junger Mann.* Frankfurt a. M. 1988, S. 133.
31. Charles Baudelaire: *Ein Aas,* Übers. Wilhelm Hausenstein 1946. In: *Französische Dichtung,* Bd. 3, Hg. F. Kemp/H. Siepe, München 1990.
32. Walter Hinck: „Katakomben der Geschichte. Zu der Erzählung *Alte Abdeckerei*". In: Uwe Wittstock (Hg.): *Wolfgang Hilbig,* S. 180–189.
33. Ebd., S. 189.
34. Wolfgang Hilbig: *Die Weiber.* Frankfurt a. M. 1987, S. 42.
35. Harro Zimmermann: „Wolfgang Hilbig". In: *Kritisches Lexikon der Gegenwartsliteratur.* Hg. Heinz Ludwig Arnold. München 47. Nlg. 1994.
36. Vgl. Erk Grimm: „Im Abraum der Städte", S. 69.
37. Zitiert nach Helmut Böttiger: „Monströse Sinnlichkeiten", S. 54.
38. Sibylle Cramer: „Kein Ort. Nirgends. Ein Ort. Irgendwo", S. 84.
39. Ebd.
40. Vgl. Jan Faktor: „Hilbigs „Ich". Das Rätsel des Buches blieb von der Kritik unberührt". In: *Wolfgang Hilbig.* „Text + Kritik" 123, S. 75 ff.; und Reinhard Baumgart: „Quasi-Stasi. Zu dem Roman ‚Ich'". In: Uwe Wittstock (Hg.): *Hilbig.* Materialien, S. 216 ff.
41. Jan Faktor, ebd. S. 77.
42. Vgl. etwa Baumgart, „Quasi-Stasi"; oder Manfred Jäger: „Der Dichter und sein Spitzel". In: „Deutsches Allgemeines Sonntagsblatt", 26. 11. 1993.

4. Kapitel

1. In: „Frankfurter Allgemeine Zeitung", 2. 10. 1990. Darin vertritt Schirrmacher Thesen, die Ortheil kennt und teilweise in seinem eigenen Beitrag zur Problemlage der deutschen Literatur 1990 spiegelt: „Perioden des Abschieds (1990). Zum Profil der neuen und jüngsten deutschen Literatur", in: H.-J. Ortheil: *Schauprozesse. Beiträge zur Kultur der 80er Jahre.* München 1990, S. 188–205. Hier geht Ortheil u. a. auf Schirrmachers Aufsatz „Idyllen in der Wüste", „FAZ", 10. 10. 1989 ein, sowie auf Handkes zeitweises postmoderes Verfahren; zu Handkes „Kurzer Brief" außerdem ebd., S. 122–124.
2. Vgl. die ausführlich annotierte „Gesamtbibliographie" in Volker Wehdeking/Günter Blamberger: *Erzählliteratur der frühen Nachriegszeit (1945–1952).* München 1990, S. 222 ff. Naturgemäß beschränkt sich eine solche Bibliographie nicht nur auf die Literaturgeschichtsschreibung der frühen Nachkriegszeit.
3. Thomas Anz: „Westwärts. Hanns-Josef Ortheils, ‚Abschied von den Kriegsteilnehmern'". In: „Die Zeit", 2. 10. 1992.

4. Hanns-Josef Ortheil: „Weiterschreiben (1989)". In: Ders.: *Schauprozesse,* S. 95.
5. Vgl. Hanns-Josef Ortheil: *Das Element des Elefanten. Wie mein Schreiben begann.* München 1994, S. 77 ff.
6. Vgl. *Schauprozesse,* darin besonders „Das Kalkutta-Programm", S. 28 ff., „Roman-Werkstatt – zum Roman *Agenten*", S. 47 ff.", „Was ist postmoderne Literatur", S. 106 ff., „Postmoderne in der deutschen Literatur", S. 116 ff. und „Das endlose Murmeln – Michel Foucault und die deutsche Literatur der Gegenwart", S. 148 ff. Natürlich ist Ortheil auch mit Adornos Literaturtheorie vertraut, grenzt sich von einem gesellschaftsverändernden, operativen Schreiben jedoch prinzipiell ab.
7. Thomas Anz: „Westwärts". In: „Die Zeit", 2. 10. 1992. Thomas Groß: „Geschichtstourismus. Hanns-Josef Ortheils Bewältigungsroman ‚Abschied von den Kriegsteilnehmern'". In: „Die Tageszeitung", 30. 9. 1992. Dort heißt es ähnlich kritisch und in derselben, wenig fairen Distanzlosigkeit, die Groß Ortheil vorwirft, nämlich unter Hinweis auf die Geschehnisse vor Asylbewerberheimen: „Peinlich distanzlos wie sein Held sieht Ortheil im geschichtlichen Datum nur sein eigenes Spiegelbild: ein Geschichtstourist am Zaun von Prag."
8. Thomas Anz: „Westwärts". In: „Die Zeit", 2. 10. 1992.

5. Kapitel

1. Frauke Meyer-Gosau: „Menschentümlich" In: „Die Zeit", 4. 6. 1993.
2. Brigitte Burmeister: *Anders oder Vom Aufenthalt in der Fremde.* Berlin: (Verlag der Nation) 1987; Darmstadt und Neuwied 1988.
3. Sibylle Cramer: „Der kalte Blick einer Raubkatze. Das strahlende, fast unbemerkte Debüt einer DDR-Erzählerin". In: „Die Zeit", 29. 7. 1988; Christina Weiss: „Unter der Ordnung das Labyrinth. Der außergewöhnliche Debüt-Roman der Ost-Berliner Romanistin Brigitte Burmeister". In: „Süddeutsche Zeitung", 10. 9. 1988.
4. Brigitte Burmeister: *Unter dem Namen Norma. Roman.* Stuttgart 1994.
5. Vgl. etwa: Walter Hinck: „Glasierte Gesichter. Brigitte Burmeisters Berlin-Roman". In: „Frankfurter Allgemeine Zeitung", 4. 10. 1994. – Sibylle Cramer: „Brigitte Burmeister: Unter dem Namen Norma". In: „Meinungen über Bücher". Funksendung WDR Köln, 25. 8. 1994. – Hella Kaiser: „Die Tugend der Rücksichtslosigkeit. Die Schriftstellerin Brigitte Burmeister". In: „Stuttgarter Zeitung", 22. 10. 1994.
6. Sibylle Cramer: „Deutsche Zustände und die offenen Felder im Gefüge der Gegenwart. Die Ostberliner Erzählerin Brigitte Burmeister legt einen weitsichtigen Gegenwartsroman vor". In: „Süddeutsche Zeitung", 5. 10. 1994.
7. München 1993 (= Serie Piper 1719). Zuerst als: „Margarete Mitscherlich/Brigitte Burmeister: *Wir haben ein Berührungstabu.* Hamburg 1991.
8. So die Untertitel und Thesen in: Horst E. Richter: *Lernziel Solidarität.* Reinbek 1974. Dort wird viel mit der psychosozialen Kommunikation in Selbsterfahrungsgruppen gearbeitet, in der auch Randgruppen integriert werden sollen. Brigitte Burmeister versucht eine ähnliche Verständigung zwischen West und Ost, Jung und Alt, Nachbarn verschiedener politischer Couleur vom NS-Blockwart-nahen Hauswart bis zur ehemaligen IM Margarete Bauer, aber auch scharfe Kontraste, in Berliner Kneipenszenen und im alten Mietshaus, zu erreichen.
9. Sibylle Cramer: „Deutsche Zustände", „Süddeutsche Zeitung", 5. 10. 1994.

10. Hella Kaiser, „Die Tugend der Rücksichtslosigkeit", „Stuttgarter Zeitung", 22. 10. 1994.

11. Ebd.

12. Vgl. Maurice Halbwachs: *Das kollektive Gedächtnis*. Stuttgart 1967. Darin wird die These des kollektiven Erinnerns an solche Großereignisse anhand von cadres sociaux, kollektiven Relevanzrahmen und -umständen vertreten. Nicht an die Zustände könne man sich erinnern, wohl aber die Umstände nach aktueller Relevanz wieder aufrufen.

13. Ebd.: „Die Menschen im Osten haben wieder ein Feindbild, gegen das sie sich zusammenschließen können." Dagegen wünscht sich die Autorin eine Beobachtungshaltung und Vorsicht im Urteil, wie sie „bei Reisen in fremde Länder selbstverständlich sind". Zum Begriff „Berührungstabu" vgl. Anm. 7.

14. Umberto Eco: *Lector in fabula. Die Mitarbeit der Interpretation in erzählenden Texten.* München 1987, besonders S. 224 ff.

15. Alfred Andersch über Wolfgang Koeppens *Tod in Rom* in: A. A.: *Norden, Süden, rechts und links. Von Reisen und Büchern* 1951–1971. Zürich 1972.

16. Vgl. etwa: Wolfgang Iser: *Die Appellstruktur der Texte.* Konstanz 1970. – Ders.: *Der implizite Leser.* München 1972, *Der Akt des Lesens.* München 1976. – Hans Robert Jauß: *Literaturgeschichte als Provokation.* Frankfurt a. M. 1970. – Ders: *Ästhetische Erfahrung und literarische Hermeneutik.* Frankfurt a. M. 1982.

17. Walter Hinck: „Glasierte Gesichter", „FAZ", 4. 10. 1994.

18. Mitscherlich/Burmeister: *Wir haben ein Berührungstabu*, S. 67 und 65.

19. Hella Kaiser: „Die Tugend der Rücksichtslosigkeit", „StZ", 22. 10. 1994.

20. Ebd.

21. Sibylle Cramer: „Der kalte Blick einer Raubkatze", „Die Zeit", 29. 7. 1988.

22. Vgl. Birgit Dahlke: „,Im Brunnen vor dem Tore'. Autorinnen in inoffiziellen Zeitschriften der DDR 1979–90". In: W. Delabar/W. Jung/Ingrid Pergande (Hg.): *Neue Generation – Neues Erzählen. Deutsche Prosa-Literatur der achtziger Jahre.* Opladen 1993, S. 177–194, besonders S. 178 und 190 f.

23. Dahlke, ebd., S. 190.

24. Dahlke, ebd., S. 191.

25. Rudolf Walter Leonhardt: „Wo man ,nüsch' sagt. Kerstin Hensels ,Tanz am Kanal'". In: „Die Zeit", 7. 10. 1994. – Vgl. auch Walter Hinck: „Simplizissima unter der Brücke. Kerstin Hensels Schelmenerzählung ,Tanz am Kanal'". In: „FAZ", 2. 11. 1994; Hinck führt dort aus, die Motive des „Abenteuerlichen, des Vagabundierens" seien dem Pikaro-Roman geschuldet, ebenso die extremen Höhen und Tiefen der Laufbahn der „Schelmin". Dagegen stehen eine „betonte Künstlichkeit der Erzählkonstruktion", die sich verwischenden Grenzen der Zeitebenen und die nicht eingelöste Ironie-Erwartung, es verbleibe ein „Zwitter" zwischen „wirklichkeitsgebundener Lebenschronik" und Schelmengeschichte. Unklar bleibt auch für Hinck, wieweit die „auch nicht goldene Nachwendezeit" des Erzähleingangs 1994 überhaupt plausibel wird angesichts des früher erschienenen „Teils" in „Mammilia".

26. Abgedruckt in „Bizarre Städte" 4, 1989 durch den Hrsg. A. Kutulas, zunächst als Diskussion in „Blätter für junge Literatur". Die Erzählung war 1987/88 entstanden, die Diskussion und der Text wurden in der Zeitschrift „Sondeur" 5, 1990, S. 48–57 noch einmal, auch mit Kerstin Hensels Kritik, abgedruckt.

27. Kerstin Jentzsch: *Seit die Götter ratlos sind. Roman.* Berlin 1994, S. 167 f.

6. Kapitel

1. Martin Walser: „Und wie geht es Ihnen Jury Trifonow?", in: „Konkret", 1977, H. 12, S. 77.
2. Ebd.
3. Martin Walser: „Über den Leser – soviel man in einem Festzelt darüber sagen soll". In: Ders.: *Wer ist ein Schriftsteller? Aufsätze und Reden.* Frankfurt a. M. 1979, S. 99.
4. Ebd.
5. Ebd. Vgl. die sorgfältige kontrastive Analyse von Helmut Peitsch: „‚Antipoden' im ‚Gewissen der Nation'? Günter Grass' und Martin Walsers ‚deutsche Fragen'". In: *Dichter und ihre Nation.* Hg. Helmut Scheuer. Frankfurt a. M. 1993, S. 459–482.
6. Martin Walser: „Händedruck mit Gespenstern" [1979]. In: *Über Deutschland reden.* Frankfurt a. M. 1989, S. 18.
7. Ebd., S. 19 f.
8. Martin Walser: *Dorle und Wolf. Eine Novelle.* Frankfurt a. M. 1987, S. 44.
9. Ebd., S. 54 f. und 175.
10. Heinrich Vormweg: „Ausrutscher ins Absonderliche. Martin Walser und die deutsche Teilung". In: „Süddeutsche Zeitung", 14. 4. 1987.
11. So Anthony Hyde in: „The New York Times Book Review", 22. 1. 1989, der zu *No Man's Land* (Übers. Leila Vennewitz) und dem Thema der deutschen Teilung meint, die Grenze zwischen Ost- und Westdeutschland sei irrational („no more rational than most of those in Africa"), viele junge Westdeutsche seien zu seiner Verwunderung nie im geteilten Berlin gewesen; es bliebe wohl nur die Verdrängung, da die Deutschen an der Nahtstelle der Systeme ihrer besonderen Situation „nie entfliehen" könnten und doch, und sei es nur durch die Sprache, sich mit einem „Deutschland" noch so diffusen Inhalts identifizieren müßten. Sei die Novelle als wirkungsstarkes Kunstwerk („powerful [. . .] dramatic monologue") nicht auf ein bloßes politisches Argument zu reduzieren, so habe Walser doch das deutsche „Dilemma" zwischen Kriegs- und Nazi-Vergangenheit und durch die Teilung markiertem „Identitätsbruch" faszinierend und in der ironischen Textstruktur adäquat dargestellt. – Ähnlich Suzanne Ruta in: „The Village Voice", 7 (1989), die die Novelle in eine Reihe von gelungenen Walser-Texten zwischen luzider Parabel und genauer Gesellschaftsbeobachtung einreiht. Nur John Updike scheint wenig beeindruckt, wohl auch daher, weil man Walser als „West German John Updike" apostrophierte („The New Yorker", 9. 10. 1989). Allein die Beachtung durch ihn, der auch Böll und Süskind sehr schätzt, spricht für sich. Er nennt den Text immerhin „efficient", bedauert aber (im m. E. verfehlten Vergleich mit John le Carré), daß nicht mehr Spannung, dafür viel Symbolik enthalten sei.
12. Günter Grass: „Die liegengebliebenen Themen". In: *Werkausgabe in zehn Bänden,* hg. Volker Neuhaus. Darmstadt, Neuwied 1987, Bd. 10, S. 239.
13. Helmut Peitsch: „Antipoden im Gewissen der Nation?", S. 481.
14. Vgl. Hanns-Josef Ortheil: *Schauprozesse. Essays.* München 1990 und *Abschied von den Kriegsteilnehmern. Roman.* München 1992. – Peter Schneider: *Vom Ende der Gewißheit.* Berlin 1994, S. 108, vermerkt mit funkelnder Ironie: „Offenbar hat die Mauer nicht nur eine teilende, sondern auch eine stabilisierende Funktion gehabt. Der plötzlich offene Raum macht angst, die geschichtliche Beschleunigung begünstigt Brems- und Klammer-Reflexe. Im Ruinenstaub des alten Status quo verklärt sich nicht nur die

verschwundene DDR; das mauergeschützte Idyll der alten Bundessrepublik erscheint manchen als naturrechtlich vorgegebener Zustand. Wenig fehlt zu der Behauptung, der Homo sapiens sei mit der Verfassung von 1949 geboren, die Bundesrepublik komme kulturgeschichtlich vor der Erschaffung des Menschen." – Jurek Becker: *Amanda herzlos. Roman,* 1992 und *Wir sind auch nur ein Volk. Drehbücher der Folgen 1–3.* Frankfurt a. M 1994.

15. Hans Magnus Enzensberger: „Gangarten – Ein Nachtrag zur Utopie", „FAZ", 31. 3. 1990.

16. Martin Walser: „Über Deutschland reden (Ein Bericht)". In: „Die Zeit", 3. 11. 1988. Hier zitiert nach: Ders.: *Über Deutschland reden,* S. 76–100.

17. Martin Walser: *Über Deutschland reden,* S. 80.

18. Ebd., S. 85.

19. Martin Walser: „Vormittag eines Schriftstellers" [14. 12. 1990]. In: Ders.: *Vormittag eines Schriftstellers.* Frankfurt a. M. 1994, S. 13 f.

20. Vgl. etwa Martin Walser: „Über Deutschland reden" [1988], S. 93: „Und wenn ich behaupte, es gebe noch Deutsche, dann habe ich keinerlei Flaggenhissung und Hymnen im Sinn. Ich weiß ja, wie wenig ernst der BRD-Erfolgsmensch seinen Paß nimmt. Er ist mindestens Europäer". Ders. in „Deutsche Sorgen" [1993], *Vormittag eines Schriftstellers.* Frankfurt a. M. 1994, S. 138: „Nation war nicht angesagt. Deutsche Intellektuelle wollten jetzt Europäer sein. Aus dem Stand sprangen sie über die höchste Zukunftslatte: Europa. Vermittlung nicht nötig. Daheim Bayer, draußen Europäer."

21. Martin Walser: „Schreibend läßt sich fast alles ertragen". In: „Stern" 29. 8. 1991.

22. Martin Walser: *Die Amerikareise. Versuch, ein Gefühl zu verstehen.* Zus. mit A. Ficus [1986]. Frankfurt a. M. 1990.

23. Martin Walser: *Brandung. Roman.* Frankfurt a. M. 1985, S. 245.

24. Martin Walser: „Ich gehöre zu jenen, denen etwas fehlt, seit Kindstagen". Interview mit Felix Schmidt in: „Welt am Sonntag" 24. 3.–7. 4. 1991.

25. Martin Walser: „Kindheit nach dem Tode. Ein Gespräch mit Martin Walser. Von Christa von Bernuth". In: „Die Zeit", 9. 8. 1991.

26. Martin Walser: „Hymne aktuell". In: „Die Zeit", 7. 10. 1994.

27. Jurek Becker: *Wir sind auch nur ein Volk.* Drehbücher zu neun Folgen im ARD. Frankfurt a. M. Dezember 1994 / Januar 1995.

28. Martin Walser: „11. November 1989". In: *Über Deutschland reden,* S. 115.

29. Martin Walser: „Über Deutschland reden", S. 100.

30. Martin Walser: „Schreibend läßt sich fast alles ertragen [. . .] über ‚Die Verteidigung der Kindheit'". In: „Der Stern", 29. 8. 1991.

31. Zur dreijährigen Arbeit an dem Roman vgl. Martin Walser: „Kindheit nach dem Tode. Ein Gespräch", mit Christa von Bernuth, in: „Die Zeit", 9. 8. 1991. Zum Angebot des Dorn-Materials im „Frühsommer 1988" vgl.: Martin Walser: „Keiner hat das Recht, des anderen Richter zu sein". In: „Börsenblatt für den Deutschen Buchhandel", 28. 1. 1992.

32. Michael Töteberg: „Martin Walser" [1992]. In: *Kritisches Lexikon zur deutschsprachigen Gegenwartsliteratur.* München 1978 ff., S. 19 f.

33. Martin Walser: „Kindheit nach dem Tode", „Die Zeit", 9. 8. 1991.

34. Ernst Bloch: *Das Prinzip Hoffnung.* 3 Bde, Frankfurt a. M. 1970.

35. Volker Hage: „Walsers deutsches Requiem. Sein Roman ‚Die Verteidigung der Kindheit'". In: „Die Zeit", 9. 8. 1991.

36. Vgl. den sorgfältigen Epilog zum deutschen Literaturbetrieb und -streit unter diesem Titel von Wilfried Barner in: *Geschichte der deutschen Literatur von 1945 bis zur Gegenwart*, hg. von Wilfried Barner. München 1994, S. 923–938.

7. Kapitel

1. Monika Maron: *Die Moral der Frau Förster.* In: „Die Wochenpost", Nr. 42, 1974. – Auch in: Ingrid Krüger (Hg.), *Tagesordnung. Literarische Reportagen aus der DDR.* Darmstadt, Neuwied 1985, S. 25–32.
2. Namhafte Kritiker wie Ria Endres, Uwe Wittstock, Christa Rotzoll und Karl Corino schrieben in den führenden Zeitungen der Bundesrepublik im Frühjahr 1981 über den ersten wichtigen Öko-Roman aus der DDR, mit anerkennenden Etiketten wie „Spannungsverhältnis zwischen Subjektivität und gesellschaftlicher Determiniertheit" oder „Beschreibung eines leeren Lebens-Schematismus" (Endres in: „Die Zeit", 10. 4. 1981) und sprechenden Titeln wie „Verordnetes Schweigen" oder „Bedürfnisse quer zur Norm" (Wittstock in: „FAZ", 14. 4. 1981, D. Segler in: „Badische Zeitung", 14. 11. 1981) über die im Roman von den politischen Instanzen unterdrückte Bitterfeld-Reportage.
3. Vgl. Monika Marons Interview mit Volker Hage in: „Alles zu wenig, alles zu spät. Steht die Kulturpolitik der DDR vor einer Wende?", „Die Zeit", 17. 6. 1988, worin der Wechsel der Autorin mit einem Dreijahresvisum nach Hamburg kommentiert wurde.
4. Ebd.
5. Ebd. Fairerweise differenziert die Autorin in ihrem Interview 1988 gegenüber den bewunderten geistigen Mentoren, die es in der DDR auch gab, wenn sie über Franz Fühmann sagt: „Er hat allen vorgemacht, wie man ehrlich mit sich selbst abrechnet."
6. Ebd.
7. Zitiert nach Eckhard Franke: „Monika Maron", in: *Kritisches Lexikon der deutschsprachigen Gegenwartsliteratur.* München 1978–[1989], S. 3.
8. Ebd, S. 5 f.
9. Monika Maron: *Die Überläuferin.* Roman. [1986] Frankfurt a. M. 1988, S. 156 f.
10. Hierauf verweist auch Hans Gerd Winter: „Vom gefürchteten und unerwünschten Tod und von den Freuden des Überlebens. Darstellungen des Todes bei Monika Maron und Dieter Wellershoff". In: *Neue Generation – Neues Erzählen. Deutsche Prosa der achtziger Jahre.* Hg. von W. Delabar, W. Jung, I. Pergande, Opladen 1993, S. 127–138.
11. Vgl. Hans-Gerd Winter ebd. S. 128 ff. – Georg Scherer: Das *Problem des Todes in der Philosophie.* Darmstadt 1979. – Thomas H. Macho: *Todesmetaphern.* Frankfurt 1987. – Philippe Ariès: *Geschichte des Todes.* München 1982. – A. Nassehi/G. Weber: *Tod, Modernität und Gesellschaft. Entwurf einer Theorie der Todesverdrängung.* Opladen 1989.
12. Monika Maron: „Herr Aurich". In: M. M.: *Das Mißverständnis. Vier Erzählungen und ein Stück* [1982]. Frankfurt a. M. 1994, S. 49–79, hier S. 59.
13. Ebd., S. 79.
14. Monika Maron: *Flugasche.* Roman. Frankfurt a. M. 1981, S. 66.

15. Vgl. Michel-Francois Demet: „Die Themen der Flucht und der Grenze als wieder-kehrende Motive in den Prosawerken von Monika Maron und Hartmut Lange". In: „Germanica", 7 (1990), S. 123–133. – Auch dem unveröff. Ms. von Astrid Grieger: „Das Motiv des Traums und seine Funktion in Monika Marons Romanen ‚Flugasche‘ und ‚Die Überläuferin‘ verdanke ich wertvolle Einsichten in die Traummotive, die eine Diskrepanz zwischen offiziellem und privatem Denken in der DDR verdeutli-chen, sowie die psychologischen Auswirkungen solcher Diskrepanz.

16. Monika Maron/Joseph von Westphalen: *Trotzdem herzliche Grüße. Ein deutsch-deutscher Briefwechsel,* hg. von Antonia Grunenberg, Frankfurt a. M. 1988, S. 11.

17. Demet, S. 125: „Das aufgezwungene öde Dasein in der damaligen DDR wird somit eben durch die stillbleibende, innere Flucht ausgeglichen".

18. So Wolfgang Hegewald: „Begrenzte realistische Reichweiten. Defizitäre Unterneh-men: Die Romane von Christoph Hein und Monika Maron". In: „Frankfurter Rundschau", 4. 4. 1992; der politisch motivierte Teilverriß beklagt u. a., es fehle in beiden Texten „der erzählerische Hinweis auf den Zustand der strukturellen Korrup-tion, der, bedingt durch das ständige Vor-Augen-Haben einer anderen Lebensform auf deutschem Boden, die DDR-Gesellschaft zur Chimäre werden ließ" und findet beide Texte, gemessen an Peter Nadas' Roman „halbherzig und läppisch". Solche Kriterien gehen an einer fiktionalen Roman- und Textkritik weitgehend vorbei.

19. Joseph Hanimann: „Die Affäre Pasternak. Neues aus den Archiven: Zur Edition des ‚Doktor Schiwago‘". In: „Frankfurter Allgemeine Zeitung", 7. 12. 1994.

20. Monika Maron: *Nach Maßgabe meiner Begreifungskraft. Artikel und Essays.* Frankfurt a. M. 1993, S. 120.

8. Kapitel

1. Franz Fühmann: *Briefe 1950–1984.* Rostock 1994. Vgl. dazu: Klaus Bellin: „Mein Gott, wohin kommen wir denn?". In: „Neue deutsche Literatur", 42 (1994), H. 4., S. 129 ff.

2. Ebd., zitiert nach Bellin, S. 131.

3. Ebd., S. 133.

4. Ebd., S. 133.

5. Kurt Drawert: *Spiegelland. Ein deutscher Monolog.* Frankfurt a. M. 1992, S. 12 f.

6. Andreas Herzog: „Erinnern und erzählen. Gespräch mit Kurt Drawert". In: „NDL", 42 (1994), H. 4, S. 63 ff.

7. Ebd. S. 68 – 70.

8. Martin und Sylvia Greiffenhagen: „Die Mauer in den Köpfen. Eine Nation – zwei politische Kulturen". In: „Stuttgarter Zeitung", 11. 12. 1993. – Vgl. auch M. u. S. Greiffenhagen, Hg.: *Die neuen Bundesländer.* Stuttgart [Kohlhammer TB 1113] 1994.

9. Drawert, NDL 1994, S. 70 f.

10. Ebd., S. 67.

11. Thomas Rosenlöcher: *Die Wiederentdeckung des Gehens beim Wandern. Harzreise.* Frankfurt a. M. 1991, S. 9, 16, 80.

12. Ebd., S. 90.

13. Zur insgesamt positiven Aufnahme des Romans (bei übereinstimmender Kritik an dem interpolierten Drama am Palast der Republik), und ohne auf die postmoderne Dimension einzugehen, vgl. die Rezensionen: Sabine Brandt: „Bomben im Wasserwerk. Fritz Rudolf Fries im Dickicht der Märkte". In: „FAZ", 4. 10. 1994. – Harald Eggebrecht: „Verwischte Welt. Fritz Rudolf Fries' Versuch eines Schelmenromans". In: „Die Zeit", 7. 10. 1994. – Sibylle Cramer: „Allerneueste alte Welten. F. R. Fries spinnt seinen ‚Alexander'-Roman fort". In: „Frankfurter Rundschau", 5. 10. 1994. – Thomas Kraft: „Fahrender Ritter der Literatur". In: „Rheinischer Merkur", 4. 11. 1994.
14. Jaques Derrida: *Die Schrift und die Differenz.* Frankfurt a. M. 1972. – *Randgänge der Philosophie.* Wien 1988.
15. Kraft, „Rheinischer Merkur", 4. 11. 1994.
16. Fritz Rudolf Fries: *Die Nonnen von Bratislava. Ein Staats- und Kriminalroman.* München 1994, S. 195–198.
17. Helga Königsdorf, zitiert nach Herman Kurzke: „Die harte Droge DDR. Helga Königsdorf schildert den Entzug". In: „FAZ", 6. 5. 1992.
18. Hans Hempel: Respektlose Umtriebe. Helga Königsdorfs Collage". In: „Frankfurter Rundschau", 13. 6. 1992.
19. Hans-Jürgen Schmitt: „Kolonie? Vorkapitalismus? Weltuntergang? Helga Königsdorfs aktuelle Ost-West-Satire ‚Gleich neben Afrika'". In: „Süddeutsche Zeitung", 26. 3. 1992. – Schmitt sieht die selbstironischen Qualitäten, „augenzwinkernd, bei vollem Ernst" und lobt die „für Ossis wie Wessis unentbehrliche Zeitprosa."
20. So die Deutung von Frauke Meyer-Gosau: „Die Abgewickelten". In: „Deutsches Allgemeines Sonntagsblatt", 8. 10. 1993. Die Rezension bemängelt „Erzähl- und Motivationslücken und das Aufladen von „Albernheiten mit Tiefsinn". Günstiger fällt die Kritik Wilhelm Kühlmanns aus: „Duft der fremden Welt. Helga Königsdorf bedenkt die seelische Lage im Osten". In: „FAZ", 9. 12. 1993. – Zu den Schwächen vgl. auch Jürgen P. Wallmann: „Bis zu den Knien in DDR-Nostalgie. Helga Königsdorfs neuer Roman steckt voller Ost-West-Klischees". In: „Saarbrücker Zeitung", 13./14. 11. 1993, mit dem Fazit: „für PDS-Stammtische [. . .] geeignet".
21. Katrin Hillgruber: „Alice lebt hier nicht mehr. Helga Königsdorf läßt eine WG mit der Einheit hadern". In: „Süddeutsche Zeitung", 6. 10. 1993.
22. Joachim Kaiser: „Kühler Benedikt – eingeholt von Liebe. Irene Disches schwarzer Schelmenroman ‚Ein fremdes Gefühl oder Veränderungen über einen Deutschen'". In: „Süddeutsche Zeitung", 6. 10. 1993. – Jens Jessen: „Der Kitsch, der aus der Kälte kam. Beethoven ja, Deutschland nein: Irene Dische spürt „Ein fremdes Gefühl". In: „FAZ", 5. 10. 1993. – Klaus Kreimeier: „Die Menschwerdung als katastrophale Totgeburt". In: „Frankfurter Rundschau", 13. 11. 1993. – Kerstin Hensel: „Beethoven spielt Einstein spielt Beethoven. Der neue Roman von Irene Dische: eine Groteske". In: „DAS", 15. 10. 1993.
23. So Iris Radisch: „Wir brauchen eine schlechtere Literatur. Irene Disches Roman über Beethoven, Deutschland und die Deutschen: ‚Ein fremdes Gefühl'. In: „Die Zeit", 8. 10. 1993.
24. Kerstin Hensel, „DAS", 15. 10. 1993.
25. Ebd.: „Die Vorführung totaler Tragik, die [. . .] gestörte Gesellschaft möchte man als Leser immer abwehren, aber ich fürchte, ES IST SO."
26. Irene Dische: „Spott ist immer gut". In: „Süddeutsche Zeitung", 26. 10. 1993.
27. In: „Der Spiegel", 37 (1994), S. 34 f.

28. Günter Grass: *Novemberland. 13 Sonette.* Göttingen 1993. Hier Sonett 1, „Das Unsre".

29. Jürgen Busche: „. . . bis uns die Einheit schlug, die keine Gnade kennt. [. . .] eine Trauerklage über das verwüstete Deutschland". In: „Süddeutsche Zeitung", 5./ 6. 6. 1993.

9. Kapitel

1. Jurek Becker: „Zurück auf den Teppich! Der Schriftsteller Jurek Becker über seine neue Fernsehserie, über deutsche Dichter und die Nation". Spiegel-Gespräch mit Artin Doerry und Volker Hage in: „Der Spiegel", H. 50, 12. 12. 1994, S. 197 f.

2. Botho Strauß: *Schlußchor.* München 1991, S. 89–94.

3. Ebd., S. 94–98.

4. Christoph Parry: „Botho Strauß" [1. 4. 1994] In: *Kritisches Lexikon der deutschen Gegenwartsliteratur (KLG).* S. 17.

5. Ebd.

6. Botho Strauß: *Niemand anders.* München 1987, S. 147.

7. In: „Der Spiegel", 8. 2. 1993.

8. Vgl. hierzu die sensible Studie von Helga Kaussen: *Kunst ist nicht für alle da. Zur Ästhetik der Verweigerung im Werk von Botho Strauß.* Aachen 1991, besonders S. 346 ff.

9. Günter Schäble: „Die Wende in der Dichtkunst". In: „Der Spiegel", 12. 8. 1985.

10. Christoph Parry: „Botho Strauß", S. 17.

11. In „Theater heute" 10, 1994.

12. Die weiteren Bemerkungen zeigen ein gewisses Verständnis auch für die Täter, junge Neonazis und Skins, und haben dem Autor verständnislose Kritiken in den Medien eingetragen. Kroetz führt aus: „Diese Haltung, daß die jungen Neonazis nur Verbrecher sind, diese Haltung könnte ich nie einnehmen, da müßte ich einen Teil meines von mir warm geliebten Bayern aufgeben." Die jungen Menschen, „die sagen, bevor ich ein absolutes Nichts bin, bin ich lieber ein ‚gefürchteter Nazi‘, haben auch als Täter mein Verständnis; daß die Opfer meine Sympathie haben, ist sowieso klar". Zu dem „Theater heute"-Interview bemerkt die „Stuttgarter Zeitung", 30. 9. 1994, in „Kroetz ‚versteht‘ den Neofaschismus", die Brandanschläge der Skins würden in solchen Kommentaren „folkloristisch verniedlicht" oder „mystisch überhöht" und führten zu der Frage nach dem humanistischen Auftrag der Kunst.

13. Gerhard Stadelmaier: „Deutschland, ein Spuk. Geistersprechstunde: Peter Zadek leitet leicht Franz Xaver Kroetz – „Ich bin das Volk" am Berliner Ensemble". In: „Frankfurter Allgemeine Zeitung", 23. 12. 1994.

14. „Kroetz verläßt Suhrkamp Verlag". In: „Stuttgarter Zeitung", 9. 1. 1995. Vgl. auch „Unwirsche Festpost". In: Der Spiegel, 1./2. 1. 1995. Robin Detje (Anm. 21) schließt sich in der „Zeit" Unselds Meinung an, was Kroetz' ästhetische Qualitäten betrifft.

15. Werner Schulze-Reimpell: „Ratlos ist die Loreley. ‚Ich bin das Volk‘ von Kroetz in Wuppertal uraufgeführt". In: „Stuttgarter Zeitung", 29. 9. 1994.

16. Gerhard Stadelmaier: „Deutschland, ein Spuk", „FAZ", 23. 12. 1994.

17. Franz Xaver Kroetz, „Ritter der Ausgewogenheit", Szene 17. In: *Ich bin das Volk. Volkstümliche Szenen aus dem neuen Deutschland.* [Ms Typoskript in Großbuchstaben], Kroetz-Dramatik, 83352 Altenmarkt, Kirchberg 3.
18. Martin Walser: „Deutsche Sorgen". In: *Vormittag eines Schriftstellers.* Frankfurt a. M. 1994, S. 131–149.
19. Ebd., S. 141 f.
20. Ms. Typoskript, S. 78.
21. Stadelmaier: „Deutschland, ein Spuk". Vgl. auch Robin Detje: „Zerreißprobe im Selbstversuch. In: „Die Zeit", 30. 9. 1994.
22. Rolf Hochhuth: *Wessis in Weimar. Szenen aus einem besetzten Land.* Mit einem Anhang: Das Stück in der Diskussion. Berlin: Volk und Welt, 1993. – München 1994, 297 S.
23. „Kanzler empört über Dramatiker Hochhuth". In: „Ruhr Nachrichten", 22. 5. 1992, wo auf das Hochhuth-Interview im „Manager Magazin" von Kohl, der den ganzen Text nicht kannte, die Konzeption der Rohwedder-Szene im Drama als „eine Art Freibrief für die Mörder" Rohwedders harsch kritisiert wurde, so daß der Rowohlt Verlag die Hochhuth-Intention als „aus dem Zusammenhang gerissen" dementieren mußte.
24. Ebd.
25. Matthias Wegner: „Das Zeitstück langweilt die Zeitgenossen. Deutsche Erregung ist deutsche Betulichkeit – Hochhuths ‚Wessis in Weimar' endlich hochhuthtreu: in Hamburg". In: „Frankfurter Allgemeine Zeitung", 27. 2. 1993.
26. Vgl. die Kritik von Siggi Seuß: „Tendenz vorwiegend peinlich. Rolf Hochhuth inszeniert seine ‚Wessis' in Meiningen". In: „Stuttgarter Zeitung", 13. 12. 1994, die auf die „Theaterfähigkeit" des Stückes nur in Einar Schleefs Adaption hinweist: „Theaterfähig wird es nur dann – und das hat Einar Schleef 1993 zum Entsetzen des Autors am Berliner Ensemble bewiesen –, wenn man sämtliche dramaturgischen Peinlichkeiten, Kalkablagerungen, das Oberlehrergedöns und die wahnwitzig gespreizten Dialoge aus dem Gerüst bläst, bevor man die Handelnden zum Leben erweckt."
27. Ralf Neubauer: „Der Mohr kann gehen. Neue Länder: Die Treuhandanstalt beendet ihre Arbeit. War sie ein Jobkiller oder Motor für den Aufschwung Ost? Eine Bilanz". In: „Die Zeit", 23. 12. 1994. – Peter Weigert/Konrad Leicht: „Wegbereiter für einen goldenen Boden. Die Treuhand-Bilanz. Viereinhalb Jahre brauchte die Behörde, um eine komplette Volkswirtschaft zu privatisieren. Die Umstrukturierung war schmerzhaft, doch letztlich erfolgreich". In: „Rheinischer Merkur", 9. 12. 1994. – „Treuhand privatisierte mehr als 14 000 DDR-Betriebe. Breuel: Wir haben den Ostdeutschen viel zugemutet. Zur Politik der schnellen Privatisierung gab es keine Alternative, sagt die scheidende Präsidentin. Aufschwung beim Umbau der Volkswirtschaft in Gang gebracht". In: „Süddeutsche Zeitung", 31. 12. 1994. – Thomas Löffelholz: „Schlußbilanz". In: „Stuttgarter Zeitung", 30. 12. 1994.
28. Ralf Neubauer: „Die Zeit", 23. 12. 1994.
29. Gerhard Stadelmaier: „Ein Volk, ein Reich, zwei Führer. Das ideale Paar: Schleef und Hochhuth – ‚Wessis in Weimar' kongenial aufgeführt". In: „Frankfurter Allgemeine Zeitung", 12. 2. 1993.
30. Matthias Wegner: „Das Zeitstück langweilt die Zeitgenossen", „FAZ", 27. 2. 1993: „Den Mord am Treuhand-Präsidenten, der als Prolog gedacht ist, verlegt [Ives Janssen] in die Mitte des Abends, kann ihr aber keine Dramatik abgewinnen. [. . .] ebenso

gelangweilt wie langweilend. Der seit Wochen für Erregung sorgende Pistolenknall macht dem trockenen Dialog ein Ende und entläßt den zu diesem Zeitpunkt längst ermatteten Zuschauer endlich in die Pause. [. . .] Inzwischen haben sich auch die Reihen des Ernst-Deutsch-Theaters spürbar gelichtet. Der Abend leidet nicht an zu viel Erregtheit, sondern an zu viel Betulichkeit."

31. Bernd Fischer: *Christoph Hein. Drama und Prosa im letzten Jahrzehnt der DDR* [Reihe Siegen 98]. Heidelberg 1990, S. 142 ff. – Friedrich Dieckmann: „Große und kleine Gier. Christoph Heins Komödie ‚Randow' in Dresden uraufgeführt". In: „FAZ", 23. 12. 1994. – Werner Schulze-Reimpell: „Jagdszenen im Osten. Christoph Heins neues Stück ‚Randow' in Dresden". In: „Stuttgarter Zeitung", 30. 12. 1994.

32. Schulze-Reimpell, ebd.: „Hein nennt ‚Randow' eine Komödie, obwohl die Vorgänge eigentlich trauerverhangen sind. Die Bezeichnung ist wohl im Sinne Tschechows zu verstehen, an den ohnehin manches erinnert – der Schluß beispielsweise an ‚Kirschgarten'. Das Komische liegt bei Tschechow in der Kritik dieser Menschen, die sich wie der Bürgermeister im Handumdrehen gewendet haben oder wie Annas Mann ihre Lebensuntüchtigkeit wehleidig bejammern."

33. Dieckmann, ebd.

34. Im folgenden mit Seitenzahlen zitiert nach Christoph Hein: *Randow. Eine Komödie.* Berlin 1994.

35. Schulze-Reimpell, „StZ", 30. 12. 1994.

36. Dieckmann, „FAZ", 23. 12. 1994.

37. Vgl. Michael Töteberg: „Der Anarchist und der Parteisekretär. Die DDR-Theaterkritik und ihre Schwierigkeiten mit Christoph Hein". In: Christoph Hein. „Text+Kritik", 1991, H. 111, S. 36 ff.

38. Vgl. Eckhard Thiele: „Engagiert – wofür? Zu Christoph Heins öffentlichen Erklärungen nach der ‚Wende' in der DDR". In: „Text+Kritik", H. 111, S. 74 ff.

39. Christoph Hein in „Neues Deutschland", 2./3. 12. 1989.

40. Vgl. Thiele, S. 77. In seinen fiktionalen Texten ist Hein da weit differenzierter zu verstehen, etwa bei der Bedeutungsvielfalt des „Grals" in seiner dramatischen Artus-Parabel. Vgl. hierzu das Selbstverständnis in: *Chronist ohne Botschaft. Christoph Hein. Ein Arbeitsbuch. Materialien, Auskünfte, Bibliographie.* Hg. Klaus Hammer, Berlin, 1992, S. 190 ff. und im Gespräch mit dem Herausgeber von 1991, S. 11 ff. sowie den programmatischen Text: „Eure Freiheit ist unser Auftrag. Ein Brief an (fast alle) Ausländer – wider das Gerede vom Fremdenhaß der Deutschen (Dez. 1991)", S. 51 ff.

41. Hein: „Freiheit", ebd., S. 45.

42. Jurek Becker: „Zurück auf den Teppich", „Der Spiegel", 12. 12. 1994, S. 197.

43. Klaus Wienert: „Jenseits von ‚Trotzki' und ‚Motzki'. Jurek Beckers Satire ‚Wir sind auch nur ein Volk' ". In: „Stuttgarter Zeitung", 17. 12. 1994. – Bernhard Zimmermann: „Die Mongolei hinter der Mauer. Kritisch gesehen: ‚Wir sind auch nur ein Volk' ". In: „Stuttgarter Zeitung", 20. 12. 1994. Vgl. auch: Manfred Durzak: „Erfolge im anderen Medium. Jurek Becker als Fernseh-Autor. Überlegungen zur Fernseh-Serie ‚Liebling Kreuzberg' ". In: *Jurek Becker* [Suhrkamp TB Materialien]. Hg. Irene Heidelberger-Leonard. Frankfurt a. M. 1992, S. 312 ff.

44. Wienert, ebd.

45. Durzak: „Erfolg im anderen Medium", S. 316.

46. „Deutsch bleibt deutsch. Wieder wächst ein bißchen zusammen was zusammengehört". In: Programmbeilage „Stuttgarter Zeitung", 18. 12. 1994.

47. Becker in: „Der Spiegel", 12. 12. 1994, S. 195.
48. Jurek Becker: *Wir sind auch nur ein Volk,* 9. Drehbuch, 24. Bild, S. 175 f.
49. Becker in: „Der Spiegel", 12. 12. 1994, S. 196.

11. Auswahlbibliographie

[Aufgenommen werden alle Titel, die themenrelevant sind: dies gilt für die Vorgeschichte des zunehmend gemeinsamen literarischen Feldes seit 1980, insbesondere für die Primärliteratur nach 1989. In der Sekundärliteratur werden, neben Handbüchern, Sammelbänden und Gesamtdarstellungen zur Gegenwartsliteratur, selbständig erschienene Studien zu den wichtigsten Autoren berücksichtigt, sowie themenrelevante Forschung in Einzelstudien]

11.1 Primärliteratur

11.1.1 Die Vorgeschichte: Kodierte Literatur (1968–1989)

Becker, Jurek: Warnung vor dem Schriftsteller. Drei Vorlesungen in Fa. M.: Suhrkamp 1990

Becker, Thorsten: Die Bürgschaft. Erzählung. Zürich: Ammann 1985

Brasch, Thomas: Lovely Rita. Lieber Georg. Mercedes. Hg. J. Ziller. Berlin: Henschel 1988

Braun, Volker: Hinze-Kunze-Roman. Leipzig: Mitteldeutscher Vlg. 1985

Braun, Volker: Die Übergangsgesellschaft. Komödie. [1982] In: Gesammelte Stücke, 2 Bde. Fa. M.: Suhrkamp 1988

Braun, Volker: Unvollendete Geschichte. [1975/77] Fa. M.: Suhrkamp 1989

Burmeister, Brigitte: Anders oder Vom Aufenthalt in der Fremde. Roman. Berlin: Verlag der Nation 1987. Darmstadt: Luchterhand 1988

Fries, Fritz Rudolf: Der Weg nach Oobliadooh. Roman. Fa. M.: Suhrkamp 1966

Fries, Fritz Rudolf: Alexanders Neue Welten. Roman. [1982] Fa. M.: Suhrkamp 1983

Fühmann, Franz: Briefe 1950 – 1984. Hg. H.-J. Schmitt. Rostock: Hinstorff: 1994

Hein, Christoph: Drachenblut. Novelle. [1982] Darmstadt: Luchterhand 1983

Hein, Christoph: Horns Ende. Roman. Berlin: Aufbau 1985

Hein, Christoph: Nachtfahrt und früher Morgen. Prosa. Berlin: Aufbau 1980

Hein, Christoph: Die Ritter der Tafelrunde. Eine Komödie. Fa. M.: Luchterhand 1989

Hein, Christoph: Der Tangospieler. Roman. [1989] Fa. M.: Luchterhand 1991

Heym, Stefan: Schwarzenberg. Roman. München: Bertelsmann 1984

Hilbig, Wolfgang: abwesenheit. Gedichte. Fa. M.: Fischer 1979

Hilbig, Wolfgang: Der Brief. Drei Erzählungen. Fa. M.: Fischer 1985

Hilbig, Wolfgang: Eine Übertragung. Roman. Fa. M.: Fischer 1989

Hilbig, Wolfgang: stimme stimme. Gedichte und Prosa. Leipzig: Reclam 1983

Hilbig, Wolfgang: Die Territorien der Seele. Fünf Prosastücke. Berlin: Friedenauer Presse 1986

Hilbig, Wolfgang: Unterm Neomond. Erzählungen. Fa. M.: Fischer 1982

Hilbig, Wolfgang: Die Weiber. Fa. M.: Fischer 1987

Johnson, Uwe: Jahrestage. Aus dem Leben von Gesine Cresspahl, Bd. 4. Fa. M.: Suhrkamp 1983

Krauß. Angela: Das Vergnügen. Berlin: Aufbau 1989

Kunert, Günter: Im Namen der Hüte. Roman. München: Hanser 1967

Kunert, Günter: Der ungebetene Gast. Gedichte. Berlin: Aufbau 1965

Kunert, Günter: Vor der Sintflut. Das Gedicht als Arche Noah. Frankfurter Vorlesungen. München: Hanser 1985

Kunze, Reiner: Sensible Wege. Reinbek: Rowohlt 1969

Kunze, Reiner: Die wunderbaren Jahre. Fa. M.: Fischer 1976

Lange-Müller, Katja: Kasper Mauser – Die Feigheit vorm Freund. Erzählung. [1988] Fa. M.: Fischer 1990

Loest, Erich: Durch die Erde ein Riß. Ein Lebenslauf. [1981] München: DTV 1990

Maron, Monika: Flugasche: Roman. Fa. M.: Fischer 1981

Maron, Monika: Das Mißverständnis. Vier Erzählungen und ein Stück. Fa. M.: Fischer [1982] 1994

Maron, Monika: Trotzdem herzliche Grüße. Ein deutsch-deutscher Briefwechsel. Fa. M.: Fischer 1988

Maron, Monika: Die Überläuferin. Roman. Fa. M.: Fischer 1986

Morgner, Irmtraud: Amanda. Ein Hexenroman. Berlin: Aufbau 1983

Morgner, Irmtraud: Leben und Abenteuer der Trobadora Beatriz nach Zeugnissen ihrer Spielfrau Laura. Roman. Berlin: Aufbau 1974

Schneider, Peter: Der Mauerspringer. Erzählung. Darmstadt: Luchterhand 1982

Tetzner, Gerti: Karen W. Roman. Leipzig: Mitteldeutscher Vlg. 1974

Walser, Martin: Dorle und Wolf. Novelle. Fa. M.: Suhrkamp 1987

Walser, Martin: Über Deutschland reden. Fa. M.: Suhrkamp 1989

Wolf, Christa: Nachdenken über Christa T. Halle: Mitteldeutscher Vlg. 1968

Wolf, Christa: Kassandra. Erzählung. Darmstadt: Luchterhand 1983

Wolf, Christa: Kein Ort. Nirgends. Berlin: Aufbau 1979

Wolf, Christa: Kindheitsmuster. Roman. Berlin: Aufbau 1976

Wolf, Christa: Sommerstück. Berlin: Aufbau 1989

Wolf, Christa: Voraussetzungen einer Erzählung: Kassandra. Frankfurter Poetik-Vorlesungen. Darmstadt: Luchterhand 1983

11.1.2 Die seit der Wende themenrelevanten Texte: Erzählprosa, Essay, Drama, Gedichtsammlungen

Becker, Jurek: Amanda herzlos. Roman. Fa. M.: Suhrkamp 1992

Becker, Jurek: Wir sind auch nur ein Volk. Drehbücher der Folgen 1–9. Fa. M.: Suhrkamp 1994/95

Biermann, Wolf: Klartexte im Getümmel: 13 Jahre im Westen. Hg. H. Stein. Köln: Kiepenheuer & Witsch 1990

Biermann, Wolf: Politische Schriften. Köln: Kiepenheuer 1990

Biermann, Wolf: Alle Lieder. Köln: Kiepenheuer 1991

Brasch, Thomas: Ruth Blume. Fa. M.: Suhrkamp 1992

Braun, Volker: Iphigenie in Freiheit. Fa. M.: Suhrkamp 1992

Braun, Volker: Böhmen am Meer. Drama. Fa. M.: Suhrkamp 1992

Braun, Volker: Die Zickzackbrücke. Gedichte, Erzählungen, Essays. Fa. M.: Suhrkamp 1992

Braun, Volker: Texte in zeitlicher Folge. 10 Bde. Halle: Mitteldeutscher Vlg. 1990–92

Braun, Volker: Der Wendehals. Eine Unterhaltung. Fa. M.: Suhrkamp 1995

Bruyn, Günter de: Jubelschreie, Trauergesänge. Deutsche Befindlichkeiten. Fa. M.: Fischer 1991

Bruyn, Günter de: Zwischenbilanz. Eine Jugend in Berlin. Fa. M.: Fischer 1992

Buch, Hans Christoph: Der Burgwart der Wartburg. Eine deutsche Geschichte. Fa. M.: Suhrkamp 1994

Buch, Hans Christoph: Die Nähe und die Ferne. Bausteine zu einer Poetik des kolonialen Blicks. Fa. M.: Suhrkamp 1991

Burmeister, Brigitte: Unter dem Namen Norma. Roman. Stuttgart: Klett-Cotta 1994

Burmeister, Brigitte/Mitscherlich, Margarete: Wir haben ein Berührungstabu. Zwei deutsche Seelen – einander fremd geworden. [1991] München: Piper 1993

Cibulka, Hanns: Am Brückenwehr. Zwischen Kindheit und Wende. Leipzig: Reclam 1994

Delius, Friedrich Christian: Die Birnen von Ribbeck. Erzählung. Reinbek: Rowohlt 1991

Dische, Irene: Ein fremdes Gefühl. Roman. Berlin: Rowohlt 1993

Dische, Irene: Die intimen Geständnisse des Oliver Weinstock. Wahre und erfundene Geschichten. Berlin: Rowohlt 1994

Drawert, Kurt: Spiegelland. Ein deutscher Monolog. Fa. M.: Suhrkamp 1992

Drawert, Kurt: Haus ohne Menschen. Zeitmitschriften. Leipzig: Suhrkamp 1993

Endler, Adolf: Citatteria & Zackendulst: Notizen, Zitate, Fragmente. Berlin: Unabh. Vlgsbuchhdlg. Ackerstraße 1990

Enzensberger, Hans Magnus: Die große Wanderung. Essays. Fa. M.: Suhrkamp 1992

Fries, Fritz Rudolf: Die Nonnen von Bratislava. Ein Staats- und Kriminalroman. München: Piper 1994

Grass, Günter/Augstein, Rudolf: Deutschland, einig Vaterland? Ein Streitgespräch. Göttingen: Steidl 1990

Grass, Günter: Deutscher Lastenausgleich. Wider das dumpfe Einheitsgebot. Reden und Gespräche. Fa. M.: Luchterhand 1990

Grass, Günter: Novemberland. 13 Sonette. Göttingen: Steidl 1993

Grass, Günter: Ein Schnäppchen namens DDR. Göttingen: Steidl 1990

Hein, Christoph: Exekution eines Kalbes und andere Erzählungen. Berlin: Aufbau 1994

Hein, Christoph: Die fünfte Grundrechenart. Aufsätze und Reden. Fa. M.: Luchterhand 1990

Hein, Christoph: Randow. Eine Komödie. Berlin: Aufbau 1994

Hensel, Kerstin: Im Schlauch. Erzählung. Fa. M.: Suhrkamp 1993

Hensel, Kerstin: Tanz am Kanal. Erzählung. Fa. M.: Suhrkamp 1994

Hettche, Thomas, NOX. Roman. Fa. M. Suhrkamp 1995

Heym, Stefan: Auf Sand gebaut. Erzählungen. München: Bertelsmann 1990

Heym, Stefan: Filz. Gedanken über das neueste Deutschland. München: Bertelsmann 1992

Hilbig, Wolfgang: Alte Abdeckerei. Erzählung. Fa. M.: Fischer 1991

Hilbig, Wolfgang: Die Arbeit an den Öfen. Erzählungen. Berlin: Friedenauer Presse 1994

Hilbig, Wolfgang: Grünes grünes Grab. Erzählungen. Fa. M.: Fischer 1993

Hilbig, Wolfgang: Die Kunde von den Bäumen. Fa. M.: Fischer 1994

Hilbig, Wolfgang: „Ich". Roman. Fa. M.: Fischer 1993

Hilbig, Wolfgang: zwischen den paradiesen. Prosa und Gedichte. Leipzig: Reclam 1992

Hochhuth, Rolf: Wessis in Weimar. Szenen aus einem besetzten Land. [1993] München: DTV 1994

Jentzsch, Kerstin: Seit die Götter ratlos sind. Roman. Berlin: Das Neue Berlin 1994

Jirgl, Reinhard: Abschied von den Feinden. Roman. München: Hanser 1995.

Kirsch, Sarah: Erlkönigs Tochter. Gedichte. Stuttgart: DVA 1992

Königsdorf, Helga: Aus dem Dilemma eine Chance machen. Reden und Essays. Berlin: Rowohlt 1990

Königsdorf, Helga: Gleich neben Afrika. Erzählung. Berlin: Rowohlt 1992

Königsdorf, Helga: Im Schatten des Regenbogens. Roman. Berlin: Aufbau 1993

Kolbe, Uwe: Vaterlandskanal. Ein Fahrtenbuch. Leipzig: Reclam 1990

Kroetz, Franz Xaver: Ich bin das Volk. Volkstümliche Szenen aus dem neuen Deutschland. Ms Typoskript. Kroetz-Dramatik 1994

Kunert, Günter: Fremd daheim. Gedichte. München: Hanser 1990

Kunze, Reiner: Am Sonnenhang. Tagebuch eines Jahres. Fa. M.: Fischer 1993

Kunze, Reiner: Wo Freiheit ist . . . Gespräche 1977–1993. Fa. M.: Fischer 1994

Loest, Erich: Die Mäuse des Dr. Ley. Eine deutsche Parabel. Göttingen: Steidl 1992

Loest, Erich: Nikolai-Kirche. Göttingen: Steidl 1995

Loest, Erich: Die Stasi war mein Eckermann oder: Mein Leben mit der Wanze. Göttingen: Steidl 1991

Loest, Erich: Der Zorn des Schafes. Aus meinem Tagewerk. Künzelsau: Linden-Vlg. 1990

Maron, Monika: Nach Maßgabe meiner Begreifungskraft. Artikel und Essays. Fa. M.: Fischer 1993

Maron, Monika: Stille Zeile sechs. Roman. Fa. M.: Fischer 1991

Modick, Klaus: Der Flügel. Roman. Frankfurt a. M.: Schöffling 1994

Müller, Heiner: Krieg ohne Schlacht. Leben in zwei Diktaturen. Köln: Kiepenheuer & Witsch 1992

Müller, Heiner: Gedichte. Berlin: Alexander Vlg. 1992

Morgner, Irmtraud: Die Schöne und das Tier. Erzählungen. Fa. M.: Luchterhand 1991

Morshäuser, Bodo: Der weiße Wannsee. Roman. Fa. M.: Suhrkamp 1993

Ortheil, Hanns-Josef: Abschied von den Kriegsteilnehmern. Roman München: Piper 1992

Ortheil, Hanns-Josef: Schauprozesse. Beiträge zur Kultur der 80er Jahre. München: Piper 1990

Papenfuß-Gorek, Bert: tiské. Göttingen: Steidl 1990

Rathenow, Lutz: Alles Theater. Pforzheim: Hertenstein-Presse 1992

Rosenlöcher, Thomas: Die Wiederentdeckung des Gehens beim Wandern. Harzreise. Fa. M.: Suhrkamp 1991

Schädlich, Hans Joachim: Über Dreck, Politik und Literatur. Berlin: Aufbau 1992

Schneider, Peter: Vom Ende der Gewißheit. Berlin: Rowohlt 1994

185

Schneider, Rolf: Frühling im Herbst. Notizen vom Untergang der DDR. Göttingen: Steidl 1991

Schroeder, Bernd: Unter Brüdern. Roman. Köln: Kiepenheuer & Witsch 1995

Sichtermann, Barbara: Vicky Victory. Roman. Hamburg: Hoffmann u. Campe 1995

Strauß, Botho: Beginnlosigkeit. Reflexionen über Fleck und Linie. München: Hanser 1992

Strauß, Botho: Schlußchor. Drei Akte. München: Hanser 1991

Strauß, Botho: Das Gleichgewicht. München: Hanser 1993

Titze, Marion: Unbekannter Verlust, Berlin: Rowohlt 1994

Walser, Martin: Die Verteidigung der Kindheit. Roman. Fa. M.: Suhrkamp 1991

Walser, Martin: Vormittag eines Schriftstellers. Fa. M.: Suhrkamp 1994

Woelk, Ulrich: Rückspiel. Roman. Fa. M.: Fischer 1993

Wolf, Christa: Auf dem Weg nach Tabou. Texte 1990 – 1994. Köln: Kiepenheuer & Witsch 1994

Wolf, Christa: Reden im Herbst. Berlin: Aufbau 1990

Wolf, Christa: Was bleibt. Erzählung. Fa. M.: Luchterhand 1990

Anthologien:

Grenzfallgedichte. Hg. Anna Chiarloni/Helga Pankoke. Berlin: Aufbau 1991

Die sanfte Revolution: Prosa, Lyrik, Protokolle, Erlebnisberichte, Reden. Hg. Stefan Heym, W. Heiduczek, I. Czechowski. Leipzig. Kiepenheuer 1990

Von einem Land und vom andern. Gedichte zur deutschen Wende 1989/1990. Hg. Karl Otto Conrady. Leipzig: Suhrkamp 1993

Wahnsinn! Geschichten vom Umbruch in der DDR. Hg. P. Abraham/M. Gorschenek. Ravensburg: Maier 1990

Zusammen-wachsen: Gespräche aus einer Wende 1990–1992. Hg. Ulrich Herold und Friedrich Schorlemmer. Berlin: Verl. Constructiv 1992

11.2 Sekundärliteratur

11.2.1 Handbücher, Sammelbände, Aufsatzsammlungen, Gesamtdarstellungen zur deutschen Gegenwartsliteratur

Die andere Sprache. Neue DDR-Literatur der 80er Jahre. Text und Kritik Sonderband. München 1990

Bestandsaufnahme Gegenwartsliteratur. BRD, DDR, Österreich, Schweiz. Text und Kritik Sonderband. München 1988

Bullivant, Keith: The Future of German Literature. Oxford: Berg 1994

Deutsche Dichter des 20. Jahrhunderts. Hg. Hartmut Steinecke. Berlin: E. Schmidt 1994 [darin Aufsätze zu: Sarah Kirsch, Günter Kunert, Heiner Müller, Martin Walser, Christa Wolf]

Der deutsch-deutsche Literaturstreit. Hg. Karl Deiritz/Hannes Krauss. Hamburg: Luchterhand 1991

Dichter und ihre Nation. Hg. Helmut Scheuer. Fa. M.: Suhrkamp 1993

„Es geht nicht um Christa Wolf": der Literaturstreit im vereinten Deutschland. Hg. Thomas Anz. München: ed. spangenberg 1991

German literature at a time of change 1989–1990: German Unity and German identity in literary perspective. Hg. Arthur Williams Bern, Berlin.: Lang 1991

German unifications and the change of literary discourse. Hg. Walter Pape. Berlin: de Gruyter 1993

Geschichte der deutschen Literatur von 1945 bis zur Gegenwart. Hg. Wilfried Barner. München: Beck 1994 [darin eine aktuelle weiterführende Bibliographie]

Hage, Volker: Schriftproben. Zur deutschen Literatur der achtziger Jahre. Reinbek: Rowohlt 1990

Literatur und politische Aktualität. Hg. Elrud Ibsch/F. van Ingen. Amsterdam: Rodopi 1993

„Literaturentwicklungsprozesse": die Zensur der Literatur in der DDR. Hg. Ernst Wichner/Herbert Wiesner. Fa. M.: Suhrkamp 1993

Machtspiele. Literatur und Staatssicherheit im Fokus Prenzlauer Berg. Hg.Peter Böthig/ Klaus Michael. Leipzig: Reclam 1993

Mayer, Hans: Wendezeiten: über Deutsche und Deutschland. Fa. M.: Suhrkamp 1993

Neue Generation – Neues Erzählen. Deutsche Prosaliteratur der achtziger Jahre. Hg. W. Delabar/W. Jung/I. Pergande. Opladen: Westdeutscher Vlg. 1993

Die neuen Bundesländer. Hg. Martin Greiffenhagen/H. Tiermann/H.-G. Wehling. Stuttgart: Kohlhammer 1994

Reid, James H.: Writing without taboos: the new East German literature. Oxford: Berg 1990

Schnell, Ralf: Geschichte der deutschsprachigen Literatur seit 1945. Stuttgart, Weimar: Metzler 1993

Schregel, Friedrich-H.: Die Romanliteratur der DDR. Erzähltechniken, Leserlenkung, Kulturpolitik. Opladen: Westdeutscher Vlg. 1991

Schwilk, Heimo: Wendezeit – Zeitenwende: Beiträge zur deutschen Literatur der achtziger Jahre. Bonn: Bouvier 1991

Sprache im Umbruch: politischer Sprachwandel im Zeichen von „Wende" und „Vereinigung". Hg. A. Burkhardt/K.P. Fritzsche. Berlin: de Gruyter 1992

Vogt, Jochen: ‚Erinnerung ist unsere Aufgabe'. Über Literatur, Moral und Politik 1945–1990. Opladen: Westdeutscher Vlg. 1991

Wienroeder-Skinner, Dagmar: Aspekte der Zweistaatlichkeit in deutscher Prosa der achtziger Jahre. Heidelberg: Winter 1993

Wittstock, Uwe: Von der Stalinallee zum Prenzlauer Berg. Wege der DDR-Literatur 1949–1989. München: Piper 1989

Zwischen gestern und morgen: Schriftstellerinnen der DDR aus amerikanischer Sicht. Hg. Ute Brandes. Berlin, Bern: Lang 1992

11.2.2 Literatur zu einzelnen Autoren

Jurek Becker. Hg. Irene Heidelberger-Leonard. Fa. M.: Suhrkamp 1992

Jurek Becker. Text und Kritik 116, 1992

Rosselini, Jay: Wolf Biermann. München: Beck 1992

Günter de Bruyn. Materialien zu Leben und Werk. Hg. Uwe Wittstock. Fa. M.: Fischer 1990

Christoph Hein. Text und Kritik 111, 1991

Chronist ohne Botschaft. Christoph Hein. Ein Arbeitsbuch. Hg. Klaus Hammer. Berlin: Aufbau 1992

Fischer, Bernd: Christoph Hein. Drama und Prosa im letzten Jahrzehnt der DDR. Heidelberg: Winter 1990

Wolfgang Hilbig. Materialien zu Leben und Werk. Hg. Uwe Wittstock. Fa. M.: Fischer 1994

Wolfgang Hilbig. Text und Kritik 123, 1994

Günter Kunert. Text und Kritik 109, 1991

Günter Kunert. Beiträge zu seinem Werk. Hg. Manfred Durzak/Hartmut Steinecke. München: Hanser 1992

Franz Xaver Kroetz. Hg. Otto Riewohlt. Fa. M.: Suhrkamp 1985

Helga Kaussen. Kunst ist nicht für alle da. Zur Ästhetik der Verweigerung im Werk von Botho Strauß. Aachen: Alano 1991

Pilipp, Frank: The novels of Martin Walser: a critical introduction. Columbia, SC: Camden House 1991

Hörnigk, Therese: Christa Wolf. Göttingen: Steidl 1989

Christa Wolf. Ein Arbeitsbuch. Studien, Dokumente, Bibliographie. Hg. Angela Drescher. Fa. M.: Luchterhand 1990

11.2.3 Einzelstudien (Forschung zum Thema und zu den Autoren)

Assheuer, Thomas: „Kratzgeräusche der Selbsterkenntnis: die Stasi-Debatte und die Spirale der Westaufklärung." In: FR, 6. 2. 1993

Corino, Karl: „Vor und nach der Wende: die Rezeption der DDR-Literatur in der Bundesrepublik und das Problem einer einheitlichen deutschen Literatur." In: NDL 39 (1991) 8, 146 ff.

Doane, Heike A.: „Zitat, Redensart und lit. Anspielung: zur Funktion der gesprochenen Sprache in Martin Walsers Roman Die Verteidigung der Kindheit." In: Colloquia Germanica 25 (1992), 3/4, 289 ff.

Eigler, Friederike: „Die Mauer in den Köpfen: Mechanismen der Ausgrenzung und Abwehr am Beispiel der Christa-Wolf-Kontroverse." In: German Life and Letters 46 (1993) 1, 71 ff.

Emmerich, Wolfgang: „Zwischen Hypertrophie und Melancholie: die literarische Intelligenz der DDR im historischen Kontext". In: Universitas 48 (1993) 8, 778 ff.

Erbe, Günter: Die verfemte Moderne: die Auseinandersetzung mit dem ‚Modernismus' in Kulturpolitik, Lit. wiss. u. Literatur der DDR. Opladen: Westdeutscher Vlg. 1993

Grimm, Reinhold: „The travails of the plains: on some consequences of German unification". In: German studies review 15 (1992), 1, 87 ff.

Herhoffer, Astrid/Liebold, Birgit: „Schwanengesang auf ein geteiltes Land: der Herbst 1989 und seine Folgen in der Literatur." In: Buch und Bibliothek 45 (1993) 6/7, 587 ff.

Herzinger, Richard: „Die obskuren Inseln der kultivierten Gemeinschaft: Heiner Müller, Christa Wolf, Volker Braun – deutsche Zivilisationskritik und das neue Antiwestlertum." In: Die Zeit, 4. 6. 1993

Jablowska, Joanna: Literatur ohne Hoffnung: die Krise der Utopie in der deutschen Gegenwartsliteratur. Wiesbaden: Dt. Universitäts-Vlg. 1993 [Lodz, Habil.-Schrift]

Jäger, Siegfried: „Die Diskurse der Rechten und Linken im heutigen Deutschland und ihr Beitrag zum derzeitigen Zustande der Bundesrepublik". In: Folia linguistica 27 (1993) 3/4, 217 ff.

Janssen-Zimmermann, Antje: „Monika Marons Roman Stille Zeile sechs und der Streit um das Erbe." In: NDL 40 (1992) 7, 165 ff.

Krusche, Dietrich: „Besichtigung einer Grenze oder: die deutsche Teilung in der Literatur; ein Rückblick." In: Jahrbuch Deutsch als Fremdsprache 19 (1993), 354 ff.

Kurz, Paul: K.: „Gedächtnisarbeit – Trauerarbeit." In: Ders.: Komm ins Offene: Essays zur zeitgenössischen Literatur. Fa. M.: Knecht 1993

Lenckos, Frauke E.: „Monika Maron, Stille Zeile sechs." In: New German Review 8 (1992), 106 ff.

Lepenies, Wolf: „Deutsche Zustände zwei Jahre nach der Revolution: Grenzen der Gemeinschaft. Eröffnungsvortrag." In: Kultureller Wandel und die Germanistik in der Bundesrepublik. Bd.l, 1993, S. 1–17

Prittwitz, Gesine von: „Die jungen Deutschen und die DDR-Literatur: ein etwas anderer Nachtrag zur sog. Christa-Wolf-Debatte." In: Weimarer Beiträge 39 (1993) 2, 299 ff.

Renner, Rolf: „Die postmoderne Konstellation in der deutschen Gegenwartsliteratur." In: Die Postmoderne – Ende der Avantgarde oder Neubeginn?: Essays. Eggingen: Edition Isele 1991

Schalk, Axel: „Coitus germaniae interruptus: die deutsche Wiedervereinigung im Spiegel von Prosa und Dramatik." In: Weimarer Beiträge 39 (1993) 4, 552 ff.

Steinecke, Hartmut: „From two German literatures to one literature?: reflections on German Unity and certain literary developments from 1976 to 1990." In: London German studies 5 (1993), 187 ff.

Stephan, Alexander: „Ein deutscher Forschungsbericht 1990/91: Zur Debatte um das Ende der DDR-Literatur und den Anfang der gesamtdeutschen Literatur." In: German Review 67 (1992), 3, 126 ff.

Wachsende Verstörung – florierender Betrieb?: zur Situation der deutschen Literatur im dritten Einigungsjahr. Symposion der Deutschen Literaturkonferenz. Leipzig 4. 6. 1993. In: NDL 41 (1993) 8, 161 ff.

Wilke, Sabine: „Was kommt?: eine erste exemplarische Annäherung an die Literatur der Wende." In: German studies review 16 (1993) 3, 483 ff.

Personenregister

191